沪上名士

刘承干

蔡圣昌 著

上海文化出版社

图书在版编目（CIP）数据

沪上名士刘承干 / 蔡圣昌著. — 上海：上海文化
出版社，2023.4
ISBN 978-7-5535-2715-4

Ⅰ. ①沪… Ⅱ. ①蔡… Ⅲ. ①刘承干（1882–1963）
—传记 Ⅳ. ① K825.41

中国版本图书馆 CIP 数据核字（2023）第 050327 号

出 版 人 姜逸青
责任编辑 吴志刚
　　　　　王茹筠
装帧设计 长 岛

书　　名：沪上名士刘承干
著　　者：蔡圣昌
出　　版：上海世纪出版集团　上海文化出版社
地　　址：上海市闵行区号景路 159 弄 A 座 3 楼　201101
发　　行：上海文艺出版社发行中心
　　　　　上海市闵行区号景路 159 弄 A 座 2 楼　201101　www.ewen.co
印　　刷：苏州市越洋印刷有限公司
开　　本：787×1092　1/16
印　　张：15.25
版　　次：2023 年 4 月第一版　2023 年 4 月第一次印刷
书　　号：ISBN 978-7-5535-2715-4 / K·303
定　　价：52.00 元
告 读 者：如发现本书有质量问题请与印刷厂质量科联系 T: 0512-68180638

青年刘承干

南浔古镇

南浔古桥

宣統二年歲次庚戌

正月初一日上午偕諸男皆至祠堂拈香命　先妣尚在石七中故讀不忍卬寄中人
年六拜　合為人作賀人自余午刻晴水盤兒來百午廠讀官又而去下午閱曹文正
之爻集一卷至怡齋小坐惧晚歸家

初二日刻信楊佳妹品蕎與厚弟砂治午後王唐齋沈醉恩來略談片
刻畢閱曹文正之五集一卷完畢爻集三卷詩集二卷

初三日精午安篤八句膝起身安贔拜與吹秕至諭篋談午刻信楊佳妹與
厚弟砂治　同舅甍及陽如在邱篋二處屬　邱寅叔廿男携其郎來拜年
以餘欲至迤廣關午甚重

壬五先妣斱行禮坐談片刻畢午後色求起齋一轉水未久金卅來示
兩伽父在家余退歸　玄宗刻兩伽父山去吳閱書子才小倉山房文集碑銘

《求恕齋日記》

目　录

contents

引 言

民国沪上，枭雄争霸，南浔丝商"四象八牛七十二条金黄狗"独领风骚数十年。"四象"为刘家、张家、庞家、顾家，"八牛"为邢赓星、周昌大、邱仙槎、陈煦元、金桐、张佩绅、梅鸿吉、邵易森家，"七十二狗"则为邱茂泰、邱盖茂、沈涂记、沈永昌、李恒德、李万顺、朱宠茂等七十二户。谓达"象"者，需资产在千万两白银以上；达"牛"者，需资产在五百万两银子上；达"狗"者，需资产在百万两银子以上。"四象"之首刘家，家产达二千万两银子，从业丝起家，再营盐业、开当铺、投资通海垦牧公司、上海龙章造纸厂，做房地产。刘家开创者刘镛共有四个儿子，即老大刘安澜（紫回）、老二刘安江（锦藻）、老三刘安泩（梯青）、老四刘安溥（湖涵）。四个儿子各有堂号，老大尊德堂，老二贻德堂，老三崇德堂，老四景德堂。

刘承干（1882—1963），字贞一，号翰怡，又号尊德、求恕居士，晚年自称嘉业老人。他原是刘镛的第二子刘锦藻长子，四岁时，因为刘镛长子刘安澜病逝其后无人，由刘镛做主将其过继给刘安澜一房，因此刘承干亦为刘镛长子长孙。刘安澜为尊德堂，刘承干亦为尊德堂主人，对外号"刘尊德"。刘家原籍浙江上虞，其祖于康熙年间迁居湖州南浔。刘镛致富后，对子女教育尤其重视，长子刘安澜附贡生，光绪五年（1879）报捐工部郎中；二子刘安江，字澂如，以锦藻名行世，考取进士；三子刘安洰，字渊叔，号梯青，廪贡生，直隶省候补道员。长孙刘承干为清光绪三十一年（1905）贡生，候补内务府卿衔，民国后以清遗老自居。

在上海苏州河南岸浙江中路以西有一条厦门路，它没有附近南京路、北京路那么宽敞，两边也没有高楼大厦，因此也没有车水马龙和川流不息的人流，听不到人声喧哗。可以说，此地是动中取静，闹里寻幽。厦门路136号尊德里住宅小区，全部是石库门房子，也就几百户家庭。1899年，刘承干生父刘锦藻看中此地块濒临苏州河，遂购下建造住宅和仓库，历时一年多完成。1901年农历三月，刘家从福兴里搬迁至此（当时称贻德里）。南浔丝商刘锦藻之所以看中此地，因其濒临苏州河，方便湖州丝船停靠。刘锦藻购下此地盘后，将其命名贻德里，"贻德"之意，就是将祖上的美德传承下去。因为刘镛曾经告诫刘锦藻，刘家能够在经济上迅速致富就是祖宗积德所至。1905年6月，为了拒绝外款维护路权，浙江十一府绅商共计一百六十余人在上海聚集，决定成立浙江铁路公司，公举汤寿潜为总理，刘锦藻为副总理，当时即以贻德里临苏州河洋房为公司办公室。1908年，刘家四房析产，此地盘归刘承干所有。1928年至1930年，刘承干将贻德里住宅重新改造，建成了一幢幢具有欧洲联排式风格的新式石库门房子，后来又通了水电，更名为尊德里。很长时间以来，刘承干一直居住在此，部分房子还用来出租。

刘承干虽然家财万贯，但他不沉迷声色，只对图书古籍感兴趣。居沪上期间，广为搜罗、不惜花巨资收购古籍，又出重金购下南浔鹧鸪溪畔地皮，建立嘉业堂藏书楼。

刘承干对清廷感恩戴德，数次北上觐见溥仪，又喜爱结交名士，尤其对文化名人特别尊重。居沪上期间，经常组织遗老聚会，饮酒赋诗。

刘承干秉性善良，对人宽怀大度，又好施行善，乐于助人，因此家中往往宾客盈门，高朋满座。

1922 年，刘承干北上为溥仪大婚贺喜，见崇陵树木荒毁，随奏请独任修补。清侍郎陈仁先（曾寿）为作《崇陵补树图》，晚清诗人、刘承干的朋友李振唐（李之鼎，1865—1925，字振唐，一字振堂，举人，诗人，藏书家）曾题诗称赞：

> 吴兴父子赤符宗，海上校书聊晦迹。
> 殷勉入奏慰宸衷，尺寸程功擎独立。

诗中"吴兴父子"即指刘锦藻、刘承干父子，"赤符"是汉朝的"符命"，用来驱邪，意指刘邦。诗人将刘氏家族跟汉高祖刘邦扯上关系，可见他对刘家的崇敬。

刘氏家族辉煌半个世纪，和同时代的南浔丝商群体，在晚清和民国年间对整个湖州的经济发展产生了深远的影响。对上海来讲，湖州丝商的影响和作用也不可低估。笔者有兴趣研究刘氏家族，已历经十多年。刘承干的《求恕斋日记》是稿本，没有标点符号，初始，只上海图书馆有此书籍。我在上图查阅此书，在电脑上看电子版，图书馆规定不许拍照，遇到重点的地方还要做一点笔记，阅读非常不便。那时候，我利用探亲来沪之间隙经常乘地铁到淮海中路上的上海图书馆查看此书，中午便在图书馆吃饭。后来《求恕斋日记》由国家图书馆公开出版了，湖州图书馆和湖州师院图书馆都有收藏，想要查阅稍许便利。我花了两年时间，将十八册《求恕斋日记》全部看了一遍，基本理清刘氏家族的血脉关系，以及刘家从兴旺发达到衰败的整个过程。

纵观刘承干一生，他追求的是平淡闲适的生活。他曾经将清代文学家赵翼（1727—1814）的一句诗当作自己人生的座右铭："富贵不如闲有味，聪明也要福能消。"他因此感叹："人生庸福易致，清福难求。窃不禁抚躬而三叹！"经常琢磨回味刘承干的这句名言，将有益于我们的工作和人生。

此书为刘氏家族的传记，书内保留许多刘家的原始资料。但是，笔者不是历史学家，未对刘氏家族的兴旺和发达以及衰败的整个过程做系统研究。它只是一部闲书，笔者所希望的是将一个完整的刘承干呈现给读者。倘若，书中有顾此失彼的地方，有不够细致、不够全面的瑕疵，还望读者谅解。

倘若读者对我书有兴趣，说一声此书尚好，我便心满意足。不求有补于文史，只供大众消遣娱乐。

第一章　创基业大象赖刘镛

　　1862年，上海老城恒源里临近洋泾浜处新造了三间土屋，这三间土屋开着一个丝栈，栈内住着两户湖州南浔人。湖州乃丝绸之府，南浔又是其中的佼佼者，凡出丝全部依赖船舶运至上海。这两位南浔人看中此地，缘为此处濒临洋泾浜，直通苏州河，湖州丝船方便停靠。其时，上海开埠未久，洋人需要土丝不再绕道广东，而从上海口岸进口，又因为湖州距离上海水道便捷，丝船最快一周即可到达。湖州地区农民基本以养蚕做丝为业，正如诗中所唱："家家门外桑阴绕，不患叶稀患叶少。及时唯恐值尤昂，苦语劝郎稍欲早。"你可知道什么叫"稍"？"稍"的意思即赊账，因为养蚕的人太多，且许多养蚕人缺乏资金，到时唯恐桑叶供不及，需要提前去跟种桑人谈妥欠账买桑叶，等到出丝后再还，此为"稍"。

　　住在上海老城恒源里的这两户丝商，一户姓刘，叫刘镛，因讳镛，名介康，字贯军，又字贯经，祖籍浙江上虞，于康熙年间迁至湖州南浔。一户姓邢，叫邢墒，为南浔本地人。刘邢两家合伙做生意已经十多年，原先丝栈开在南浔，因为太平军进攻湖州，南浔沦陷，而上海租界当时尚属太平，遂在沪上购地开丝栈，举家搬迁至沪渎。刘邢两家初始合作时，刘镛只有二十一岁，而邢家主人邢赓星已经五十七岁。两家配合十多年，相互信任，从没有发生过任何争吵。没有想到邢赓星在丝栈搬至上海的前一年突然患病离世，留下两个儿子继续跟刘镛合伙开

刘镛

丝栈。

南浔位于湖州东面，为典型的江南水乡。镇上有一条顿塘，从湖州二里桥自西向东迤逦至升山、晟舍、东迁，最后流至南浔，与京杭大运河会合。与顿塘相交的还有一条溪流，叫浔溪，源自天目山之水，曰余不溪，流经南浔镇，和顿塘构成十字港形态，让整个南浔镇如同浸没在水晶宫里。业丝非有好水不可，而南浔因为具有顿塘和浔溪的水利资源，因此养蚕有得天独厚的地理优势。

恒源里丝栈，虽说是两家人合开，但自从邢家主人邢赓星过世后基本业务全都是刘镛说了算。邢家只是出资，帮助出力，对于如何经销、何时收账，以及如何跟洋人谈价，全部都由刘镛负责。刘镛很早就结识了一个洋商翻译，此人乃徽州人士，叫唐漾荷，刘镛依靠唐漾荷介绍将土丝卖给洋人。刘镛做事情非常公平，两家人的生意，他一是一二是二，账目非常清楚，因此邢家从没有任何怨言。刘家出身贫苦，刘镛十五岁即至镇上棉绸布店做学徒，每一天得到点心钱十文，他以三四文钱购买便宜食物充饥，余钱全部上交母亲。这十文钱是什么概念？看过《十五贯》的昆曲吧，一贯钱又称一吊钱、一缗钱，它相当于一千文铜钱。铜钱中间有一个方口，为了方便使用，便将一千个铜钱穿起来，一千个一串，就是一两银子。刘镛当时在棉布店里做学徒，一天十文钱，十天才一百文，只有一两银子的十分之一。棉布店里生活很杂，他是学徒，什么活都干。冬天到河埠头杀鱼，冻僵的手捏不牢刀把，刀刃不小心将手指划破，殷殷鲜血滴滴流淌，刘镛害怕店主责备，不敢吱声。刘镛虽然年幼，但是自小就有远大的理想，年底的时候，他发现棉布店的执事，即主管，一年的薪水才一百两银子，就看不起棉布店的工作。因为南浔是出丝的地方，最赚钱的自然是做丝生意。十七岁时，叔祖达泉公举荐刘镛到谈德昌丝行做学徒，一年贴给十块银圆。刘镛因做事勤奋，年底额外得到六块银圆。他在丝行一共做了四年，精通验丝业务，镇里同人都想聘用，而他因为谈老板待其不薄，不愿背义离去。

直到二十一岁，刘镛才从丝行辞职，东拼西借集资二百两银子，与同镇邢赓星、张聿屏合伙开了一家丝行。四年后，张家撤资，刘镛和邢赓星继续合伙经营。

1852 年 9 月，刘镛和邢赓星合伙开丝行已经六年。六年里，他们勤奋努力，早起晚归，赚了不少的银子。没有想到，第六年南浔蚕花特别茂盛，乡民业丝者尤其多，来镇上收丝的广东客商见土丝量多纷纷压价，而刘镛他们的丝行因为前期收丝过多，造成土丝囤积，倘若跌价卖出便会亏本，如果不卖则资金搁浅。在这种情况下，刘镛迫不得已冒险雇船携生丝样品闯荡上海。其时上海刚刚辟为租界，乡下人闻之害怕，不知道洋人究竟长何模样。刘镛无所畏惧，独自一人寻找收丝的洋商，偶遇为洋人做翻译的徽州人唐漾荷，便将生丝样品交给唐漾荷。唐漾荷见是湖州人，又看其忠诚厚道，便帮助将生丝转售洋人，由此刘唐二人结为兄弟。之后，刘镛便多次往返南浔和上海，均收益满满。

第二年，刘镛又结伴丝友同赴上海。时小刀会刘丽川正在沪上起义，消息传来南浔，同伴害怕不敢前往，刘镛因广东老板欠其货款贸然前往。到上海后见城市已被起义军控制，局面混乱，路上盘查异常严格，刘镛躲在广东老板家，连续数日不敢出门，直到收齐货款才绕道从苏州返回南浔。

刘镛的父亲刘焕章，人称刘算盘，因为缺少文化计算钱款一直都是心算，因而对算术有特别的天赋。每天晚上丝行盘货，进多少货，出多少银，会计在一边打算盘，刘焕章便在一边心算，心算的数据总跟会计所算丝毫不差。1856 年，刘焕章在邱家帮工，那年刘镛所开的丝行生意特别兴旺。刘镛心想，父亲年纪大了，用不着再去外面帮工，就叫父亲回家歇息。刘焕章回家后闲不住，常到丝行帮忙。遇到有蚕农过来卖丝，刘焕章便待在一边观看，偶尔发现刘镛卡秤头，占蚕农的便宜，即批评道："乡民辛苦累月，做那么一点小生意，你怎么可以占人家的小便宜！"刘焕章还教导刘镛，做生意要懂得"寸宽尺紧"，收购蚕农的土丝即小生意，宜宽，对卖出去的土丝则是大笔生意，宜紧。父亲的教导让刘镛受益匪浅，而蚕农对刘焕章公平无私之举，也纷纷称赞。

1862年，刘镛丝行生意正做得风生水起的时候，他又赶上一个机会。曾国藩为解决军费不足，在上海招商运盐。刘镛知悉后，便和洋商翻译唐漾荷附在王秋田名下购买盐引。刘镛经营盐业自此开始。初始，刘镛的盐业经营主要由唐漾荷负责管理，而自己则往来浔沪经营丝业，偶尔才到扬州。

1870年，刘、邢两家的丝行开了二十余年，终于析资。过去丝行经营全部由刘镛管账，如今刘镛的重点已经开始转移至盐业，对于丝行有照顾不到的时候。

1872年，盐运由票引改为场盐。票引即是领票去采购食盐，然后销往指定的地区；而场盐，即是划分若干的领地，称"引岸"。有了场盐，即有了一块生产食盐的领地，商人有垄断产盐和销售的权利。当时刘镛的场盐包括草堰、伍佑等地（即今天江苏盐城）。这个地区一直是淮盐的产盐区，淮盐一直以来销往湖南、湖北、河南、安徽等地。因为太平天国战乱，淮盐的销售渠道阻塞了，清政府当时决定用川盐取代淮盐。后来太平天国被平定，但是淮盐销售渠道已经被川盐取代，一直没有恢复。淮盐因此多年积压，刘镛接收后非常着急。1876年夏天，刘镛闻悉晚清大臣新任两江总督沈葆桢（福建侯官人）到苏州阅兵，便赶去拜谒。

沈葆桢，1840年中举，1847年登进士，在平定太平军战争中，他被曾国藩委以重用，为巩固清廷政权立下汗马功劳。1874年，日本侵略台湾，他又出任台湾钦差大臣，精心部署军队，终于迫使日本撤兵。

1875 年接替曾国藩为两江总督。他是抗击洋人入侵名将林则徐的外甥和女婿。

苏州离湖州很近，刘镛得知沈葆桢到苏州，即赶去拜见。他向沈葆桢汇报盐业的弊端，希望得到朝廷支持，恢复原来淮盐的销售领场。他的意见得到沈葆桢重视，因为盐商不利，朝廷的税收也没法保障，而沈葆桢正为军饷犯愁。盐业税收更是朝廷重要的经济来源。之后，沈葆桢多次向朝廷提出奏议，要求将原来属于淮盐的"引岸"，现在被川盐占领的，归还淮盐，最后得到朝廷批准。

通过朝廷的支持，刘镛的盐业得到顺利开展，原来堆积如山的淮盐销售一空，刘镛的利润也愈加丰厚。1877 年丝生意非常红火，丝价一路飙升，许多同伙囤积生丝，预备最高时再抛，而刘镛则出售非常果断，到了秋季，生丝价格果然下跌，许多丝商都惊叹刘镛做生意有眼光。

有了经济支撑，刘镛跟朝廷的关系日益密切。刘镛没有经过科举，但是对于官场却非常羡慕，其时清朝政府财政紧张，鼓励商人通过捐钱获得官职。刘镛捐官即从 1861 年起，时三十六岁，捐得蓝翎光禄寺署正；1866 年，再次捐款，得花翎员外郎；1867 年，刘镛因为江苏海运出力，经曾国藩奏保，得四品衔。1873 年，刘镛因为直隶遭灾赈助绵衣，受到直隶总督李鸿章嘉奖，"义推任恤"匾额至今悬挂在刘氏家庙。

刘镛二十五岁娶盛泽沈氏，此外另娶宋氏、唐氏，一共生育四个儿子三个女儿。刘镛自幼家庭清贫，读书甚少，致富后尤其重视子女教育，四个儿子除长子刘安澜英年早逝，余三子均有所建树。

刘镛的三个女儿都嫁与大户人家，长女适同里蒋锡绅。蒋锡绅为光绪五年（1879）己卯举人，后举进士未第，入为内阁中书舍人。蒋锡绅后辞官，为岳父刘镛管理江苏盐务。蒋锡绅女儿后嫁张謇儿子，跟张謇结儿女亲家。次女适湖州大户沈燮源。三女适嘉定一品大学士、太子少保、吏部尚书徐颂阁公子徐华祥。

第二章　夺功名锦藻摘进士

　　清同治元年（1862）农历八月二十七，上海洋泾浜岸边恒源里，一个婴孩响亮的哭声惊动了卧病在床的刘镛母亲王氏。王氏患病久卧，突然闻婴儿啼哭，问道，何处孩儿啼哭？家人告知媳妇沈氏生子。王母闻讯异常兴奋，禁不住强起看孙子。此婴儿即是刘锦藻。刘锦藻出生三日，刘镛请风水先生看生辰八字。风水先生说，刘锦藻的八字中四大财库占了三个，将来必发大财。

　　当时刘家跟邢家合伙开着丝行，一幢楼里住两户人家，刘镛住前楼，邢家住后楼，底楼则搁放物件家什。两户人家来往密切，吃饭也不分你我。其时，丝行业务繁忙，人手常患不够，沈氏见丝行忙碌，生儿三日即下床服侍婆婆。刘锦藻五岁时，刘镛将其带回南浔读私塾，老师为南浔徐虎臣先生。时长兄刘安澜已经读书三年，刘镛便叫刘锦藻跟着大哥一起读书。刘锦藻因年幼贪玩，读书不上心，刘安澜像大人一般在旁督促。1870 年，刘家搬迁南浔，聘请秀水陈雪渔先生担任私塾先生，为刘安澜和刘锦藻两兄弟授课，束修每年一百二十元，为当时最高价。陈雪渔先生是癸卯副贡、己未举人，为嘉兴名宿。刘家又招从侄刘承桂一起读书，承桂是刘锦藻伯父的孙子，比刘锦藻小一岁。按辈分来讲，他管刘锦藻叫叔叔，年纪虽小但他已经读完《论语》的下篇，亲戚中便有人嘲笑刘锦藻，谓叔叔不如侄子。于是刘锦藻让陈老师每天教两课，白天读了晚上继续读，晚上还在蚊帐里张灯读书。没有多久，刘锦藻功课就超过刘承桂。陈雪渔老师在刘家授课达十一年之久，为刘锦藻的读书生涯奠定了良好的基础，直到刘锦藻二十二岁，才以年老告辞。

刘锦藻读书很有天赋。1875年11月，刘锦藻十四岁出应童试。那日天气严寒，三更入场，手指僵硬。出场后，随去的陈雪渔老师索稿阅看，看后批评刘锦藻，责怪他临场发挥欠佳。后雪渔老师又将卷子交其他老师传阅，其他老师认为必中无疑。他们说，

刘锦藻

天气严寒，即使老宿也不免减色。到了晚上，便有人来报刘锦藻已经考取秀才，入县学第二十三名。

清代的科举制度非常复杂，考取秀才，即入县学，以后还要参加每一年的考试，这个考试称"岁试"，是检查学生的平时成绩。"岁试"分六等，考在前一二等的有奖励，倘若考了四等以下，就有可能被革除。此外还要参加三年一次的"科试"，"科试"合格了才有资格参加"乡试"。"乡试"合格即是考中举人。中了举人，才有资格到京城去参加"会试"，"会试"考中称"贡士"，"贡士"殿试后为"进士"。

刘锦藻十六岁，"岁试"考了三等。十九岁，"岁试"考一等，补廪膳生，即由公家提供膳食。同年，刘锦藻娶南浔丝业富户金桐家次女，金家是南浔"八牛"之一。

1883年，秀水陈雪渔老师年老告辞，刘家又聘请湖州骥村严珊枝先生担任教师。严珊枝老师文名久噪，其时正年方力壮，文笔雄健，他手抄了读本数册，经常钻研。而近年陈雪渔老师因为年老体衰，教

学一直沿用十几年的老方法，诸弟子因而日久生厌，兴趣日减。现在更换了老师，采用一套新的教学方法，大家倍感新鲜。其实老师的教育方法大致相同，只不过每一个老师总有自己的独特方法，因此弟子们学习兴趣渐浓，尤其是八股文的教习，令刘锦藻很有兴趣，须知当今考试正是考八股文。因此文兴愈高，进步自速，八股之功获益匪浅。先兄刘安澜因稍顾家务，兼有庆吊应酬，不能如从前那般如期上课。

长兄刘安澜生于1857年，比刘锦藻大五岁。在刘安澜之后，1859年，刘镛还生过两个双胞胎儿子，不幸先后病故。因此，刘安澜对这个兄弟特别眷顾。

1885年农历七月，二十四岁的刘锦藻随严珊枝老师和长兄刘安澜一起赴杭州应试。他们租的房子就在大运河旁边，因为小楼西向，又是夏季，异常炎热，两兄弟顶着酷暑发奋读书。就在中元节的前几天，刘安澜突然中暑，第二天愈加严重，不思饮食，找医生看过说是感冒，没有引起重视。过去有个习俗，凡是去省城参加乡试，都在考试之前到杭州城隍山庙抽签，以预测考试的结果。八月初一，刘锦藻和几个同学到杭州城隍山祈祷，突然发现庙里缺少一个延寿司。刘锦藻感觉不妙，果然，初五日，长兄刘安澜便离开了人世，而刘锦藻则考试落第。

长兄的突然离世，使刘锦藻倍感悲痛。头两年，他什么书都读不进去，每一天捧起书本，脑子里便马上会出现兄长的身影，刘锦藻自小就跟先兄在一起，在刘安澜的呵护下成长。"余自幼依兄为命，无事不相商榷，顿失倚恃，悲从中来。"[①]一直到1888年初，刘锦藻才慢慢地从失去兄长的悲痛中走出来。

1888年8月，刘锦藻再次赴杭州参加乡试。那几天，刘锦藻感觉精神特别旺健，自我感觉很不错，下笔好似有神灵相助，文思源源不断。揭晓前一日晚上，夫人金氏悄悄跟刘锦藻说，我哥哥刚才过来跟我说，他昨晚做了一个梦，梦到父亲，父亲跟他说"澄如已中"，

---

① 《南浔人物珍稀年谱》（浙江摄影出版社）第51页。

他感觉非常奇怪，父亲去世后他从来没有梦到，莫非真有灵验？于是他特意跑来告诉我。金氏说，你先暂时不要对外人说起，看今天结果就知道了。当日，刘锦藻便和姐夫蒋锡绅一起在城里的邮局附近等候。因为邮局得到消息最快，一直等到下午快六时了，还是没有任何消息。刘锦藻心灰意冷，以为没有希望了，便带了书籍到丝商邢穗轩家去打牌解闷。才打了几副牌，家里就差仆人过来，叫他马上回家，家里有喜事。刘锦藻急忙赶回家，路上看见报船一艘接着一艘，开得迅捷，锣鼓铿锵，热闹非凡。至家中，已是贺客阗塞，没有落脚之地。这次乡试共录取七十三名，湖州仅录取三人。除了刘锦藻外，还有梅石庵、张凤藻。

刘锦藻考中举人，属于非常了不起的事情。许多秀才一辈子都考不中举人。《儒林外史》里的范进，到五十四岁才中举，竟然高兴得发疯，后来经其岳父一个耳刮子才将其打醒。

对于刘锦藻考取举人，刘镛看得很淡。他当时教训刘锦藻说："汝学殖浅薄，幸获科名，皆祖宗积累所致。"这句话的意思是，你的学问并不怎么样，能够考取功名，主要是祖宗积德所致。他还对刘锦藻说，比我会做生意而且比我要勤奋的人多得是，但是未必人人能够致富。我现在富裕了，但是我的先人却享受不到我这样的幸福生活，因此我感觉不安。他还说，建立宗祠的事情你一定要放在心上，即使花费再多也要不惜。

翌年正月，刘锦藻偕梅石庵、周琴轩、堂兄刘安涛（1875 年中举），乘船至天津，又雇马车走三日抵达北京。农历二月十五日参加礼部会试，刘锦藻未能够考取。但照规定可以捐官，他捐得户部主事。

1894 年农历二月，刘锦藻再去北京入闱。会试后四月发榜，刘锦藻中式进士五十二名。此次考试，刘锦藻有幸和南通张謇同榜，他们居住在一起，互相学习，成为好朋友。农历四月二十一日参加殿试，张謇非常认真，而刘锦藻任意挥洒。二十四日宣读皇帝诏书登进士名次，黎明入大内，在乾清宫台阶下听宣。结果张謇得大魁，刘锦藻列二甲。此年主考官四人分别是：高阳李文正公（鸿藻）、嘉定徐颂阁总宪（鄯）、钱塘汪柳门侍郎（鸣銮）、茂名杨蓉圃副宪（颐）。考试毕，刘锦藻即去主考官处拜谒，碰巧嘉定徐颂阁尚书是刘家的亲家，刘锦藻的小妹1891年嫁给了徐家的公子。五月初六新进士引见，刘锦藻分在工部。刘锦藻喜欢吏礼，而讨厌水曹。工部跟水曹有关，他曾经听先兄刘安澜说过工部的许多腐败事情。上任后，刘锦藻担任都水司行走。他看见同僚每一天都在谈论吃喝玩乐，或是谈论妓女，做公事极少，便觉得很无聊。照规矩，新官上任要请客吃饭，而且，工部里面掌权的都是旗人，不拍马屁不行。有同事对刘锦藻说，你家里有的是钱，为什么不去请客送礼？而刘锦藻对这些拍马溜须行为很是反感。这年10月10日是慈禧六十岁生日，刘锦藻便请假回了家。

儿子回家了，刘镛也心定了。他感觉自己年纪大了，应该退居二线，便有意将刘家生意交给刘锦藻管理。

1897年冬，刘镛带着刘锦藻到江苏扬州检查盐业，他要让刘锦藻尽快熟悉业务。盐业是刘镛开拓的，又是刘家主要的经济来源。

刘锦藻没有辜负父亲的希望。第二年，刘锦藻带着三弟刘梯青一起到扬州稽核盐务。兄弟俩过泰州，到东台，从北洋、伍祐、小海，最后到草堰。他们下到盐灶去实地调研考察，又到李堡、角斜，然后经石港至东，晚上便住在仁泰典，过金沙，抵通州，考察行程近一个月。1899年，刘锦藻再次赴镇江、扬州、泰州，至十二圩检查盐业。

从镇江返沪，刘锦藻到丝行查看业务。他坐马车在洋泾浜一带转悠，看见洋泾浜内水汽氤氲，船舶停得满满的。许多船户正在船帮上洗洗刷刷，有生火做饭的，有从船内往外送菜蔬的，还有从市里买点心回船的，还有互相打招呼说笑的，每一条船俨然是一户人家。再看洋泾浜两岸，商贸兴旺，货栈林立，洋行一家挨着一家。

洋泾浜原为黄浦江的一条支流，东面连黄浦江，往西经过八仙桥，往北通寺浜路到苏州河，西南到达周泾（即今天西藏南路）。由于洋泾浜连接黄浦江，许多江浙小船可以从黄浦江进入洋泾浜到达上海老城。此时上海开埠，洋泾浜以南为法租界，北面则是英国人居住地。洋人聚集，贸易繁忙，许多运生丝的，运茶叶的货船，均泊在洋泾浜内。

刘锦藻转悠一圈，又跟湖州丝商杨信之、沈联芳、莫觞清、王一亭等碰面聚餐。几个朋友都说，如今租界地价日益高涨，刘兄如有资金何不在租界附近购置一块土地呢？购置地皮或者造屋出租，不用几年保证会有翻倍收益。刘锦藻听得此话，正合他的心意。原来刘锦藻已经看妥位于苏州河边一块地皮，约十几亩。虽然杂草丛生，可是如果加以改造，一定会有升值空间，因为它挨着苏州河，湖州船舶来往非常方便。如今上海繁华，今后南浔家眷也会搬来上海居住，没有落脚点怎么行。这块地皮即是后来的尊德里地块，刘锦藻在1899年购入，当年即动土造房，并且在苏州河边建设临时码头，以便船舶停靠。

1901年农历正月，刘锦藻正忙于造房，突然接到盛宫保来电，说已经得到皇帝恩准，让刘锦藻以五品京堂候补。此时，距离刘镛过世才一年多。刘锦藻想，父亲过世必须守孝三年，还是不出去做官为好。可是亲朋好友一再劝说，谓能够做官，也是光宗耀祖的事情，因此刘锦藻最终决定出去。1902年5月，他和三弟刘梯青一起来到北京。没有想到，北京才住了几天，就接到上海发来的加急电报，母亲病故了。死人为大，刘锦藻只好和三弟一同返回上海为母亲办丧事。此时三弟刘梯青刚刚以道员分直隶，还没有来得及引见。刘梯青1876年生，是刘锦藻同父异母的弟弟。

苏州河边的地皮已经造好房子，还有堆栈，刘锦藻将家眷搬迁到此，取名为"贻德里"。刘锦藻堂名是"贻德堂"，他先兄刘安澜是"尊德堂"，这是父亲刘镛定下的。之后，南浔的生丝便源源不断地从苏州河进入，然后在贻德里卸货，有时囤在贻德里，看时机再出售。1903年，刘锦藻又赴青浦等地检查典当和田租，又去镇江查看盐业，去江苏检查典铺。1904年，他再去淮北等地检查盐务。

1905年6月，南通状元张謇电报招刘锦藻回沪，商量开办大达轮步公司事宜。中国自"甲午之战"失败后，有识之士纷纷行动，引进国外先进技术，兴办实业，张謇乃其中的佼佼者。大达轮步公司，即是在上海开码头，开辟从江苏南通至上海的航道，以发展经济所需，也同时为了跟洋人竞争航运。刘锦藻闻讯响应，赴上海参与投资。他到上海没有多久，又赶上中国商人出于爱国要求将浙江铁路收回自办。办铁路因为有经济利益，因此洋人早就盯牢了，逼迫清政府答应铁路归其经营。而中国的商人自然不肯放手，许多日本留学生也从国外归来支援。北京同乡的京官也派代表来沪，大家一致决定成立铁路公司，推举汤寿潜当领袖。而汤则顾虑缺乏财政，招股困难，一定要拉刘锦藻一起干。后来大家推举汤为总经理，刘锦藻为副总经理。刘锦藻便将贻德里的临河房作为公司办公地点，中国自办铁路就从那时开始。当时设五省公会，江西推举李芗园、陈三立，福建推举陈宝琛，安徽推举李伯行，江苏推举王丹揆、张謇，五省代表聚集沪上讨论招商认股。刘锦藻又联系南浔等各路绅商，邀请他们认股。一时间，路股飞腾，购者争先恐后，苏州河边的贻德里门前每一天都聚集许多交股者，少者千人，多时万人，没有几个月便集款五百万元，为中国公司从来未有。汤寿潜和刘锦藻作了分工，汤寿潜负责工程，刘锦藻负责财政。之后，洋人企图插手中国铁路，逼迫清政府向洋人借款，洋人企图以此控制中国铁路。刘锦藻则提议用存款另筑赣线，许多董事都同意，而汤寿潜却不同意，因此刘和汤产生矛盾。又有施省之任沪杭甬铁路局总办，承诺两年建成宁波铁路，叫汤寿潜放权，而汤认为施耗费太过，因此两人也产生矛盾。施省之请刘锦藻出面和汤磋商，也没有任何效果。1909 年 4 月，刘锦藻以任期四年已满，坚决要求辞去副总经理一职。5 月，浙江铁路公司在杭州开会，刘锦藻不愿出席，派外甥蒋孟苹代表。开会后，股东坚决要求刘锦藻继续担任董事。7 月，汤被朝廷任命为云南按察使，即刻赴任，而刘锦藻决意辞职。11 月，浙江铁路公司在上海开特别会议，坚决挽留汤寿潜和刘锦藻。

1910 年，就在刘锦藻对前途有些迷茫的时候，他遇见了洵贝勒载洵，即光绪弟弟。载洵得知刘锦藻的情况，就派他去崇陵监修陵墓工程。1910 年 2 月，刘锦藻至崇陵梁格庄。当时工程刚刚开工，四个大臣轮流负责监工，每半个月轮换一次值班。就在这年，朝廷突然将汤寿潜革职，浙江铁路公司无人管理，公司急招刘锦藻归来。而刘锦藻因为家里操办丧事，无暇离开，公司的董事竟然找到正在苏州的刘锦藻，请求其出席会议。

1911年5月，刘锦藻乘火车进京轮值崇陵工程。此时，盛宣怀根据朝廷意图，计划将商办铁路收归国办，因为缺乏资金，将铁路权抵押给英、美、法、德四国银行，如此引发全国动乱，中国商人纷纷联合起来为争夺路权斗争，结果导致武昌起义。10月，陈英士、张静江等沪军，在上海筹备军饷，召集浙江铁路公司开会，言江苏铁路已经允许抵给洋人，浙江铁路必须保护路权，因此要筹集军饷抵抗。刘锦藻接到通知，因为是浙江铁路事，虽然自己已经不担任董事，但应该有义务担当。11月11日，旅沪商人集中到新造会馆开会，到一百余人。陈其美派代表黄郛和张静江出席，又派兵三百余人，将会馆全部包围，不许会员出去。同乡推举刘锦藻带头捐款。张静江提出借刘锦藻的道契去银行借款，黄郛在一边说和，说以半年为期限，合同盖孙文印章。谈了许久，突然有沈虬斋者掏出手枪逼迫沈田莘写捐款，刘锦藻见状，只得写捐二十万元，张石铭写捐十万。然后他们才准许回去。就在刘锦藻等为保护路权帮助沪军筹集军款之时，他们得到了一个惊人的信息，清帝退位了！统治了二百六十八年（从清兵入关时算）的清朝就这样突然结束了。当时消息还很闭塞，刘锦藻从一份报纸上首先得到消息，隆裕太后代表六岁的宣统颁发诏书：

> 今全国人民心理多倾向共和，南中各省既倡议于前，北方诸将亦主张于后，人心所向，天命可知。予亦何忍一姓之尊荣，拂兆民之好恶。是用外观大势，内审舆情，特率皇帝将统治权公诸全国，定为共和立宪国体，近慰海内厌乱望治之心，远协古圣天下为公之义……

刘锦藻北望京华，潸然流泪。

1914年，辛亥革命以后，徐世昌任北洋政府国务卿，深得袁世凯信任，而钱能训也在北洋政府任职。徐世昌邀刘锦藻出任参政院参政，

刘锦藻编《清朝续文献通考》

刘锦藻婉拒。

　　刘锦藻是进士，肚里有货，在学术上著述颇多。曾经著有《新政附考》《坚匏庵集》《陆放翁年谱》等。最负盛名的数《皇朝续文献通考》，起自乾隆五十一年（1786），止于光绪三十年，集中了清中期至清末各类典章文献，有重要的史学价值。1910年，经沈子淳侍郎进呈，发南书房阅看，得皇帝奖赏内阁侍读学士衔。辛亥后，刘锦藻又续书至宣统三年清亡止，书名改为《清朝续文献通考》。

　　刘锦藻除原配夫人金氏外，还有三妾，共生有十一个儿子、九个女儿。

第三章　业丝盐沪上领风骚

　　刘镛业丝十余年间赚了许多银子。1862 年，刘镛购买盐引涉足盐业。刘家经营盐业具有偶然性，但是刘镛能够及时抓住机会，而同样的机会对别人来说即使遇到也未必能够抓住。初始，刘镛的盐业经营主要依靠徽商唐漾荷管理。他们将票引交给运商，运商将盐运至指定的地点，而刘镛则往来于上海和南浔继续做生丝业务。1872 年，盐运"改票为场"，刘镛便在这年始办场盐。刘镛当时的场盐位于草堰、伍佑、北洋等处，就是现在江苏盐城东部。盐务"改票为场"以后，许多的弊端不断暴露出来，盐的销路阻塞，私盐泛滥。1876 年夏天，刘镛闻悉清重臣、时任两江总督沈葆桢（1820—1879，福建人，晚清重臣）到苏州阅兵，感觉这是一个和朝廷大臣接触的机会，便趁机赶去拜谒，向其汇报盐业所存在的问题。盐运关系到朝廷的税收，又是军饷的主要来源，处在两江总督的位置上，沈葆桢对刘镛的汇报和意见非常重视。古语说，官商勾结。在清朝晚期，官吏也是非常腐败，刘镛能够迅速致富，也跟他深谙这其中的奥妙有关。刘镛便从那时开始逐步成为淮南小有名气的盐商。他在扬州设盐业办事处，盐灶的范围包括江苏东台、大丰、小海等地。刘镛去世前两年，即 1897 年，又让刘锦藻去海门等地稽核盐业，让他熟悉盐务。刘锦藻继承父亲的遗志将盐业蛋糕越做越大，并且在江苏各地投资开建多所典当行。

江苏通州有一个张謇，生在江苏常乐镇。常乐镇也是刘家经营盐业的根据地，刘家的许多当铺便开在常乐镇以及附近的三阳镇。刘镛的女婿蒋锡绅，即刘锦藻姐夫，1879年中举，后来几次会试未中，通过"大挑"得到一个内阁中书舍人的职务。这个职务就是一个闲差，蒋锡绅很不喜欢。人家叫他送钱，送钱可以外放，他家里又拿不出钱，后来干脆辞职到岳父刘镛处帮忙。刘镛让他担任通州典铺的总管。他来通州不久，认识了张謇。1885年，张謇也考取了举人，因此他们很谈得来。1890年，张謇要赴北京参加会试，蒋锡绅和刘锦藻也要去北京赶考，因此三人相约从通州会合，坐船到天津。三个举人，一同乘船，共同的话题是如何应付会试。刘锦藻抱着随便的心态，因为他知道自己刚刚考取举人，估计运气没那么好。蒋锡绅则表现不太积极，几次失败令他心灰意冷，此次赴京纯粹是陪伴他们两位。张謇则希望有所突破，因为他知道当今的帝师翁同龢对他寄予无限希望，他会私下里给他帮助。虽然那次考试他们三人都没有建树，但那次的旅行让他们建立了很好的友谊。没有多久，蒋家和张謇家成了儿女亲家，蒋锡绅的女儿成了张謇的儿媳妇。1894年，张謇跟刘锦藻再次赴京赶考，这次二人同登进士榜。

张謇考取进士后，"弃文经商"，在家乡投资办厂，走实业救国之路。1898年，张謇奉张之洞之命在江苏通州办"大生纱厂"，又通过刘坤一将湖北官纱局存沪的二万四百锭纱机领回，作价二十五万两官股，次年开机生产。因为工厂临近产棉区，取料方便，又因为工人都为当地农民，工资低廉，因此利润丰厚。之后，纱厂扩大规模，原料紧张，张謇向两江总督刘坤一申请筹办垦牧公司，种植棉花。通海垦牧公司位于南通和海门二县交界的海复镇，张謇任总理。公司地跨南通和海门两县，北至南通吕四丁荡，南至海门小安沙川流港，总面积十二万三千多亩。初期开垦出的土地必须经过翻耙，将草根彻底挖去才可种植棉花，而且须经过三年以上的耕种才能成为熟地。为了防止海水蔓延，又必须建筑堤坝，建造排水工程，因此垦牧公司需要大量的人力和物力。当时参与通海垦牧公司投资的有许多浙江商人，如郑孝胥、徐静仁、徐申如、刘锦藻、张石铭等。通海垦牧公司成立后将田地分给股东管理，由股东自行安排出租或自行耕种。刘家得田一万二千七百亩，为刘家带来巨大的经济利益。

1903年6月，张謇从日本考察四十天后归来。日本的经济发展迅猛，让清末状元倍感震惊。当时江苏通州还是产盐之地，利用靠海的地理优势生产食盐，但是生产的方式还是非常原始。通州属于淮南，盐丁采取煎盐之法产盐，用当地海滩上所产茅草和芦苇烧煮出盐，因此成本非常高。而当时北面的淮北早已经用日晒法产盐。由于日晒法比较煎盐法成本低，因而淮北盐远比淮南盐便宜，这样就影响了淮南盐的销售，盐农为了生存不得不参与走私。私盐泛滥，国家税收拿不到，肥的只有运商。因此张謇决心引进日本的管理模式，将原来分散的墩、灶个体经营模式，改为公司化大生产。张謇利用自己的人脉关系，会同汤寿潜、徐显民、徐尔毂、罗振玉等，集股本规银十万两，用浙商唐桂森名义具禀淮南总局，转请两淮盐运使批准，在江苏吕四创办"同仁泰盐业公司"。

张謇找到刘锦藻，希望他投资。此时的刘家已经腰缠万贯，其经济实力远非张謇可比。张謇跟刘锦藻说，成立"同仁泰盐业公司"。刘锦藻说，你说，需要多少银子？张謇说，公司需要十万两银子，找几个人投资。刘锦藻说，没有问题。当即同意投二万两。另有徐显民二万两、上海道台袁海观二万两、刘聚卿和刘聚学各五千两、樊时勋五千两、赵凤昌五千两、张謇七千五百两、李磐硕二千五百两、通海垦牧公司出一万两，共计十万两。张謇出任总理。

张謇因为事务繁忙，"同仁泰盐业公司"的业务交由江知源负责。江知源，即江导岷（1881—1947），江西人，1893年入张謇为山长的崇明瀛州书院，为张謇门生，后考入两江陆军学院。1901年张謇创办通海垦牧公司，江知源为常驻经理，负责前期测绘，后任通海海泰盐垦管理处处长，主抓盐垦。

当初刘安澜去世，留下妻子刘邱氏。夫人只二十九岁，年纪轻轻身后没有一个子嗣。邱氏哭天哭地，几欲寻死。刘镛出面，将刘锦藻长子刘承干过继给刘安澜一房。当时刘承干只有四岁，邱氏养育刘承干，将其当自己所出，倍加呵护。1899年，刘镛过世，此时刘家已为巨富。1908年，刘家四兄弟析产，刘承干作为长子长孙分得大批遗产。

1934年刘锦藻过世，通海垦牧公司的刘家业务全部由刘承干负责。通海公司业务不断扩大，许多董事都在上海，公司便经常在上海召开会议。当时通海垦牧公司的上海账房叫大生沪账房，位于延安东路上。到抗战前夕，公司董事有徐静仁、江知源、徐申如、于敬之、沈燕谋、张敬礼、陈豫千、李耆卿、刘承干，监察董滁青、樊荫庭。

徐静仁为安徽当涂人，名国安，字静仁（1872—1948），曾经为秀才，后到镇江从事制盐和销盐。辛亥时，江苏独立，张謇任两淮盐政总理，徐静仁担任淮盐科长，得到张謇赏识。后来徐静仁出任通海垦牧公司董事长。海宁徐申如是诗人徐志摩的父亲，也是垦牧公司董事。当初他们父子二人共同出席董事会，刘承干还跟徐申如亲密交谈过。

张謇有个兄长叫张詧，字叔俨，号退庵，为张謇三兄，人称张三先生，比张謇大两岁。张氏两兄弟年幼常一起读书，后因为家境贫穷，张詧将读书机会留给兄弟。张謇的仕途初始也非常不顺，自十六岁考取秀才，以后多次乡试均未中，不得已到淮军吴长庆处担任幕僚。光

张詧（左）、张謇（右）
两兄弟

绪八年（1882）朝鲜发生"壬午兵变"，日本乘机派遣军舰进攻仁川。吴长庆奉命率部支援朝鲜，张謇随军出发。为了军中有伴，也为了给兄长一个机会，张謇邀兄长张詧同往。张詧担任后勤帮办，在军营内尽显才华。从朝鲜归国后，张詧以军功保举知县，签发江西履职，后又升江西南昌县帮办，1892年署理贵州知县。张謇考取状元后，在家乡办实业，因为缺乏人才，立即想要兄长归来帮助。张詧便在1904年退职回乡，帮助张謇兴办实业。张詧果然有非凡才能，从此成为张謇得力助手，先后担任复兴面粉公司总理、大生三厂总理、大生第二纺织公司总理等。

1915年，扬州最大盐商周扶九因为场盐业务衰退，提议废灶兴垦，得到其余盐商一致赞同。此后，盐商周扶九、刘梯青等邀请张謇出面，筹建大丰盐垦公司。当时参与大丰公司筹建的湖州商人有刘梯青、颜冠三、蒋孟苹、陈其采，还有祖籍湖州的上海商人王一亭，以及祖籍湖州的许春荣。以上人物均为沪上名人，比如陈其采，是蒋介石结拜兄弟陈其美的兄弟。民国七年（1918）张詧创办大丰盐垦公司。以后，张詧又在沈灶开办通遂公司、裕丰公司等。

通遂公司开办以后，即提出"废盐兴垦"，将原先已经衰退的盐灶废除，作垦牧土地使用，为了弥补损失，公司允许将盐灶出售给垦牧公司。

1919年2月，通遂公司委派颜冠三、席慎之、张作三来沪找刘承干签字，由张作三代表张詧。刘承干便将小海寰镜清之灶产一百十七副出让给通遂公司，包括灶洋八万一千九百元，每副七百元，房屋六千元，驳船两只六百元，给原业主一千三百九十元，垣地押租一百一十元，合洋九万元。

张謇过世后，张詧因为年事已高，不再担任通遂公司经理，公司由张謇儿子张孝若负责。1935年，张孝若被原保镖杀害，公司实际负责人为朱警词。朱警词很霸道，把持通遂公司后，独断独行，为自己谋私利，造成公司亏空，后被董事卢养吾举报辞职。从张謇办公司到张孝若过世，这一段时间是通海垦牧公司最辉煌时期。1945年，张謇侄子张敬礼委派王湘纶接手公司。1945年3月23日，通遂公司在上海张敬礼家召开董事会。此时刘锦藻已经过世，刘承干派账房邵菊如出席。刘承干乃一介书生，对生意不太内行。自刘锦藻过世以后，刘承干几乎没有去过苏北场盐，不能够亲临指挥，效果自然不同，单听别人汇报难免会被下人糊弄。当日出席董事会的董事有：张敬礼、张一峰、朱警词、王湘纶、张芹伯。张芹伯即张乃熊，为南浔"四象"之一张石铭的长子，还有张作三、蒋峺堂、董济民。当日讨论的问题是公司负债已达八百万，决定出售土地还债。

晚清至民国时期，典当业具有很高的利润，许多农民和商人遇到经费不足时便通过典当物品来筹资。刘家早在1865年就跟徐寅阶部郎合作在江苏震泽开设恒义典铺，1866年刘铺集股于湖城开同裕典，1881年起陆续在海门三阳等镇设四典。至晚清时期，刘家四房典行遍布湖州、南浔、新市、盛泽、青浦、上海、江苏等地。如盛泽兴盛典，新市春生典，青浦珠家角（朱家角）同和典、和济典、源康典，江苏支塘大生典，何家墅道生典，湖州新盛典，菱湖万泰典，江苏启东二激裕大典等，仅刘承干一房的典当业就有二十多家。每一家当铺都由二三十名员工组成，按照级别有司账、司包、司钱、司饰，柜钱数人，中缺数人，学生数人，还有从事打杂和做饭的更灶数人。清朝时期开典铺需要得到朝廷批准，刘家因跟朝廷关系密切，容易取得执照。这些如同网络一般密布的典铺，跟刘家丝业、盐业互相配合，起到调节资金、互补盈亏的作用。

张謇办实业有许多行业，而每一次张謇需要资金投入时，他便会想到同年刘锦藻。1905年6月，张謇拍来电报邀刘锦藻至上海商讨成立大达轮步公司，集股购地，并且推举刘锦藻任总办。刘锦藻上任后发动浙江富商参与投资，公司在上海十六铺购置码头，跟南通天生港大达轮步公司对应。又向英商购置"大安"轮，开通南通至上海航线，购置"大和"轮，开通上海至扬州航线。过去航运一直是洋人所垄断，长江航道跑运输的全部是洋人，中国人只能够做一点苦力。大达轮步公司的创立是中国民营资本掌控航运业，打破了洋人垄断航运一统天下的局面。此得力于张謇的功绩，而浙江富绅在资金投入上发挥了很大作用。日寇侵占上海后，为了战争需要，强占大达公司的房产和码头，因为码头对他们太重要了。当时刘承干等无能为力，只好托在汪伪政权任职的南浔，褚民谊帮忙协调，结果褚民谊也无能为力。

民国期间，装电话是稀罕之物。宁波定海人厉树雄、厉百川兄弟瞄准市场成立四明电话公司，刘家积极参与。厉树雄（1891—1987），定海人，十八岁在上海房地产初显身手，创办宁波和丰纱厂、宁波四明电话公司。1923年3月20日，刘承干来到一品香参加四明电话公司股东会，到者有厉树雄、厉百川昆季，王茂育、叶山涛、刘承材、刘承植、蔡酉生、汪星台、蔡咏和九人。刘承干被选为董事长。

南浔还有只"大象"庞元济，又称庞莱臣。其父庞云鏳为南浔丝商，曾经与胡雪岩合作做丝生意，又曾经参与左宗棠军火生意而致富。庞元济光绪六年考中秀才，由其父帮助向清廷献银三万两，经李鸿章奏请，获慈禧太后特尚举人，例授刑部江西司郎中，特赏四品京堂。1904年，清政府委任四品候补京堂庞元济在高昌庙日晖桥筹办龙章造纸公司，地址在今天浦东川沙六里乡。庞莱臣会同严子均招得商股三十八万两，清政府拨款六万两作为官股，同时享免税优惠。庞元济在川沙购地六十亩，引进美国100烘缸长网造纸机二台，1200磅打浆机十四只，有1000千伏安发电机一座自行发电，于光绪三十三年（1907）五月开车出纸，日产纸十吨。造纸厂所用的原料是破布，兼用木浆和稻草，产品是连史纸和毛边纸。当时外国人投资的华章造纸

南浔"大象"庞莱臣

公司日产纸也只有十一吨，因此，龙章造纸厂此举非常了不起。龙章造纸厂又将纸张品质分为等级，最好的供应绸缎店作包扎绸缎料子，次等的供应北方用来糊墙壁当窗户纸，再次的用作信封衬纸，或用来作书画、书籍的裱杯。龙章造纸厂开工初期，正值日本向中国大肆倾销洋连史纸，因此工厂的效益一直处于低迷状态，直到1932年才出现转机。其时，国内出现大规模抵制日货的运动，使得造纸厂业务迅速飙升。庞莱臣比刘承干大十八岁，属于刘承干前辈，刘承干对庞莱臣非常尊重。庞莱臣办造纸厂缺少资金，刘家二话没说，即跟南浔许多丝商共同参与投资。1927年，龙章造纸厂开董事会，刘承干为董事，其余董事还有韩芸根、邱问清、徐冠南、庞赞臣。抗日战争爆发后，龙章造纸厂遭遇日寇飞机轰炸，国民党政府动员企业内迁，龙章造纸厂所有设备装了七十艘舢船转移，途中又遭遇日寇飞机轰炸，损失惨重。工厂搬至重庆以后，经过董事会批准，龙章造纸厂以三百五十万元售于重庆国民党政府。

缫丝是湖州地区的主打产品，许多湖州商人都经营缫丝业。湖州模范缫丝厂原由菱湖王笙甫和吴匡、范芹甫、温庶青等四人在1909年集资十八万两所创办，位于湖州北门外大通桥。原名湖州丝厂，后改名公益丝厂，有意大利缫丝车二百台。这是湖州历史上的第一家缫丝厂。1921年丝商周庆云接管，1928年1月周庆云有意扩资，召集刘承干等协商投资。刘承干带着账房蒋少清来湖州考察，投资三万元。

19世纪末20世纪初，随着汽车业发展，橡胶需求量剧增，橡胶也成为许多工业产品的新兴材料。从1909年年底至1910年年初短短几个月时间，南洋地区新成立的橡胶公司就达一百多家。上海明庶农业公司即是在当时橡胶还热门的背景下成立，公司在新加坡购地种植橡胶。公司董事长叶揆初，为浙江最早的民营企业浙江兴业银行董事长。叶在浙兴银行担任董事长几十年，而刘承干则为浙兴银行董事。当时投资明庶公司的湖州商人还有很多，刘承干的表兄蒋孟苹也参与，因为蒋孟苹也是兴业银行董事。此外还有湖州商人朱寿门，朱一直在浙路公司供职，后在苏州办制药厂，又担任明庶公司监察。其他股东还有蒋抑卮、陈鹤卿、杨松年、汤韦存、叶山涛等。其后金融危机爆发，橡胶股票很快崩溃，大多数的橡胶公司破产，上海明庶公司也一直处于亏损状态。直到第二次世界大战爆发，橡胶又开始紧俏，明庶公司业务开始出现好转。1941年10月，经过董事会讨论，明庶公司在香港出售，得法币三百万。

刘家在经济宽裕之时，广置田产。购置的田产有吴江横扇、昆山、湖州南浔马腰、湖州晟舍、青浦、平湖、嘉兴等地。每一年通过收租得到利润。刘镛在1891年至1892年间，在青浦购置的土地有五千三百二十七亩，后来归入刘家义庄，属于刘家族中共同财产。至抗战时期，田产效益差，许多地方收不上田租，因为没有利润，刘家又将部分田产出售。如吴江横扇土地一千零九十亩，连续几年没有利润，负责收租的账房崔兴初非常不得力，还通过收租中饱私囊，刘承干不得已于1941年12月15日，经过中间人陈一之、邱辅卿介绍，出售于缪乐僧，得价七万八千七百三十五元。至抗战后期，刘承干的生意日愈萎缩，不得已再出售部分土地，1944年9月出售南浔土地，共计一千八百零七亩，计价一百九十八万七千八百余元，由南浔账房崔兴初介绍售于伦叙堂。刘奖励崔兴初中间费二万元。

刘家资本参与投资还有上海中华书局、南浔浔震电灯公司、武汉暨济水电公司、浙江长兴森森公司、苏嘉湖汽车公司等。浔震电灯公司、武汉暨济水电公司在1949年后还有股息分红。

清同治年间，上海工商业逐渐发展。许多中国官僚买办、地主富商看到外国侨商经营房地产获利丰厚，便也在租界内外大量购置房地产出租牟利。南浔"四象"的张、刘、邢、庞和宁波的方家、李家都是当时沪上的房地产大户。

位于苏州河南岸厦门路136弄的贻德里，1908年刘家分产归长孙刘承干所有。1928年至1930年刘承干将房子作了重大改造，通了水电，建成几十幢新式石库门房子，更名为尊德里。刘家四房，分别有各自的堂号，为：大房刘安澜，刘尊德；二房刘锦藻，刘贻德；三房刘梯青，刘崇德；四房刘湖涵，刘景德。尊德里的大部分房子都用来出租，

位于苏州河边的尊德里房产

有客户一百三十多家。1917年，刘承干又购入尊德里对面厦门路137号房产，即洪德里石库门房产，土地共计六亩一分六厘多，工部局估价每亩一万八千两，合计白银十一万零七百两；付中间费五千五百两，洋行办事员和洋商爱尔德各一半。洪德里是石库门老房子，里面的弄堂狭小阴暗，采光不足。但是因为地段好，还是非常受欢迎。

此地产是刘承干自刘家析产后独立经营的最大地产项目，因此他非常高兴，还给予账房先生蔡咏和奖励。从此，尊德里和洪德里互相对应，两个弄堂口可以彼此进出。

刘家如此大的产业，刘承干怎么管理呢？

第四章　继祖业承干佟账房

　　1908年农历四月二十日，是刘镛过世十周年，刘家四房正式析产。刘家为何此时分家，只因为当时刘锦藻四弟刘湖涵还年幼。刘湖涵是刘镛六十六岁生的，到1908年才刚刚虚岁十八，还不能够独立管理产业，分给他产业自然管理不好。可是，老三刘梯青又一直嚷嚷要分家，所以到1908年刘家正式分家。析产以后，老四的产业自然还是交二哥管理，而刘承干此时已经二十七岁，应该学会独立管理了。当时刘承干还没有搬至沪上居住，春节期间，各处的账房先生便分别来南浔向他汇报工作。有典铺的司账、司饰，有棉布店的账房。正月初四、初六两天，先有南浔东正茂、北正茂两棉布店账房过来，之后有盛泽昌盛典的司饰、司账、司包同来拜年交账，还有菱湖万泰典司包程炳文、湖州新盛司包沈复三、盛泽兴盛典司包金紫襄、司饰许应生来拜年交账。

　　刘家当铺无数，分给刘承干名下的便有盛泽兴盛典、昌盛典，湖州新盛典，江苏何家墅道生典，江苏支塘大生典，江苏启东二潋裕大典，菱湖万泰典，青浦同济典，德清新市春生典等。

　　名义上是析产，但是许多生意可以合伙做。刘锦藻对这个亲生儿子还是非常照顾的，认为值得投资的地方即介绍刘承干参与。刘承干也非常孝顺，每一天都去贻德里，向本生父亲刘锦藻汇报工作。1934年刘锦藻过世，刘承干没人可以依靠，他独当一面，许多事情都由自己拍板，才感觉有一些吃力。还好，刘承干依靠一批有能力的账房先生，为他出谋划策，为他打理生意。1926年中秋节刘承干长子刘世炽结婚，在上海爱文义路住宅嘉业堂大厅摆酒，来客众多，刘承干特意为账房先生设了一桌。当时就坐的账房先生有张菊畦、蒋少清、邵菊如、俞子青、程伯厚、邹履冰、蔡咏和、瞿从叔、程星甫等。每一个账房都有自己的岗位，具体分管某一摊。程星甫和程伯厚是安徽休宁人，程星甫专管江苏通海垦牧公司资产。邵菊如原来在杭州泰和典担任经理，1925年2月18日由刘承干堂叔刘安仁（颂驹叔）介绍来上海担任账房（刘安仁一直担任南浔刘家的总账房）。邵菊如经常代表刘承干出席兴业银行董事会，后来成为刘承干的主要帮手，一直做到八十岁才年老告退。蒋少清也是湖州南浔人，精明能干，一直工作到1949年前夕告老还乡。张菊畦为刘承干表兄，南浔实业家张晋华之子，后到刘承干处担任账房，负责青浦典铺等业务。账房先生的工资比一般员工要高，民国初年每一个月三十至四十元之间。当时刘承干聘请一些遗老为其校勘图书，其中有进士和举人，每一个月也就这么多工资。刘承干曾经在1919年请过一个举人，叫姚竹轩，德清人，曾经为江苏知县，为其担任抄写之役，每一个月只有十二元工资。请过一个家教，也是十二元工资。这些账房先生大部分来自湖州、南浔、双林，属于同乡，大家知根知底，有的是亲戚朋友举荐，因此刘承干对他们特别关照，过年过节或者他们到上海汇报工作都要请账房先生吃饭。刘承干招待客人有时候也会邀请账房相陪。也因为是朋友亲戚介绍，人情关系使得刘承干无法对他们采取比较严格的管理措施，全凭自觉来做事情。

有个账房叫崔振声，南浔人。刘承干让其在南浔管理账房，南浔和昆山等地的收租就归其管，南浔藏书楼建造也由其负责。可是此人私心较重，趁建造藏书楼的机会，让施工人员为其家中造房子，工程的材料也经常假公济私。有人向刘承干反映，刘承干闻悉后，虽然提出过严厉批评，但因为是同乡关系，且崔振声为其工作几十年，宾主友情使得刘承干只能够对其宽容处理。崔振声过世前，向刘承干推荐其儿子崔兴初接替他的班，刘承干满口答应。但是崔兴初的表现远不如其父亲，很令刘承干失望。他工作拖拖拉拉，在吴江收租后迟迟不到上海向刘承干汇报，抗战时期他到上海避难，也迟迟不来谈工作。有人跟刘承干汇报说他在吴江收租有近二万元的货款进账，而崔兴初却汇报只收到五千元款项。由于崔兴初的营私舞弊最终导致刘承干将吴江田产出售。

还有个账房蔡咏和，湖州双林人，原来在宏裕盛丝栈里做账房，后来丝栈歇业，由刘承干表兄蒋孟苹在1915年介绍过来。当时曾经有朋友提醒刘承干，谓蒋、蔡手臂相连，恐怕以后蒋孟苹向你借钱，你不好推脱。果然，蔡咏和任职后，胳膊朝外拐，竟然瞒着刘承干借钱给蒋孟苹，数目达几万元以上。1921年蒋孟苹创办裕华盐垦公司，向刘承干借洪德里道契去抵款垫本，当时约定将来以裕华股分若干以为酬劳，约定以蒋孟苹名下常昭沙田契存在刘承干处。可是等到约定三个月期满后，蒋孟苹的沙田契并未送来，而当时的借据也没有送来。直到1922年，经过刘承干反复催讨，才将收据拿来，此时洪德里道契已经瞒着刘承干由刘石苏经手抵于银行，计银十万两。1925年，刘承干以抵款到期，嘱咐蔡咏和去取，蔡咏和却借故回了双林。后据贻德里账房叶山涛云，此道契又抵给了哈华托，加银二万一千两，而刘承干对此一无所知。刘承干闻悉后，再三向蔡咏和说，向蒋孟苹讨还道契。原来洪德里的道契不但擅自加款，而且户名也已经更改，现在是以蒋赋苏的名义出抵（蒋赋苏为蒋孟苹家人）。后来叶山涛以及蒋少清、俞子青等都劝刘承干将洪德里道契出售，以免将来抵款巨大，无法承担。1925年农历年底，刘承干将洪德里道契出售给四明银行，得款三万两，另加中间费二千元。蔡咏和后来离职至张石铭处担任账房。

此外账房还有严奇初、杨诞石、王燮梅等。严奇初为严珊枝的孙子，其祖父严珊枝为刘安澜和刘锦藻的私塾老师，湖州织里骥村人，曾经负责江苏启东二潋裕大典账房，后负责上海尊德里房租。杨诞石负责青浦义庄的田租。

尊德里房产交刘承干时，只有几幢房子和部分仓库，刘承干住了没有几年，就搬去爱文义路别墅。有个余姚人黄楚九，专门做娱乐场生意，曾经在南京路西藏路口建成"新世界游乐场"，后又开药业公司。1928年，黄楚九数次来贻德里转悠，想跟刘承干租下贻德里地块建赛狗场，而刘承干另有想法，他想对贻德里房产进行改建。1928年9月的一个晚上，为贻德里改建之事，刘承干跟账房蒋少清谈至深夜。蒋少清按照刘承干的意图，找人设计图纸，石库门老宅建设从此拉开序幕。老式的石库门房子多为砖木结构，联排布局采用欧洲模式，平面的结构又是从中国传统三合院四合院中吸取改造。进门一个天井，正对天井是客堂间，两侧是厢房，客堂间后面有楼梯可以达二楼，后面还有后天井，天井内有一口井。因为当时没有自来水，吃水就用井水。又因为大门入口是用粗石条门槛，所以称石库门房子。当时上海住房紧张，这样的石库门房子很受一些遗老富户的喜爱。

蒋少清找了许多设计师，又去了各处石库门住宅详细考察，再设计图纸。当时上海租界内已通自来水和电灯，因此便想到在老式石库住宅上加以改进。弄堂之间的间距更加宽敞，高度加到三层，外墙则采用进口的清水红色面砖，门楣上配雕塑图案。

改建工程在1930年完工，刘承干在小区的北大门门楣上额上"尊德里1930"字样。尊德里位于苏州河边又近外滩，出门步行半小时即到达外滩外白渡桥，因此备受许多富户青睐。刘承干将大部分房子用来出租。

做生意，得依靠账房先生。生意不好时，要辞退他们，也很费事。

抗战期间，刘承干欲辞退部分账房先生，然而账房先生都跟随了刘承干多年，宾主之间感情深厚，无奈之下刘承干必须支付遣散费。因为当时经济条件非常恶劣，员工辞退就没有饭吃，因此个别账房赖着不愿意走。当时辞退的账房有程伯厚、沈叔筠、纪健夫（负责青浦义庄土地田租收账）。程伯厚想不通，接到刘承干辞退的书信以后，就拿走账房的钥匙相要挟，后经过蒋少清从中斡旋，谈妥遣散费每一个人三万五千元，才将他们摆平。

有一个称职的账房先生对经营管理非常有利，尤其是像刘承干这样摊子多，经营业务多，外面应酬也多的大老板，必须要有数个称职的账房。1927年农历四月，刘承干到南浔吊唁张静江父亲张定甫。此时，正值北伐战争，蒋介石急需军费，湖社委员李伯勤在湖州劝募国库证券，要湖州马上完成一百万元。四月二十九日晚上，沈联芳和李伯勤联名给刘承干打来电报，说原定他和刘锦藻答应各募三万元国库证券，必须马上兑现。时间紧迫，刘承干催崔振声去景德号取电报信函。信函内容如下：

刘翰怡兄鉴：为募库券，曾向公谈前方军事屡捷，来电需款急，丞令吴兴月内先垫解50万。勤请中央减至30万，湖城10万已解到，浔决认垫20万，限今日解清。刻梯湖二公各解3万，石公4万，除兄6万外，余均缴足，刻闻端赖吾兄与令尊各垫3万，请迅电申号，解勤申寓……

联芳小波伯勤叩礼

刘承干看过电报，知道此事非常紧迫，也不敢马虎，当即拍电报通知上海账房俞子青，着其立即筹洋三万解去。

丝业会馆及丝业建筑，系清末民初南浔的丝业公会办公和议事之所

第五章　治文案代笔凭书记

　　刘家交际甚广，又很讲究礼节，朋友之间有应酬，都必须事先写书信通知，书信又须写得认认真真。刘承干所结交的朋友都是大户人家，要么文人墨客，饱读诗书之人，要么生意巨贾，沪上名流，所写书信自然不能轻率。但他自己又事务繁忙，应酬颇多，因此一直以来都聘请一二位书记员担任其文案工作。

　　最早担任书记员的是沈醉愚，名沈焜，字醉愚，江苏吴江桃源人，生于1871年，卒于1938年。沈醉愚考取秀才，有一定的文字功夫。因桃源跟南浔近邻，沈醉愚很早即跟刘锦藻熟悉，之后又认识刘承干。1903年闰五月，沈醉愚约刘炳照等一批文友来南浔游玩，刘承干殷勤招待，在小莲庄四面厅赏菊，一起喝酒，兴趣很浓厚。当时沈醉愚还在武进盛宣怀馆担任家教，1909年才开始来刘承干处，直到1938年沈醉愚突然遭遇车祸去世，为刘承干担任书记员达三十余年。沈醉愚去世后，刘承干于1939年为其整理出版诗集《一浮沤斋诗选》，序言写道："醉愚于宣统己酉岁辞武进盛氏馆而依余治笔札，晨夕晤言，讫于其卒，盖三十年。"

　　刘承干和沈醉愚交情深厚，几次外出旅游都带上沈。比如去杭州塘栖旅游、去山东崂山旅游、去莫干山避暑、去大连避暑、去北京给溥仪贺喜等，都带着沈醉愚。一方面充当书记员角色，可以随时记录书写；另一方面饮酒赋诗也有一个知己。民国初年刘承干邀聚遗老消寒聚会，也邀请沈醉愚参加。沈醉愚的年龄和脾性和遗老们接近，而且沈醉愚会作诗。沈醉愚担任书记员期间，有时会遇到家庭事情，或因为身体原因，请假竟长达数月，因此必须有人在此间为沈醉愚代庖。沈醉愚的离世比较突然，1938年12月18日，沈醉愚从苏州来沪，途经闸北时突然遭遇车祸，生命垂危。警察问其姓名，伊自称沈梦白。警察从其身上搜到一封信摺，上面写着许多电话号码和联系人，警察按照电话地址打电话到刘承干愚园路住址，接电话为账房邵菊如。警察问，你们是否认识沈梦白？邵菊如忽然想起沈醉愚有时会用沈梦白笔名，就说，认识，他怎么了？警局便告诉说，伊被汽车撞了，恐有生命危险，你们速派人到新闸路桥。等到邵菊如赶到，沈醉愚已经去世。沈醉愚有夫人和小妾各一人。夫人江氏生二男三女，妾生一女四男。子女众多，生活贫困。尤其糟糕的是其中一个儿子叫子定，游手好闲，初始由刘承干担保在钱庄里做事，没过多久就被开除。后又吸大烟，看中南浔窑子里的一个妓女，要替其赎身跟老子要钱，沈醉愚没有钱，他便私自出售房产，醉愚想要阻拦，被其推搡跌倒。沈醉愚过世后，因为家境萧条，连办丧事都依赖刘承干。当时醉愚年幼的儿子只有四岁，孤儿寡母，非常可怜，刘承干又贴钱帮助。之后，几个儿子一直跟刘承干有交往。

担任书记员的还有：

黄孝纾（1900—1964），字公渚，福建长乐人。其父为原福建驻防军正黄旗人、翰林御史、清末济南知府黄石荪，辛亥后流寓山东。黄公渚在1924年春季过来，一直到1934年任山东大学老师。在沪期间，黄公渚参加朱古微等创设的"沤社"，是一位词坛新秀。1935年，刘承干乘船去大连长春，途经青岛，去探望黄石荪，黄公渚还出面款待。1938年，他应董康邀请任北京司法委员会秘书，兼做北京师范学院老师。1946年，再赴山东青岛教书。在黄公渚担任书记员期间，因其有时会请假离开，因此往往有几个书记员同时就任，有时是沈醉愚，有时是费恕皆，有时是黄公渚。此时刘承干经济上还比较富裕，多一个人也无所谓，而且刘承干对他们考察和熟悉也有过程，他们的工作能力要经过时间检验。不像沈醉愚，已经过许多年的磨合，彼此都是非常熟悉。

黄缉甫（1897—1968），台州宁海人，名绳熙。章一山以砚孙作古，刘承干处无人代笔，特荐伊至此，月修二十元。黄缉甫少年时曾经和潘天寿一起师从清末秀才徐扶九，徐扶九对诗、书、画均有造诣。黄缉甫在杭州中学堂毕业后，即到上海，先在章一山处帮办。时刘承干处书记员砚孙作古，刘承干托章一山物色人员，由章一山推荐过来。试用几次后，刘承干发现黄缉甫字写得好，文则不甚高明。其实，黄缉甫的专长是画画，并不是文案，当时也是为了谋生所需。黄缉甫很长时间跟刘承干保持联系。1925年期间，费恕皆为刘承干担任书记员，而黄缉甫也经常过来。他们二人会有分工，一般是费恕皆负责起草，黄缉甫负责书写。1945年3月，正是抗战后期，市民生活非常困难，黄缉甫常到刘承干处借钱。

费恕皆（1874—1931），又名费有容，号只园、蛰园。湖州画家费丹旭之孙，费以群儿子，生长于杭州，曾经中过举人，后因替人代枪作弊而革除。辛亥革命后，流寓沪上，进入哈同花园主编《广仓学会杂志》。1925年9月21日由章一山荐来代替黄公渚，约1925年至1928年间在刘承干家。因为费恕皆患痛风病，经常发作，一会手肿，一会足肿，发作则请假。刘承干有时也要去南浔乡下住一阵，有时住几个月，这一段时间费恕皆和黄公渚都不便跟去，书记员的任务便由沈醉愚负责，因为沈家就在南浔。1931年10月15日，费恕皆在上海病故。

邹燕孙，1926年上半年在位，名复，仁和诸生，在哈同花园设馆。因为沈醉愚近来家里有事，费恕皆得痛风病，手足不能动，其间由邵菊如介绍为费恕皆代庖，属于兼职。后因为爱俪园之馆结束，遂辞去刘承干处书记员一职。

沈刚甫，即沈家权，湖州人，原来在南浔丝商金家，即刘承干生母家担任家教，与账房邵菊如有戚谊，于1930年8月29日到馆。沈刚甫在刘承干处担任书记员时间很久，有二十多年，直到解放后1958年还为刘承干服务。沈刚甫终身未娶，晚年住上海，生活困难，经常生病，他的兄弟沈家榕向刘承干求助，刘承干几次给予经济帮助。

1957年，沈刚甫病重期间，由其兄弟沈家榕短暂过来为沈刚甫代庖。

曹喜叔，湖州太湖人，1937年5月从南浔到上海帮忙，至1940年农历年底，后去庞莱臣家担任家教。刘承干对书记员要求颇高，字要书写漂亮，文采也须好，而有的书记员虽然字漂亮，但是却没有文采。曹喜叔写字草率，很潦草，刘承干让他抄过几封书信，看过之后非常不满意，又让沈醉愚重新抄。

姜佐禹（即姜殿扬），商务印书馆编辑，江苏吴县人，在古籍校勘、版本研究上颇有功底，擅书法，《四部丛刊》题签者。1941年沈刚甫一直生病，此时刘承干将施韵秋从南浔嘉业堂调来临时担任书记员一职，又委托朋友物色书记员。1942年3月，由常熟瞿凤起（1907—1987）推荐姜佐禹过来。瞿凤起为常熟瞿氏铁琴铜剑楼后代。姜佐禹后来帮助许多遗老写过墓志铭，如叶柏皋墓志铭。沈刚甫病愈后回到刘承干处，此段时间姜佐禹还一直跟刘承干保持联系。1947年腊月，刘承干家里吃年夜饭，发现姜佐禹家生活困难，还邀姜佐禹过来一起吃，并且赠予一百元。姜佐禹于1957年1月28日在上海病故，其女儿和儿子过来向刘承干报丧，刘承干送其女儿四十元。此时，姜佐禹加入文史馆才几个月。当时已经实行新的货币，一元相当于过去一万元。

还有白曾然（即白也诗），北京通州人，在1921年年初至1923年期间任刘承干书记员。

抗战期间，嘉业堂藏书楼管理员施韵秋在上海，也曾经兼任刘承干书记员一职。施韵秋原为江苏海门小学教员，由通海垦牧公司账房介绍到南浔藏书楼工作。抗战期间，刘承干部分图书由徐森玉经手出售重庆国民政府，刘承干即委托施韵秋负责。1945年2月26日施在上海病故。施韵秋患病辞职时，按照前年账房沈叔筠、程伯厚、纪健夫辞职时的安置费，支付三万五千元。年底施韵秋生病向刘承干借钱付医药费，刘承干又先后三次给予十万元，施韵秋夫人和儿子松生磕头感谢。据其夫人讲，施韵秋去世前一刻，嘱咐夫人写三封信，由其叙述，旁人记录，一封写给张咏霓，一封写给郑西谛（郑振铎），一封写给刘承干。第一封信写后他签了字,至第二封时,他没能够说几句话,第三封信几乎没有说一个字,便不行了。

1944年6月,施韵秋经常生病,经嘉兴名宿沈淇泉推荐,杭州的李如登,已经七十七岁的丁酉举人为刘承干担任书记员。先是冒鹤亭推荐南通孙儆晚(癸卯举人)出任,孙已经七十八岁,刘承干嫌他太老,录用了李如登,后得知李跟孙只相差一岁。不过,李一直在招商局充当书记员,刘承干认为他可能比较适合。1945年2月4日,即农历1944年年底,李如登在刘承干处工作半年后辞职,应聘到元祥钱庄叶子威处担任笔札。当时正值抗战后期,老百姓苦不堪言,七十多岁的举人老爷尚要出来讨生活,何况其他的民众。

杨鉴资,为杨钟羲(即杨芷晴)的儿子。杨芷晴死后,家庭贫困,杨鉴资原在一单位上班,因为日本人入侵而停业。抗战期间来沪,途中行李全部被劫,身无分文找到刘承干,先打杂,吃住皆在刘家。在1948年10月期间担任书记员,因为沈刚甫有疾,回家休息。后经李拔可介绍杨到商务印书馆任职,中华人民共和国成立前夕,杨去了台湾。

朱庶侯(1892—1962),即朱孙蕃,为扬州诗人。在中华人民共和国成立前为刘承干担任书记员七十天。

封耐公,在1957年期间曾经短暂担任书记员。

1958年,沈刚甫病重,其兄沈家榕也要照顾家人,不便再来刘承干处。刘承干委托冒鹤亭为其物色新的书记员。冒鹤亭为其推荐二人,一为瞿兑之(1894—1973),湖南人,出身望族,为清季军机大臣、外务部尚书瞿鸿玑幼子,曾经在上海圣约翰大学及复旦大学就读,北洋政府顾维钧内阁国务院秘书长、编译馆馆长、燕京大学教授;一为严益堂。瞿兑之做了几个月以后,因为有其他事情而辞职,由严益堂继任。刘承干委托瞿兑之拟写《嘉业藏书楼记》《八十自序》。

严益堂是刘承干的最后一位书记员。约从1959年农历八月开始,至1960年5月止。之后,刘承干的日记便非常简略,从笔迹看应该是刘承干自己所写,断断续续,有时甚至模模糊糊,且不是每一天都记录,偶尔记录某人来过而已。

第六章　结姻亲亲上更加亲

刘承干有一户姻亲，为青镇首富徐氏。青镇跟乌镇只一河相隔，河西为乌镇，清朝时属于湖州府乌程管辖，河东为青镇归桐乡管辖。青镇的徐冠南和徐晓霞是堂兄弟，他俩早在民国初期即在上海经商。徐家跟南浔刘家是世交，晚清时期徐冠南父亲跟刘承干祖父刘镛早已在沪上相识，两家经常走动。徐家世代书香，徐冠南考取举人后，弃官经商。因为长辈熟悉的缘故，刘承干后来娶了第一位夫人嘉善钱德璋，为徐晓霞夫人妹妹。1929 年，刘承干第六个妹妹又嫁给了徐冠南的儿子徐欣木。

徐冠南，原名徐棠，字公棣，号冠南，生于 1866 年。徐家兄弟到上海后，赶上沪上开埠不久，洋人进驻上海，他们发现上海的商机，即开银行，开当铺，又做丝生意、房地产，渐渐生意越做越大。其时，洋人筑路以各省和城市命名，而徐冠南居上海宁波路乾记衙，他通过捐款捐地争得以"乌镇路"命名。"乌镇路"今天尚在，位于闸北区天目中路以南。徐冠南还曾经在 1920 年、1922 年两届被选为上海总商会会董（会董共计三十五名），为沪上商界杰出人物。刘承干民国初年到沪上，即和徐氏兄弟密切交往。

1912 年 12 月 13 日，住在宁波路乾记弄的徐冠南，邀请从南浔搬至上海不久的刘承干来参加消寒聚会。那时的刘承干刚刚满三十岁，对上海市面还不太熟悉。而徐冠南比他大十六岁，已经对上海非常熟悉了。聚会有南浔"四象"的张弁群一道合作做东，来了许多遗老同志，共有三桌人，刘承干坐中间一桌，同坐者为许子颂、吴昌硕、钱听邠、汪渊若、刘光珊、朱砚涛及主人张弁群。左席为日本长尾雨山、潘兰史、周梦坡、李梅庵、沈醉愚、王一亭、张石铭、徐冠南。右席为杨诵庄、钱履樛、陶拙存、陆纯伯、徐晓霞及徐氏西席林君。缪筱珊参议亦至，至晚未参加宴会而去，因另外有应酬。

那天聚会的题目是《颐园永怀图为徐冠南题》。颐园位于青镇，即是徐冠南父亲养老之所。刘承干当时写了这几句诗：

> 芙蓉浦外柳依依，我欲来敲白板扉。
>
> 入画亭台供玩赏，披图楼榭认依稀。
>
> 苔岑缅话先人谊，粉社闲抛旧钓矶。

刘承干年幼时，曾经在家里见过徐冠南父亲徐焕藻，徐老先生跟刘承干祖父刘镛是好朋友。古语说"人不如故，衣不如新"，朋友还是老的好。民国初年那段时间，徐冠南、晓霞兄弟，还有张石铭、刘承干以及在沪上的一些富绅像蒋孟苹、德利洋行的杨雨辰、张弁群等经常一起聚会，有时来到四马路的春江楼，有时来到小花园别有天，有时则在迎春坊田金凤家喝花酒。

刘承干岳父钱绍桢，曾任湖北道台。民国期间经常从嘉善往来沪上，每一次来，都习惯住在大女儿钱德珩家，即女婿徐晓霞家里。虽然，徐晓霞家不见得比刘承干家宽敞，但是因为他跟大女婿交往已久，彼此的关系更为融洽。刘承干也是每一次都殷勤地去晓霞家里拜谒岳父，有时偕夫人钱德璋一起去。钱德璋有个兄弟叫钱泰，字阶平，毕业于法国巴黎大学，民国时任京师地方审判厅主簿、外交部条约司司长，驻西班牙、比利时、挪威大使，1914年冬季从上海乘火车至北京，徐晓霞和刘承干合宴为其送行。1922年冬季，溥仪大婚，刘承干去北京贺喜，跟钱阶平多次聚会。1924年，钱德璋的叔父钱能训，进士，徐世昌为北洋政府总统时曾任国务总理，病故后他的灵柩从北京运回嘉善，徐晓霞和刘承干夫妇到上海火车站公祭。

是连襟，又是生意朋友，徐晓霞曾经找刘承干借钱，刘承干也是能帮则帮。相比之下，刘家的财产要比徐家不知多几倍。有一次，徐晓霞借刘承干二万两银票到期了，账房先生执意要他按时归还，徐晓霞因为资金周转不灵，想要续借。伊便找到刘承干，刘承干没有办法，只好来一个折中的办法，还一半，续一半。当时，二万元是一个不小的数目，刘承干请的家教每一个月才十二元工资，一个账房先生每一个月也才三十至四十元。

民国时期，沪上秩序混乱，时有绑票案件发生。1927年9月14日，徐冠南在宁波路家门口附近的五福弄遭遇绑票。绑匪事先探得徐冠南为巨商，出口勒索巨额赎金。不得已，最后徐家出了二十八万元，才将徐冠南赎回。

沪上秩序如此混乱，徐冠南不得已搬至苏州躲避。此后，刘承干也因为遭遇绑匪恐吓，搬到苏州居住。1937年2月16日，正是春节时期，在苏州居住的刘承干和大儿子刘世炽一起来到苏州大郎桥徐冠南处看望徐冠南。那年徐冠南七十二岁，身体很差，两足不能行走，闻姻亲刘承干过来，即叫两个仆人搀扶出来迎接。刘承干的六妹刘承棂也出来会见兄长。那次会面，他们谈到了徐晓霞所开的宝大裕钱庄倒账的事情。原来，就在不久前，徐晓霞所开宝大裕钱庄出现倒账，起因在徐晓霞，结果连累其他合伙人走投无路。钱庄倒闭，晓霞只顾自己避开，其儿子徐懋斋依然在外面胡闹，花钱阔绰，结果有许多欠债朋友找上门来讨钱，连累徐冠南借给徐晓霞钱款也没有着落了。

徐冠南于1940年在上海病故。

刘承干有两个连襟，一个徐晓霞，还有一个是孙景扬。

孙景扬，即孙用时，为孙宝琦儿子。孙宝琦，字慕韩，浙江杭州人，曾经出任山东巡抚、北京政府国务总理。孙宝琦出身官宦世家，他的父亲孙诒经是光绪老师，官至内阁学士。凭着父辈的功勋，孙宝琦享受到"以父荫入仕"的待遇，授刑部主事、直隶候补道。八国联军入侵北京城，慈禧偕光绪西逃，孙宝琦担任随侍近臣。因为路途泥泞，马车非常难行，孙宝琦不顾辛劳数次下车推行，他的吃苦精神以及对主子的拳拳之心，让慈禧感动。孙宝琦自幼受到良好教育，他会英语、法语，熟悉电码，会和洋人打交道，这为他以后担任外交官打下基础。孙宝琦有五个老婆。他的大女儿孙用慧嫁给了李鸿章身边的红人盛宣怀四公子；二女儿孙用智更加风光，嫁到乾隆皇帝的曾孙奕劻家，奕劻是晚清重臣，慈禧身边的红人，被慈禧封为庆亲王，孙用智嫁给他第五个儿子；三女儿嫁给了北洋大臣王文韶的公子；四女也嫁给了皇室，是爱新觉罗·宝熙家的媳妇；五女嫁给了袁世凯第七子袁克齐；第七个女儿孙用蕃嫁给了船务大臣张佩纶的儿子张志沂，就是张爱玲的继母。姻亲关系让孙宝琦得到无尽的好处，他出任山东巡抚是亲家奕劻为他举荐，他几次犯错，也通过姻亲关系得到摆平。

民国时期，上海极司菲尔路有一幢西式小红楼，它就是赫赫有名的汉冶萍公司俱乐部。说它赫赫有名一点也不为过，因为那幢小红楼属于上海滩大富翁云集的地方，经常出入的都是大亨阔佬。当年，洋务派代表盛宣怀创办中国第一家钢铁企业汉冶萍公司，盛宣怀过世以后，盛的亲家孙宝琦接替他的位置担任汉冶萍公司董事长。之后，汉冶萍公司俱乐部便成为孙家的住宅。

走进汉冶萍公司俱乐部，你会惊叹这座红楼极妙的建筑风格，醒目耀眼的外墙红色面砖，突出的老虎窗，还有室内弯曲雕刻精美的木楼梯。

刘承干夫人钱德璋的妹妹钱德琨即嫁了孙宝琦的儿子孙用时，也即孙景扬。

孙宝琦在北京担任要职，经常往来沪上，来时便住在汉冶萍公司俱乐部，刘承干则为其接风，有时还跟连襟徐晓霞同请。接风也是颇具规模，必须请一帮朋友相陪，凡是孙宝琦所熟悉的名流都要请来。当时参加者有李伯行、杜梅叔（名纯，广东番禺人，护军使署秘书长）、姚慕莲、傅小庵、姚文敷、刘襄孙、徐冠南、章一山、叶柏皋、夏楝三（汉冶萍经理）、哈同夫妇、姬觉弥、张石铭、张淡如、张菊生、徐懋斋、朱小汀、厉树雄等。吃饭的地点都是高档餐馆，尤其是位于静安寺路的爱俪园，他们时常去游玩。爱俪园，又称哈同花园，为英国人哈同所建。哈同是个传奇人物，原是犹太人，后来到了印度，印度当时属于英国殖民地，他便入了英国籍，后来不知怎么又入了法国籍。二十三岁初到上海时，还只是一个穷光蛋。因为认得沙逊银行一个同乡，便托同乡为其找工作，初始在沙逊银行做看门人。沙逊银行做的是卖鸦片生意，伊便一边做看门人，一边帮助推销鸦片，还同时推销国外带来的煤油灯。当时国内众人都用桐油灯，因为那时中国没有煤油，点灯便用桐油，自然煤油灯要胜过桐油灯，这便是他的发家之路。之后沙逊银行看其颇有经济头脑，便推荐其为法租界公董局董事。他竟然又认识一个做咸水妹的女子，并且娶她为妻。果然，那女子也很有帮夫命，许多时候为哈同出谋划策。没有多久，伊便成了沪上房地产大亨。哈同很有经济眼光，据称当时南京路有一半房地产是属于他的。位于静安寺路的爱俪园便是哈同杰作，所以命名爱俪园，因为其妻子就叫"俪蕤"。据说"俪蕤"的父亲是法国人，而母亲是中国人，哈同对妻子爱得要命，或许因为"俪蕤"有法国血缘关系。爱俪园当初还是一块空地，杂草丛生。哈同请来著名的设计师设计，运来许多当时非常名贵的建筑材料，用了六年时间建成。里面有西餐厅，中餐厅，假山楼台，水榭阁楼，无一不用其极。可以待客，可以会友，谈情说爱，是休闲娱乐的极佳去处。当时沪上许多大腕，比如孙中山、章太炎、黎元洪、康有为、王国维、徐悲鸿、章士钊等，都是哈同花园座上客。孙宝琦是民国总理，自然是沪上名流所喜欢结交之人。他来到上海，哈同夫妇也出来陪伴，还有哈同花园的管家叫姬觉弥，江苏人，都过来接待。刘承干自那以后，跟哈同夫妇经常来往。

刘承干几个妹妹都嫁给大户人家，几个妹夫和刘承干关系都很密切。1909年，刘承干大妹刘承杏嫁苏州大户吴郁生的次子吴潜甫，即吴曾愬。吴郁生（1854—1940），清代进士，光绪三年授翰林，曾经为内阁学士，兼礼部尚书。刘承干影印宋本图书也请吴郁生题签。吴郁生为晚清和民国初年著名书法家，晚年一直寓居青岛。刘承干去青岛游玩，即去探望，吴潜甫则开车接送。

1916 年，刘承干二妹刘承彬嫁南浔丝商邢植之长子邢礼铭，邢家跟刘家合作做丝生意已经几十年。

1918 年，刘承干三妹刘承橘嫁吴县邹梅生子邹斯觉。

1922 年，刘承干四妹刘承林嫁无锡巨商周舜卿之子周寿甫。周舜卿（1852—1923），名廷弼，字舜卿，以字行，无锡人。十六岁与洋人打交道结识英国怡和洋行大班帅初，后得到帅初信任到大明洋行任职，又在帅初帮助下，在苏州河边开设昇昌五金行，出任总经理。周家除了经营煤铁，还利用洋行经营蚕茧出口，后又经营丝业，自己办缫丝厂，所产蚕丝用于出口。

1923 年，刘承干五妹刘承李嫁江苏山阳丁衡甫之子丁晋生，由苏州尚书邹紫东及许鲁山做媒。丁衡甫（1866—1919），即丁宝铨，字衡甫，二十三岁中举人，二十四岁中进士，曾任山西巡抚，辛亥前夕被清廷免职，寓居上海。

1929 年，刘承干六妹刘承棁嫁乌镇徐冠南之子徐欣木。徐欣木和刘承干交往密切。徐冠南病故以后，他们还有经济上的来往。

1931 年，刘承干八妹刘承菜嫁苏州程印午次子。

1932 年，刘承干七妹刘承穆嫁海宁姚文敷次子姚晟。姚文敷，清末官员，曾任盐运使，民国时任上海海关监督官。

刘承干五弟刘承植（刘培余）娶平湖葛词蔚之女。葛词蔚即葛嗣浵（1867—1937），和张元济同科举人，是徐用仪的女婿，为教育家、藏书家。葛词蔚和刘承干交往密切。葛词蔚还有一个侄子叫葛荫梧，即葛昌楣，字咏裁，南社社友，诗人，也跟刘承干来往密切。

1928 年，刘承干的七弟刘承槃和八弟刘承采，由刘承干账房邵菊如做媒分别娶胡藻青部郎的两个女儿。胡藻青为胡雪岩侄孙，曾经在清政府任内阁分部郎中，大清银行上海分行股东，浙江铁路公司股东、董事，在杭州开信源金铺，做金饰品生意。1900 年，胡还跟翰林院编修邵伯炯一起创办杭州藏书楼，抗战期间移居上海。1947 年，因为国民党政府逮捕游行学生，胡藻青和陈叔通、张菊生、叶揆初等十人联名上书上海市长，要求政府立即释放学生，即"十老上书"。

刘家三房，即刘承干三叔刘梯青，十七岁娶嘉兴望族姚宝勋之女。姚宝勋，官候补道，他儿子姚慕莲，清末以捐资得二品衔，民国时为上海内地自来水公司董事长。姚慕莲即是刘梯青的舅爷，他俩关系非常密切。刘梯青原配夫人姚氏在婚后十二年过世，后刘梯青又娶宁波巨商周湘云之妹。刘梯青生有五个儿子九个女儿。长子刘俨廷娶盛宣怀之女盛静颐，生育两个女儿。因为刘俨廷喜欢抽鸦片，养小老婆，后盛静颐不堪忍受出走离婚。之后，盛静颐起诉刘俨廷讨养老费，官司打到湖州，盛还求刘承干帮助说项。刘梯青二女刘承毅嫁上海总商会创办人、中国通商银行总董严信厚的孙子严智多，即严祝三。三女刘承铭嫁海盐徐家、清末军机大臣徐用仪的后代徐纲章。徐纲章为海盐酱园老板，在上海开松盛酱园店，跟刘承干交往很久。

第七章　办丧事金氏葬南浔

　　刘承干生母刘金氏，生于南浔金家。金家人称"小金山"，世居南浔镇，清同治年间即在镇上开设"金嘉记"丝行，之后又开设典当行。金家是清末年间南浔镇上最早的致富者。

　　南浔镇上至今保留金宅故居。步入金宅故居大厅内两副楹联特别引人注目，一副是大儒俞樾的笔墨："书田菽粟皆真味，心地芝兰有异香。"据说，此对联是一个状元所题，意思说，书籍和粮食都有美好的味道，都一样值得人们欣赏，美好的心灵犹如美好的香草，尤其值得人们追求。其意便是鼓励金家后人要重视文化教育，尤其是思想品德教育。另一副楹联是金家的子孙金绍城所题："积善之家必有余庆，资富能训惟以永年。"这副从《尚书》里择取的名言，则是金家教育子孙要处处积德，多做善事。

　　金家事业的开拓者是金桐（1820—1887）。金桐生下不久即丧母，少时又丧父，年纪轻轻即辍学。

刘承干生母刘金氏

之后,金桐过继给族叔承德堂子安公为嗣。族叔子安公家开设"张源泰"丝行,金桐在丝行做学徒,为人勤快,又虚心好学,不久提拔为押运员,负责将生丝押运上海。金桐多次往返沪浔两地,大大开阔了视野,和洋人打交道多了,慢慢地学会了一些"洋泾浜"英语,经常将英语的发音用中文记在本子上。据金家后人回忆,那些"洋泾浜"英语很特别,比如"一块钱"叫"弯搭拉",半块钱叫"弯搭拉叽咕叽咕"。因为金桐很聪明,没有多久就充当了洋商最早的翻译"丝事通"。之后,金桐既做买卖,又做翻译,不久即成为南浔"八牛"之一。

刘锦藻原配夫人金氏即金桐次女、刘承干的生母,于1916年9月过世。

旧社会,凡大户人家都非常讲究葬礼,上至皇室公卿,下到七品芝麻官。当年沪上盛宣怀的葬礼耗费三十万,曾经轰动上海滩。葬礼规模的隆重,不仅显示一个家庭的显赫背景,也是死者身份的一个证明。按那时人看来,死者要在冥间享福,不受苦难,一个隆重的葬礼是不可缺少的。隆重葬礼的仪式包括请名人题主,请道士和尚超度,沿路设路祭等。这些仪式在今天看来是迷信的,非常繁琐,大多数人已经不信它了,而处在刘锦藻、刘承干父子那个年代却非常流行。

金氏过世在上海。1916年9月30日临近苏州河边的贻德里热闹非凡,沪上大贾遗老新贵纷纷到场,刘家当晚请司丧共十二席。10月1日为题主日,因为来客太多,贻德里所用房间客厅全部摆满酒席,几无容膝之地,中午一共二十二桌。龙华孤儿院的十六名孤儿也在院长带领下赶来祭祀。因为刘家是做慈善的,金氏经常向龙华孤儿院提供经济帮助,孤儿院孩子懂得报恩。午后一点钟,"淞社"同人致祭,先到者二十人,续到者四人。下午三点钟开始题主,大宾为邹紫东尚书,左襄题为杨芷晴太守,右襄题为林诒书提学,左襄侍为费景韩孝廉,右襄侍为葛咏裴学部,赞礼则张砚荪主政。那天来宾一共二百七十人。

10月2日早上出殡,中午饭十二席,饭后祭拜,然后排列仪仗,从厦门路"贻德里"出发,向西朝南走贵州路,至宁波路向东至河南路,再向北直达苏州河的汤盆弄桥丝商码头。

路祭共设九处。第一处在寿圣庵,由邹紫东、丁衡甫、黄伯雨、曹揆一、金觉生、鲍耀卿、孙益庵致祭;第二处在贵州路,由周湘云、周纯卿致祭;第三处在钱江里,由湖州同乡致祭;第四处在隆庆里,由钱铭伯、邢颂声、张石铭、高伯衡、葛词蔚、周湘舲、徐冠南、徐晓霞致祭;第五处在绳正学堂前,由苦儿院董事职员致祭;第六处在绳正学堂东,由谢子楠、朱蕴人致祭;第七处在泰记弄口,由邢植之致祭;第八处在吉祥里,由蒋孟苹致祭;第九处在丝商码头,由尊、贻、崇、景四德同人典友致祭。这些参加祭祀的朋友,无不是前清高官,或进士或举人,或尚书或翰林,或者是沪上巨贾。

灵柩在苏州河丝商码头下船,共计八艘,均选船体宽大之"无锡快船",俗称"双夹弄",从船首通向船尾有两条过道,有一条过道称"单夹弄"。这种船用料考究,船中雕刻精美。由"吴兴""利亨"两轮船拖带,轮局规定一条轮船只能够拖带六条船。

3日早上,船抵震泽。恐南浔方面没有准备妥当,先派一轮船去南浔招呼,待此轮返回后,再拖带出发。到南浔时,南浔保卫团和贫儿院孩子已列队迎接。船到极乐寺前换小船,因前方有桥,无锡快船通不过。

按照刘承干的想法是要将母亲的遗体送至老屋停放,然后再祭拜,但是南浔有旧的习俗,谓亲人死在外地的,回乡时不能够回到家里,因此,刘承干他们经过商量,就将母亲的遗体送至小莲庄。

沿途设五处路祭。第一路在极乐寺前,由正茂、德康、万泰及账房同人致祭;第二路在大桥东,由金季言致祭;第三路在泰安桥南,由保卫团长阎子瑜致祭;第四路在便民桥南,由梅祉荷、张菊惕、王蓓苏致祭;第五路在花园弄口,由邵辅侯、沈薇园、沈韵笙、庄砚池致祭。最后驶至南栅苏露桥,转朱家板桥,再入塔院西边停船,送灵柩登岸,然后一路抬枢朝小莲庄去,到后送殡在灵前行礼。夜晚请司衰二十三席。

4日早上八时，客人即来吊丧，络绎不绝。苏州苦儿院四十名学生也随船从上海过来，排队至灵前致祭，祭祀后吃饭，然后由轮船带回苏州。南浔警察局官员也赶来。中午坐二十三席。下午客人更多，晚上三十七席，另设女客五席。散席后再拜，将神主送入家堂供养。

刘家的先祖都是葬在南浔，这里是他们出生之地，也是他们安息之所。为了祭拜先祖，传承家风美德，从刘镛辈起，即开始着手建立家庙。

刘家的家庙建在南浔小莲庄西南侧，这里神圣庄严，气氛肃穆。一进家庙即可见悬挂在屋檐下的嘉兴沈淇泉手书"刘氏家庙"牌匾，步入轿厅则见北洋大臣李鸿章手书"义推任恤"牌匾，祭堂则悬挂宣

刘氏家庙

李鸿章手书"义推任恤"题匾

050

南浔小莲庄（一）

南浔小莲庄（二）

刘氏家庙牌楼

统皇帝御赐牌匾"承先睦族"。楹联则由张謇等名家所题。家庙南边有两座御赐牌坊，高八点五米，一座为"积善牌坊"，为光绪帝嘉勉刘镛长子刘安澜生前捐助湖北水灾而建，一座为"贞节牌坊"，是宣统皇帝溥仪嘉勉刘安澜夫人邱氏终身守节的贞节牌坊。牌坊气宇轩昂，雕镂精巧。

刘氏家庙是刘镛生前所完成的最后工程。同治十二年（1873），刘镛买下南浔鹧鸪溪畔的一块地皮。原址上有荷花池，有残留的寺庙，当时刘锦藻年幼，跟小伙伴时常在荷花池畔玩耍。后刘安澜过世，刘锦藻睹物伤心，跟父亲刘镛要求，在荷花池边的空地上建筑房屋，以安放先兄亡灵。房屋筑后，命名为小莲庄。之后，又补种花木、柳树，在池塘里种植荷花。又另建一屋，悬挂刘安澜遗像。光绪十四年（1888）清明节，刘镛率领刘锦藻扫墓乘舟过小莲庄，再次提起建造义庄和家庙之事，并且手指小莲庄说，建家庙选址就在小莲庄的西边为好。那次扫墓归来，刘锦藻便和堂兄刘安涛、堂弟刘安仁一起商量绘图，勘察土地，并且在当年开始动工。先在池塘四周建筑亭榭，垒石建造假山，以供游客游玩。刘镛看过后，认为家庙应该安宁，不应该过分喧嚣。1894年，刘锦藻考取进士，这年冬天他回乡编辑家谱，制定祭祀礼仪还有祠规，又在空地上建造房屋三间，名曰"馨德堂"，作为祭祀完毕后族人休息之所。1897年，家庙工程完工。这年冬天，刘家将祖宗牌位供奉在祠庙里，由刘镛担任主祭，并且邀请上虞的族人赶来助祭。祭祖活动结束，刘镛感叹道："祖宗安享在此，我没有什么遗憾了！"

刘镛过世，刘锦藻继承父亲遗愿，每一年清明都回乡祭祖，带领刘氏家族子孙在家庙举行隆重的祭拜仪式。刘承干担任鸣赞一职，高喊行礼秩序，刘笃初则高声朗读祝词。最多时候，祭祀人员二十多人，男男女女，老老少少。祭祀完毕，大家一起到"馨德堂"吃饭，摆五桌酒席，男女分座，那排场令周边众乡亲非常羡慕。家庙以西为刘氏"义庄祠"，于1922年完成。

刘锦藻过世后，祭拜之事由刘承干负责。起初他还定期过来南浔祭祀，之后因为年老体弱便在上海遥祭。

第八章　上京城贺喜谒溥仪

　　过去有一句老话，谓官商勾结。刘镛深谙跟朝廷官吏紧密接触的重要性。自从 1862 年曾国藩在上海招商运盐，刘镛家族雄厚的资产引起清廷重视，批准刘镛参与招商，刘镛由此结识朝廷命官。到 1876 年，晚清重臣沈葆桢到苏州检阅部队，刘镛又特意赶去向其汇报盐业情况。刘镛跟朝廷重臣走得很近，充分体现了刘镛做生意目光远大。

　　刘镛少时因为家贫读书甚少，但是他对于儿子的教育却特别关心。长子刘安澜英年早逝，次子刘锦藻经过努力考取了进士，属于南浔近年唯一问鼎者。刘锦藻名正言顺做上朝廷命官，又利用和张謇的同年关系，参与投资张謇开创的所有企业，官官相护，刘家的财富如同滚雪球一般增长。到第三代时，长孙刘承干已经考取秀才，只是没有机会再继续应试，因为朝廷在那时已经废除科举，而刘承干对清廷的忠心从那时起已经根深蒂固。他深知，刘家有今天的产业离不开朝廷的支持。所以，在以后无论经商还是其他活动中，他的人生价值观决定了他这一辈子都会效忠清廷。辛亥以后，他面对民国政府的腐败，军阀的混乱，人民生活处于水深火热之中，他愈发怀念过去的生活，愈发对辛亥革命不满。他在日记中称"辛亥革命"为"国变"，对孙中山、陈英士都表示出极度的鄙视，把国民党统治下的腐败政府、人民生活的贫困都归结到孙文头上。陈英士在 1915 年曾经跟刘承干借钱，开口借十万，刘承干以没钱为由，请朋友吴仲言和杨信之帮助说项，最后只借给陈英士一万，陈给刘承干打了借条。陈英士后来牺牲，借款一事便没了结果。抗战前夕，国民党政府有意归还革命时期留下的债务，刘承干便又拜托吴仲言（当时在南京政府审计院帮助陈霭士做事）将陈英士的借条复印后送到南京政府，希望得到还款。吴将借条送到南京政府，请陈霭士帮助辨认笔迹（陈霭士是陈英士的弟弟），经过辨认确实是陈英士手迹。刘承干想这下还款应该没有问题了，没有想到抗战爆发，还款之事再次搁浅。刘承干对清廷的忠心，具体表现在他的遗老情结上，对于前朝的遗老总是特别眷顾，总是千方百计地帮助他们。他出书，即聘请遗老做顾问，或者担任校勘，让他们有用武之地，而且让他们得到一定的经济补助。遗老们有藏书出售，他也是能收则收，有的宁可贴钱也将书籍收下。对于溥仪，他更是无比效忠。1922年溥仪大婚，他赶去北京贺喜。溥仪到东北当上傀儡皇帝，他又跑去东北觐见。他闻悉光绪陵墓植被稀少，有的树木枯死，有的桥梁损坏，又投资数万修葺。

　　1922年11月16日，刘承干比以往起得更早。早上七时他即起床，平常日子他会睡到九至十时，因为他今天要远游。八时半他已经偕如

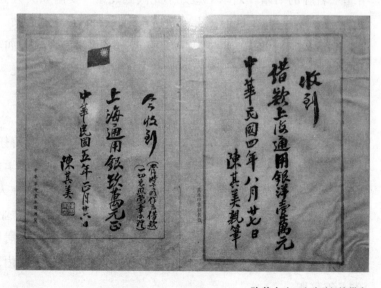

陈英士（即陈其美）的借条

夫人朱琨华出现在沪上东站，一直为刘承干担任书记员的沈醉愚已先至。不一会，金甸丞、叶柏皋、李孟楚、邢复三等朋友都赶来送行。钱博庵叔岳也到了，他是和刘承干同行的。上午十时，列车开动，刘承干和如夫人朱琨华还有书记员沈醉愚及钱博庵一起开始入都的旅行。

登车后，刘听说车上有一位前清提学，即过去会晤。提学叫陈子砺，名伯陶（1855—1930），广东东莞人，己卯年举人，壬辰探花，为江宁提学使，此次也是去北京觐见的。两人即在车上亲密交谈起来，不知不觉谈了三个小时，有相见恨晚的感觉。车开到南京下关摆渡过长江，那时长江上还没有造桥，南京一位商界朋友庄惠伯特意派了一辆汽车来接，送刘承干渡江到长江北面浦口站。

浦口站的站长吴曾九是吴蔚若侍郎的侄孙，吴蔚若是刘家姻亲，刘承干的一个妹妹嫁给了吴蔚若的儿子吴潜甫。吴站长派了一个茶房过来照应，帮助他们搬运行李。

上车后，刘承干和朱琨华坐头等车，博庵叔岳和沈醉愚坐二等车。车上无事，刘承干就跟提学闲聊，有时便读《中国名胜大观》——介绍北京名胜的书籍。刘承干想好了此次到北京，要陪如夫人去各处名胜游玩。十七日早上四时，火车到达济南，山东毛稚云上来。毛稚云即为毛承霖，字稚云，他是两广总督毛鸿宾之子，光绪十四年举人，这次也去北京觐见溥仪。下午六时，火车抵达天津，王君九到车上会晤刘承干，两人在餐车一起吃晚饭。

王君九，又名王季烈（1873—1952），苏州人，光绪甲辰科（1904）进士，学部郎中，明代大学士王鏊第十四世孙，其父王颂蔚任朝廷三品官，是蔡元培会试时的恩师。王季烈是晚清著名的物理学翻译家、曲学家，在辛亥革命后反对袁世凯，拒绝出仕袁氏政权，在天津创办乐利农垦公司、华昌火柴公司。王还嗜好昆曲，在天津办业余的昆曲"景璟社"，专心研究昆曲。1927年迁居大连，在大连居住十年，兼做房地产生意。1931年至1933年，他出任伪满洲国宫内府顾问，1934年辞职。

到达北京是晚上十点。小舅子钱阶平（即钱德璋的弟弟）、李振唐、金息侯已在车站迎候。钱阶平比刘承干小四岁，毕业于法国巴黎大学，现在北京政府工作，任外交部条约司司长。金息侯即金梁（1878—1962），杭州人，寄居北京，父亲为杭州驻防旗人，光绪三十年（1904）进士，任京师大学堂提调，民政部参议，民国后任清史馆校对，后来还担任北洋政府农商部次长。金息侯是书法大家，书法可以和当时北大的沈尹默相比，尤其是他的篆书非常了得，堪称全国一流，自喻为张天师画符。金息侯对溥仪感情很深，民国初年溥仪在紫禁城当小皇帝，金息侯曾经在内务府当差，被溥仪封为"少保"。"九一八"事变后，他担任"奉天地方维持会"委员，继任奉天博物馆馆长，在日伪政权做过事。李振唐，即李之鼎，江西南城人，光绪十七年（1891）中举，光绪二十三年（1897）年捐广东澄迈、会同二县知县。他是诗人、著名学者、文献学家，刊刻多种著作。其刊刻书籍质量好，印刷精美，受藏书家喜爱。李对清朝忠心耿耿，辛亥以后，奔走南北，图恩报国，蓄发不剪，以遗老自居。刘承干和朱琨华以及沈醉愚先乘汽车由正阳门至西砖胡同连襟刘季若家。刘季若是刘聚卿的侄子，现在为审计院协审员。其父刘聚卿即刘世珩（1874—1926），安徽贵池人，出身官宦世家，其父受曾国藩和李鸿章信任，官至广东巡抚。刘聚卿为光绪二十年举人，以道员指分湖北，授江苏候补道，任江宁商会总理，湖北及天津造币厂监督。辛亥以后，刘聚卿以遗老自居，喜欢收藏古籍和文物，家中有宋刊珍本，喜欢刻书，许多嗜好和刘承干非常相似，因此两人是非常密切的朋友。

刘季若家的房子一共南北平屋各三间，刘承干和如夫人朱琨华住上宅，下宅给沈醉愚住。博庵叔岳住在钱串胡同钱砺哉家，钱砺哉也是刘承干小舅子。

北京的天气真冷。今天是农历九月三十，阳历才11月18号，可是北京已经是漫天雪花。上午刘承干起来，看见整个北京城都披上了银装，顿时感觉北京的冬天跟南方很不一样，北京的冬天是真正的冬天，天寒地冻。他在南方待得久了，很少见到如此美丽的雪景。中午，钱阶平和钱博庵叔岳过来，接着汪甘卿、李振唐又过来聊了一阵。汪甘卿即汪钟霖，苏州人，光绪十九年乡试举人，内阁中书，直隶候补道，宣统三年驻奥使馆二等参赞。汪甘卿住北京久了，对朝廷内外都非常熟悉，而刘承干初来乍到，许多的头面人物还需要通过汪甘卿等帮助联络。傍晚金息侯设宴，邀刘承干到东华银行吃饭，陪坐的有胡晴初、温毅夫、柯凤孙（山东胶州人，丁卯举人）、宝瑞臣（名熙，字瑞臣，宗室，正蓝旗人，光绪十八年进士，学部侍郎，现为实录馆副总裁、内务府大臣），以及朱聘三、汪甘卿、李振唐。

　　第二天午后，小舅子钱阶平来，汪甘卿和白也诗也先后过来。白也诗，即白曾然，北京通州人，诗人，1921年为刘承干担任书记员。大家聊了一阵，刘承干即由汪甘卿陪同来到灵清宫陈宝琛太傅家拜谒。陈宝琛是溥仪的老师，1911年溥仪六岁时，皇太后隆裕为他聘请了三位老师：陈宝琛、朱益藩、伊克坦，之后又请了一位英语老师庄士敦，让溥仪在毓庆宫读书。皇帝幼时即接受严格教育，早上六点开始上课，先由陈宝琛老师授课至七点半，休息后接着八点半开始由朱益藩上课，十点开始由满文老师伊克坦上课。庄士敦来后下午教两小时英语。皇帝老师都有特殊的待遇，他们是一品大臣，进入紫禁城无需步行，是乘坐两人抬的轿子。他们见了皇帝可以不拜，皇上给予赐座。陈宝琛请刘承干喝茶，在一起聊一些溥仪年幼时的事情。然后他们又来到东四牌楼钱粮胡同刘承干表兄金巩伯家。金巩伯又名金城，是刘承干生母金氏哥哥的儿子，生于1878年，比刘承干大四岁。金城生于书香之家，他父亲金焘，十六岁中秀才，就任缙云县训导。后弃官经商，跟帝师陈宝琛相熟。金城于1902年赴英国求学，1905年回国。归国后任"上海公审公廨襄谳委员"。后又任"大理院刑庭推事"。1910年，率中国代表团赴美国参加"第八次万国监狱改良会"。目前任众议院议员、国务秘书。金城喜欢收藏古画，出示许多古画给刘承干欣赏，刘承干非常惊叹。钱粮胡同历史悠久，住的都是达官贵人，有许多豪宅，章太炎也曾经在此居住。刘承干看金城家房屋宽敞，而刘季若家比较逼仄且偏僻，金城有意让刘承干搬过来住，刘承干考虑要在京城住一些日子，就答应了。然后他送汪甘卿回东华饭店后，再到处菜厂胡同钱阶平家一起吃晚饭。

翌日，刘承干约了李振唐和汪甘卿一起去马大人胡同拜访内务府大臣耆龄。耆龄（1871—1931），字寿民，满洲旗人，监生出身，光绪三十二年（1906）任商部右参议，三十四年（1908）迁内阁学士。耆龄虽然出身监生，但是他的家族跟皇室有姻亲关系，他跟随光绪、宣统两任皇帝任职多年。辛亥以后，他奉溥仪之命和陈宝琛、宝熙等在宫里整理古书。他目前是内务府大臣，内务府是管理皇室财产的机构，传达皇帝旨意，处理各司院事务，因此他跟溥仪最亲密。刘承干作揖后向耆龄大臣呈上贺折，禀道："皇上大喜，南方诸遗老托臣来京祝贺，由吴蔚若侍郎领衔，共五百余位遗老凑起来的心意，共计贡金三万七千八百元，鄙人单独贡金五千元。贡款已经委托缪筱珊参议商务书馆电汇北京。"

耆龄道："难得翰怡如此用心，本人定向皇上禀奏，赐匾嘉勉。"

告辞后，文楷斋掌柜刘春生由李振唐介绍过来。刘春生闻悉刘承干要刻书，马上找上门。

刘承干问刘春生："阁下拥有多少名刻工？"

刘春生答道："有刻工一百多人，书写手三十多人。"

刘承干又说："阁下为哪些人刻过书？"

刘春生答："有徐大总统的，有董康大律师的，有陶兰泉道台的，还有周叔弢的书也帮助刻过，都是藏书家。"

刘承干和刘春生交谈了许久，听他谈许多刻书名家。然后，刘春生便邀请刘承干去他的文楷斋参观。他们一路步行，经过宋谢文节祠时，又拜了拜。然后一起到法源寺刘春生的文楷斋，参观了刘春生的刻字作坊和印刷工厂。刘春生拿出新刻印的《八指头陀诗集》《詹天佑碑刻》等赠送刘承干。

于子昂请客。于子昂是扬州人，曾经留学日本，现在北京政府担任内务部次长，为刘承干姻亲。陪坐的有钱博庵叔岳，还有钱和郛、钱砺哉、钱阶平几个内弟，以及孙景扬、刘季若。孙景扬是民国重臣孙宝琦的儿子，和刘承干是连襟。

　　溥仪的生父醇亲王载沣是光绪皇帝的异母兄弟。他闻悉刘承干来京，即要召见刘承干。载沣是溥仪三岁立为皇帝时，同时被慈禧委为监国摄政王。皇帝尚小，不能主政，即使今日结婚，也才十七岁，一切的权力都由其生父说了算。醇亲王拜托光绪珍妃的胞兄志赞熙出面邀请。志赞熙现在是正蓝旗满洲都统，他是溥仪婚礼的组织者之一，和刘承干已经非常熟悉。两个月前，志赞熙特意来到上海，跟李振唐、郑孝胥、章一山、罗子敬等一批遗老和铁杆保皇派接触，鼓动遗老上京为溥仪大婚贺喜。志赞熙给刘承干打电话说，醇亲王要召见他。刘承干不敢怠慢，接到电话后，即和汪甘卿以及李振唐一起来到十刹海的醇王府。到了王府接待处，一个戴蓝顶花翎的人出来接待。刘承干看他的着装，知他是一个官吏，也没敢上去打听，只好坐着干等。一会，即接到通知进入，见面后刘承干三揖就坐。

　　醇亲王载沣问刘承干："你们这次一共来了几位？同来的还有哪些人？"

　　刘承干回道："有山东毛承霖，还有安徽贵池的刘世珩。"

　　醇亲王又问刘承干来北京后的生活情况，是否习惯，会过哪些客人，谈了一会，刘承干告辞。

　　随后刘承干一行又来到龙头井胡同的涛贝勒府，拜会爱新觉罗·载涛。载涛和载沣是亲兄弟，他是溥仪的七叔，刘承干称皇叔。此人曾经去过德国考察军队，懂得骑兵作战科目。载涛后来反对溥仪出任伪满洲国元首，因此受到国人尊敬。刘承干至接待处，由接待员接待，然后入谒，三揖就坐。载涛善于辞令，他对刘承干说："此次皇上大礼，一切都从简，上谕以三十万两为限，因此各项活动樽节，几至弊绝。可是典礼制度不可废呀，所以我们也很难办。"刘承干连忙说："皇上大喜，臣当贡献。"载涛称赞道："多亏有你们这些同仁帮忙！"刘承干说："应该的。"载涛说："皇上天体聪明，十三经早已念得很熟，现在已经学习洋文，还会说洋语了。我的儿子就在他旁边伴读，了解很清楚的。"

离开贝勒府回寓,刘承干接到汪甘卿电话,告知嘉兴沈子培尚书在初二那天逝世。又一个遗老过世,刘承干不免悲伤起来。

连续几天下雪,11月24日终于放晴,金灿灿的太阳带着喷薄四射的光芒,挺招人喜欢。上午,孙惠敷和李振唐一起过来探望,刘承干招待他们在这边吃饭。午饭后,一位叫杨伯兴的过来看望刘承干。杨伯兴,名履瑞,广东南海人,其父是光绪解元,甲午进士,和刘承干生父刘锦藻同年,此次来京也为专程觐贺。刘承干和他亲密交谈了一会,然后去西草厂胡同访钱和郚、去教场头条胡同访钱渔青两位内弟。天色尚早,他又去海北寺街顺德老馆访温毅夫,再逛到琉璃厂商务印书馆购买几本书籍后就去找李振唐。到晚上七时,他即到东安门大街的东兴楼吃饭,是连襟孙景扬宴请,同坐的有博庵叔岳、于子昂,还有钱砺哉、钱渔青、钱和郚三内弟,以及连襟刘季若。

刘承干决定搬去表兄金巩伯家住,金巩伯是南浔人,金家房子大,可以随便一些。二十五日一早开始收拾行李,下午四时,刘季若过来送行。刘承干和朱琨华乘汽车至东四牌楼钱粮胡同金巩伯表兄家,沈醉愚同至。时已傍晚,他和金巩伯寒暄数语即往汪甘卿处。他们已经约好同往老马神庙老胡同访珍妃的哥哥、都护志赞熙。都护很热情,他儿子彝孙也出来跟刘承干见面。彝孙现在乾清宫做侍卫,同座的其余四人都是彝孙的朋友,也是做侍卫的。饭后约十点,他们再到金巩伯家,至书斋略坐,因为沈醉愚正下榻其书斋。刘承干和醉愚商量,要他起草一份唁电慰问沈子培亲属,由刘承干、汪甘卿、李振唐三人署名。

李振唐、汪甘卿告诉刘承干,宝瑞臣来过电话,明天下午二时他过来。宝瑞臣即爱新觉罗·宝熙,宗室,正蓝旗人,是清太祖努尔哈赤第十五子的九世孙,光绪十八年进士,翰林学部侍郎,现为内务府大臣。第二天刘承干便待在家里候他,等了许久,也未见宝熙过来,只好约了汪甘卿一起到灵清宫谒陈宝琛太傅,可是陈宝琛因为有事也未见着。最后刘承干来到兵马司中街访胡晴初。胡晴初,即胡嗣瑗,字晴初,广东人,光绪二十九年进士,精通史学,擅长诗词,任翰林院编修，曾参与张勋复辟，后随溥仪任职，他是溥仪的亲信。刘承干听胡晴初说，他今日才去了紫禁城，刚刚获得皇上恩赐"赏紫禁城骑马"，上午才从皇宫里回来。刘承干经过打探，得知"赏紫禁城骑马"是对一部分年纪很大、行动不便的官吏的一种优待，这是很令人羡慕的待遇。他在北京街头，看见有的官邸门前高高地悬挂着"赏紫禁城骑马"的旗帜，那便是一种炫耀。刘承干便对胡晴初敬佩起来。胡又说，皇上对沈子培过世表示哀悼，谓中国少了一位硕学老臣。听到皇上对沈子培的称赞，刘承干顿感欣慰，叹道，天语叨叨，尚书泉下有知应当瞑目矣！

刘承干偕汪甘卿、李振唐至南河沿，应朱益藩师傅之招。朱益藩为江西萍乡人，光绪庚寅翰林，现为溥仪师傅。陪坐的有陈子砺、胡晴初、温毅夫。溥仪的老师自然是皇宫里最信任之人，朱益藩老师也是此次溥仪选皇后的重要负责人物。溥仪才十七岁，他对讨老婆还不感兴趣。他受到洋老师庄士敦新思想影响，几次想要离开紫禁城，提出宁可放弃皇帝尊号，放弃四百万两的贡银，也要出国去。这下让几个太妃和王爷急得不得了，没有这四百万，他们的生活怎么办？为了捆住溥仪，让他安心住在紫禁城，听他们的话，他们便叫庄士敦去做溥仪的工作。庄士敦想了个办法，他对溥仪说，你结婚了，就是大人了，就可以出来主政了。溥仪听说结婚了，便可以自己主政，才答应结婚。当时皇后的预选人物有许多，许多皇室大臣都希望自己女儿能够选上，连张作霖、张勋他们家也将女儿的照片送了过来。当然皇帝是满人，不可以跟汉族通婚，最后筛选二人即是婉容和文绣。朱益藩和恭亲王拿了二人的照片和资料到溥仪处，由溥仪决定画圈。溥仪本来持无所谓的态度，就随便在文绣的名字上画了圈。皇宫里有两位太妃，一个是敬懿太妃，一个是端康太妃，二人观点不同，每个人都想将自己的亲戚选中皇后。敬懿太妃看中"文绣"，端康太妃则选"婉容"，现在溥仪选了文绣，端康太妃立马不高兴了。她不顾众人反对，执意要溥仪重新选。她说，婉容出身高贵，而文绣家境贫寒，必须重新选。溥仪很不耐烦，只好圈了婉容。敬懿太妃得知又火冒三丈，大哭大闹，说，这是欺负老实人。最后几个太妃和朱益藩等王公大臣商量后，决定选一后一妃，才摆平了此事。

酒后归家，刘承干即接到通知，明天进宫递安折，便早早地睡了。

11月28日早上七点半，刘承干一早起床，穿戴整齐兴致勃勃等待汪甘卿过来。汪来后俩人一起乘车入神武门，再入隆宗门，递折恭请圣安，在内务府大臣休息处小坐，晤溥仪师傅朱益藩，以及耆寿民、宝瑞臣两位宫保。都护志赞熙派了一个家人随往，宫里还派了一个会懂满语的来帮助招呼。大家正聊得起劲，突然来了一道圣旨："圣躬违和，改十二日（阳历11月30日）召见。"刘承干怏怏而退，到珍妃兄长志赞熙处坐了一会，然后归寓。下午，镜古堂书铺主人段镜轩来访，谈有关刻书事。刘承干便在其陪伴下，同到隆福寺其书铺里参观，顺便又游览了隆福寺。该寺庙为蒙古和尚主持，每逢初九初十，各市肆便会移到寺庙附近设摊，名为庙会，很是热闹。傍晚，汪甘卿来，约沈醉愚和李振唐一起去马神庙都护志赞熙家赴宴，有陈宝琛、朱益藩师傅，以及绍越千、耆寿民两大臣。因为坤宁宫要安装电灯，因而耽搁了许久，到晚上九时大家才入席。

溥西园，即爱新觉罗·溥侗，字厚斋，号西园，光绪七年封镇国将军，贝勒载治第五子，溥仪堂兄，过来会晤刘承干。溥侗自幼在上书房读经史，钻研琴棋书画，对于昆曲艺术颇有研究，世人尊称"侗五爷"。他后来受聘担任清华大学老师，指导学生选修昆曲和绘画。抗日战争结束后，溥侗到上海居住，生活窘迫。有一次，他过来找刘承干，未遇着。刘承干知道后即在第二日过去拜访，发现他足已不能行走，由两人扶着出来。家里的光景很窘，只有一个如夫人，一个小孩，一个仆人，只有楼房一小间。刘承干请他吃饭，邀了庞莱臣、杨翰西、陈子康等一批朋友陪他。

溥西园和刘承干刚谈了一会，李振唐和王叔用就先后过来了。王叔用原来住在青岛，现在想搬去大连。他对刘承干说："光绪二十三年，德国占领了山东胶州湾，建立了海军基地。之后，青岛一直是他们的势力范围。到第一次世界大战爆发，日本借口向德国宣战，占领了胶州湾，到一战结束，德国是战败国，理应归还青岛。可是日本人因为是战胜国，强要代替德国取代山东的权益。巴黎和会原本中国人有希望收归青岛，无奈中国人没有说话的权利，只能够由美国、英国、法国主断，他们三国竟然答应日本的要求，把青岛划归日本。之后中国爆发"五四运动"，后来又召开华盛顿会议，就是明确青岛归回中国。可是日本人最精，虽然现在青岛名义上归了中国，可是日本还保留了许多的特权，应该撤的没有撤，应该搬的没有搬，应该交的各种税也不交。目前青岛形势很乱，我不打算住了。"刘承干就说："日本不可小觑，那你有什么打算？"王叔用说："我想搬到大连去住，那里有熟悉的朋友。只是搬迁还需要一点费用。"刘承干盯着王叔用看了许久，看见他样子窘迫得很，连衣着也很破旧，就说："我资助你五百元。"王叔用连忙道谢。晚上，金巩伯和金叔初两昆仲邀请，刘承干约了钱阶平一起赴会。因为明日要赶去拜见皇上，刘承干早早休息了。

11月30日早上七点半，刘承干早起，衣冠整齐随同汪甘卿乘汽车至神武门，再至隆宗门，至内务府朝房，先拜见陈宝琛太傅、朱益藩师傅和绍英、耆龄、宝瑞臣三位内务府大臣。坐等许久，大臣们先入觐，然后来人招呼他至一朝房军机处，坐等升中堂，醇亲王载沣也过来了。一会儿，圣旨下，先召见臣升允，次召见臣刘承干。

溥仪住在养心殿东书房，刘承干由内监导入。他进去后，只见溥仪坐在炕上，面前设一方杌，上面罩着蓝缎套，刘承干跪请圣安。溥仪赐坐。刘承干谢恩，然后再起身入坐。溥仪问："汝从何来？"

对曰："臣从上海来。"

问："寓居何处？"

对曰："臣住钱粮胡同金宅。"

问："汝曾见过醇王否？"

对曰："臣已见过。"

问："今日在外面见乎？"

对曰："臣于初五日诣邸第谒见。本应先诣宫门请安，因自分官职卑小，不敢贸然来请圣安，后恳请师傅奏请，然后敢来。"

溥仪曰："汝等远道来京，且又贡银，朕心甚不安。"

对曰："臣等闻皇上大婚，均极高兴，诣阙朝贺，为臣子者分所应该。海上诸臣届时尚拟集斋一处，北望观贺。"

溥仪颔首曰："他们此刻弄得甚糟。"

对曰："是以南方臣民均望皇上中兴，庶可大定。"

溥仪曰："汝所进各书朕都览过，近来有续刻否？汝自己有著作否？"

刘承干对曰："臣自问学术粗浅，不敢著书，至于近刻颇有几种，俟刻竣谨当续呈。"

刘承干抬头，蓦然看见墙上悬挂着溥仪的照片，禁不住仔细观瞻了一番，流露出无限敬畏的眼神。溥仪说："这是放大的照片。"

刘承干说："我在陈伯陶、温肃处已曾瞻仰了。"

溥仪说："我也赏你一个。"

刘承干起身谢恩。溥仪说，不用谢。

过了一会，溥仪说，你去吧。

觐见约三刻钟，刘承干激动万分。皇上英俊年少，颇有才学，这正是他所希望的。退出后，他看见汪甘卿入觐，刘承干便在朝房等他。等到汪甘卿出来后，他又和升中堂交谈了一会，然后才一起归寓。傍晚，刘承干约了几个朋友一起在东兴楼吃饭，有汪甘卿、李振唐、王君九、王叔用、沈醉愚、孙惠敷。饭后大家同至刘承干处，一边饮茶一边闲聊，谈兴很足，都没有睡意，只等凌晨二点去乾清宫参观迎接皇后的礼仪。满族婚礼都是在夜间举行，这是他们的习俗，因为他们认为那时月亮饱满，天空晴朗无云，是最吉祥的。

凌晨一点，刘承干派汽车先送汪甘卿和王叔用入宫，然后便跟钱博庵叔岳同行，入神武门、隆宗门，到达一个招待棚内。里面已经到了二百余人，有洋人，有国人，有公使，有议员，有着西装的，着燕尾服的，也有着皮绸大褂的。其时已经开始行礼，刘承干跟熟人王君九、汪甘卿、李振唐、王叔用、孙惠敷招呼，一直等到三时许，皇帝车驾始至，诸君纷纷拥挤瞻仰。刘承干因怕和众人离散，看了一会便跟博庵叔岳一起归寓。

钱德璋的叔父钱干臣住在丰盛胡同，刘承干过去拜谒。丰盛胡同都是官宦宅第，康熙皇帝的一个孙子叫宏眺，后来封为辅国公就曾经住此胡同。钱干臣请刘承干吃饭，同坐的有胡晴初、刘聚卿、金巩伯、孙景扬，还有钱端甫、钱博庵两叔岳。钱干臣，即钱能训（1869—1924），浙江嘉善人，1898年登进士，为翰林，散馆后授编修，历任刑部主事、郎中、监察御史、广西学政等。1913年任北洋政府内务次长，1917年12月至1919年6月任北洋政府内务总长，1918年12月任国务总理，"五四运动"后辞职，1924年在北京去世。

大婚庆典安排在12月3日。其实婚礼仪式早在10月21日即开始，分别有"纳彩礼"（给女方家送彩礼），有"大征礼"（通知女方家成婚日期），有"册封皇后礼"（给准皇后送代表身份的"金宝""玉册"），每一个礼仪都要选黄道吉日。12月3日是"受贺礼"，由皇帝接受各位大臣以及众来宾的祝贺，这是最重要也最关键的庆典。上午十一时，刘承干穿好冠服，约李振唐、毛稚云、汪甘卿同行。毛稚云自己有车，刘承干和汪甘卿一辆车，沈醉愚和李振唐一辆车。他们在神武门下车，

溥仪和婉容结婚照

由隆宗门进入，至内务府朝房，再至招待棚，金巩伯、于子昂、杨伯典、沈醉愚、孙惠敷、胡晴初、温毅夫、黎潞庵均已在，约有六七百人，许多人穿西服。刘承干随着人群来到宫殿前的红色台阶上，在那里徘徊了一阵，突然，"啪、啪、啪"三声静鞭响起，随即钟鼓齐鸣，黄盖高张，皇上升座。刘承干跟随众人一起高呼："万岁！"一边紧随众人在台阶上行三跪九叩首大礼。因为来人很多，拜礼未能按班就序。礼毕后，轮到民国官员入觐，刘承干便回家了。

来北京贺喜的遗老们要集体拍照留念，汪甘卿和王叔用过来通知大家到东华银行集合，刘承干和沈醉愚穿上冠服赶去。参加人员有升吉甫、胡晴初、袁洁珊、世仁甫、凌云志、王君九、李东园、王叔用、何益三、温毅夫、黎潞庵、黄宣廷、毛稚云、徐博泉、林诒书、杨伯典、李振唐、汪甘卿、孙惠敷、沈醉愚、刘承干等共计三十三人。合影之后，刘承干又单独照了一张。摄影者为佟楫先，是陈宝琛的弟子。拍照以后大家一起用餐。照相在当时属于新鲜事物，刘承干在饭桌上跟佟楫先要了地址，知其住在地安门火药厂内，便在第二日登

溥仪与英语老师庄士敦（左一）

门拜访，请其吃饭。之后佟楫先为刘承干和如夫人单独拍了几张照。

12月15日晚上，刘承干赶去陈宝琛太傅处赴宴，同坐者有汪甘卿、刘聚卿、罗叔蕴、孙惠敷、李振唐、李东园、李子甲、王叔用、佟楫先。

翌日晚上至李铁拐斜街应王君九之招，有刘聚卿、陈诒重、罗叔蕴、黎潞庵、沈醉愚。

刘承干得知北京有许多遗老，都是知名学者，学问高深，书法精湛，对文献目录很有研究，因此他一家一家去拜访，送上见面礼以及他新刊刻的书籍。他去大方家巷访升吉甫相国，到王功厂访朱聘三太史，去顺德新馆访陈子砺提学，去教场头条胡同访钱渔青，老马神庙老胡同访志赞熙都护，海北寺街顺德馆访温毅夫，东华门南池子访袁珏生，史家胡同访施伯彝（即施绍常，字伯彝，吴兴人，1873年生，举人，清末任哈尔滨道尹，兼交涉员，后任北洋政府外交部人政司司长），上斜街访王式通，韶九胡同访邓孝先，石老娘胡同访傅沅叔，陶园访宝瑞臣，西四兵马司中间访吴印丞，打磨厂访李东园，遂安胡同访屈伯刚，太仆寺街背荫胡同访蔡元培。

朱聘三太史设宴款待刘承干。朱聘三即朱汝珍（1870—1942），广东清远人，字玉堂，号聘三，清末民初的书法家，光绪三十年（1904）最后一次科举的榜眼，翰林院编修。据传，他因为出生广东，和康有为人、孙中山同乡，因此遭到慈禧忌讳失去状元。陪坐的有陈子砺、温毅夫、胡晴初、黎潞庵、杨伯典、陈诒重、梁次侯、梁芝山等。

住在东华门南池子的袁珏生也请刘承干吃饭。袁珏生即袁励准（1876—1935），河北宛平人，光绪二十四年进士，翰林院编修，曾经做了溥仪四年的老师，因为年老体弱离开紫禁城，目前是清史馆的纂修。袁励准是书法大师、收藏家。同坐的有陈子砺、胡晴初、黎潞庵、温毅夫、刘聚卿、罗叔蕴、金息侯等。正准备开吃，刘聚卿过来对刘承干说，陶园那边的宝瑞臣、溥西园已经等你很久了，如果再晚就来不及了。于是，刘承干和汪甘卿稍坐了一会便辞了众人赶去陶园。同坐的有傅沅叔、吴鞠农、李振唐、金巩伯等。

第九章　赴崇陵祭祀梁鼎芬

　　刘锦藻曾经担任清帝陵墓监工，为清陵墓建设立下汗马功劳。刘承干到达北京后，便去拜谒皇帝陵墓。当时的西陵包括雍正泰陵、嘉庆昌陵、道光慕陵、光绪崇陵，还有三座皇后陵，此外还有公主、阿哥、王爷陵，一共十四座陵墓，面积八百平方公里。

　　1922 年 12 月 8 日六时半，刘承干偕沈醉愚出发乘汽车至京汉车站，因为遇到军队在执行任务火车耽搁，至九时才开车，十二时至高碑店，换车至梁格庄。此次出行因为有军队包车，头等车厢和二等车厢全部被军队占用，刘承干只得和沈醉愚挤在逼仄的三等车厢里。他乘车一般都是乘头等车，或者二等车，三等车厢很少坐。

　　委屈到梁格庄后，大家匆匆吃饭，然后就到种树庐放下行李。种树庐是梁鼎芬所建，前后平房共有三间，刘承干和汪甘卿住后屋，李振唐和沈醉愚住前屋。刘承干进门，看见门廊上贴着一副楹联，用篆体书写："大师京国旧平生本朝心"。十个字，古诗集成的楹联，充分肯定梁鼎芬的一生。梁鼎芬，广东番禺人，1859 年生，字星海，号节庵，光绪六年进士，授编修，历任知府、按察使、布政使。性格刚直，累劾权贵。光绪九年（1883）爆发中法战争，北洋大臣李鸿章一味主和，梁鼎芬弹劾李鸿章六大可杀之罪，指责李鸿章与法国议约时处理失当，因此疏开罪慈禧，被慈禧连降五级，到常乐寺做司乐小官，梁鼎芬愤而辞职。离开北京时，将爱妻龚某交于文廷式代为照顾，结果

梁鼎芬

梁鼎芬前妻龚氏

文与龚日久生情。官职没有了，老婆也跟别人走了，你说还有什么事情比这更让人伤心的？梁鼎芬却没有一丝灰心丧气。他回广东后，遇到张之洞督粤，聘其为肇庆端溪书院院长，第二年，广雅书院开馆，梁鼎芬又为张之洞所聘担任首任院长。之后，梁鼎芬成为张之洞忠实幕府，1896年，促使张之洞支援《时务报》创刊。在张之洞对维新派态度暧昧的时候，梁鼎芬总是帮助他审时度势，在关键时候站稳脚跟，始终站在慈禧一边。1895年，张之洞回任湖广总督，梁鼎芬辞去钟山书院院长一职，随张之洞回湖北，在湖北成为张之洞办教育的最得力助手。梁鼎芬努力将两湖书院改造成新式学院，在教学内容和教育方法上均突破旧式书院风格。1896年，梁鼎芬又辅助张之洞创办武备学堂。1902年，又任湖北师范学堂监督。张之洞兴办学校，依靠梁鼎芬，从而培养出大批具有近代文化素质的师资队伍。梁鼎芬办教育成绩显著，由张之洞保奏清廷赏加二品衔。梁鼎芬到高层以后，老毛病又犯了。1906年，他入觐慈禧太后，当面弹劾慈禧宠臣，指责庆亲王奕劻"通贿赂"，还弹劾袁世凯，由此再度激怒慈禧，下诏"诃责"，梁鼎芬被迫"引疾辞退"。两年后，光绪皇帝和慈禧先后去世，梁鼎芬重新被启用，以三品京堂候补，不久委任为广东宣慰使。其时南方正燃烧革命烈火，梁鼎芬无法赴任，由此两度赴崇陵拜谒，在梓宫前痛哭，晚上在寝殿外面露宿，以表达思念之情。后陆润庠病故，梁鼎芬接替他担任溥仪老师。回忆起梁鼎芬这些往事，刘承干禁不住流下了热泪。

稍事休息后，他们便雇了骡车去拜谒守陵大臣溥琳镇国公，交谈了许久。因为旅途劳累，回来早早歇了。

第二天早上八点半，刘承干、汪甘卿、李振唐、沈醉愚四人着整齐的冠服，再乘坐骡车赶去陵墓祭祀。今天是光绪皇帝的忌辰，他们到达后，即在宫门外行三跪九叩大礼。守陵大臣溥琳镇国公过来邀请他们到办事处用茶。喝过茶，总管存季孚郎中陪着他们来到隆恩殿瞻仰。殿有七楹，中间悬挂三条黄幔，正中两个宝座用黄袱遮盖，宫役将黄袱揭起，刘承干看见座位上有个明显的凹陷处。宫役指着凹陷处说，这是神主供在宝座上留下的，刘承干他们顿时肃然起敬，盯住宝座呆了许久。瞻仰结束后，陵墓总管邀请他们至办事处休息，刘承干付给宫役八块钱小费。返回午饭后，即去拜谒雍正皇帝的泰陵。他们先在宫门外行三跪九叩礼，然后由守陵员招待至办事处献茶。然后再至昌陵，即嘉庆皇帝和皇后的陵墓。拜谒昌陵后，已经是下午五点钟，马上赶去道光皇帝和皇后的陵墓。祭祀毕，太阳落山，再去别处已经来不及，众人便匆忙赶回种树庐就寝。

第三天，四人准备了祭祀小菜，在种树庐中堂面对梁鼎芬的遗像公祭梁文忠公。宣统后，梁鼎芬被溥仪委任为"崇陵种树大臣"。他发誓终身服孝，自愿到崇陵担任守陵人。他发现崇陵墓植被稀少，即带头捐款，买了许多松树、柏树苗到崇陵栽种。他还四处去募捐，为修光绪崇陵墓所用。1914年农历五月，梁鼎芬到上海募捐崇陵补树款。刘承干热情款待，请梁鼎芬到"醉沤斋"吃满汉席，观看翁覃溪《四库全书纂要》稿本，请帮助题名。梁鼎芬则赠送刘承干《国朝诗人征略》一部，为番禺张维屏著。刘承干和其父刘锦藻报效崇陵补树款两千八百元，托来远公司开汇票一张，交梁鼎芬带走，到北京再支钱。梁鼎芬后来任溥仪老师，刘承干则委托他抄写宫内国朝官史。1919年梁鼎芬在北京去世，溥仪赠其谥号"文忠"，葬在崇陵右侧的山坡上。刘承干祭祀毕，又至庐东面梁文忠公陵墓上去祭拜，烧了许多锡箔纸钱。然后他们乘车至高碑店，换乘保定过来火车至北京。在火车上，李振唐又跟大家说起梁鼎芬的轶事。梁鼎芬爱妻龚某原出身官宦世家，梁鼎芬遭贬后，托文廷式照顾龚某，龚某后跟文廷式有染。1904 年文廷式病故。龚某生活贫困，她获悉梁鼎芬被张之洞重用，便去找梁鼎芬。梁鼎芬将三千元银票压在桌子上的茶杯底下，甩袖离去。听完李振唐的叙述，刘承干忍不住唏嘘，梁公还真讲义气。

　　回北京后，朱琨华身体不适，刘承干找到在北京行医的南浔人沈麟伯。据沈医生诊断，夫人已有身孕，又说夫人心脏不好，便给开了一个药方。当晚，嘉兴人金篯孙在北京著名的明湖春招饮。金篯孙即金兆蕃（1869—1951），光绪十五年举人，任内阁中书，辛亥后任北京政府财政部金事。1919 年北洋政府设立清史馆修清史，他被赵尔巽聘为纂修。同坐者邓孝先、李子栽、李彦士、李鼎士、钱阶平。明湖春的菜肴非常精致，为当时北京著名饭店。席间金篯孙跟刘承干谈起，有朋友跟他要书，希望刘承干能够赠送一些刊刻的书籍。刘承干满口答应。因为屈伯刚（平湖人，现在为国务院统稽局参事）说好在金巩伯处设宴款待，因此还未等酒席散罢，刘承干即赶去金巩伯处，有吴向之、傅沅叔、汪荣宝、陈仲书、瞿良士、沈醉愚、金巩伯等，已经久等了。

　　12 月 11 日，住在石老娘胡同的傅沅叔即傅增湘招饮。傅增湘为光绪二十四年进士，戊戌翰林，藏书家。有陈石遗、张乾若、吴昌绶、李振唐、金巩伯、刘聚卿。认识这些大儒让刘承干非常高兴，他们渊博的知识让刘承干非常钦佩，他现在藏书和刻书，正需要这些老儒的帮助，后来傅增湘和吴昌绶（即吴印丞，光绪二十三年举人，浙江仁和人，金石学家、刻书家）都被刘承干聘请担任《嘉业堂藏书志》的编撰工作。

　　12 月 13 日，至金鱼胡同那家花园贺沈砚畬嫁女李松筠之子李鼎士。晤朱象甫、吴仲言、孙景扬、沈麟伯、李彦士。金鱼胡同也曾经住过许多大人物，清末大学士那桐的府邸就在此胡同，雍正皇帝十三弟怡王府也在胡同中部。

12月18日，去东华门清史馆参观。康熙至乾隆朝都设有国史馆，1914年北洋政府设清史馆，将过去的国史馆、方略馆、实录馆合并为一，分东、西二馆，志、表归东馆，纪、传归西馆。刘承干来到西馆观瞻，看见翰林院编修邵伯炯、清史馆编纂夏闰枝、金雪孙、王伯荃、朱少滨、邓孝先。协修张孟劬有病未至，金篯孙已去。坐谈良久，几位纂修拿出《大清一统续志》《宫史续编》给刘承干观瞻，都是恭折进呈之本，外间从无见过。观瞻没有多久，馆长赵次珊，即赵尔巽（1844—1927）知道刘承干过来，马上赶来。赵次珊同治六年（1867）中举人，同治十三年（1874）中进士，入选翰林院庶吉士，散馆编修，之后历任国史馆协修官、湖北乡试副考官、福建道监察御史、广东道监察御史等要职。赵馆长和刘承干父亲刘锦藻是好朋友。民国后，赵次珊被解除职务，隐居青岛。1913年，刘锦藻在青岛避暑游玩，购置房产建别墅，邀集徐世昌、张安圃（人骏）、于晦若（式枚）、赵次珊等共十人举办消寒会。因此赵次珊对刘承干是熟悉的，刘承干也曾经被聘为清史馆的名义纂修。赵次珊向刘承干详细介绍清史馆的情况，说起清史馆内经费严重不足，几位纂修和协修都已经好几个月没有拿到工资了。刘承干唏嘘道，这些大儒居然在做义务劳动，精神真是可嘉。刘承干忽然想到，自己应该有所表示，就对赵尔巽说："你这里的清史档案资料是否可以抄录一份给我呢？我准备建一个藏书楼，清史馆的内部资料会对藏书楼增色不少。"赵尔巽说："容我考虑一下。"刘承干又说："经费问题我一定给予支持。"刘承干还拿出自己刊刻的《章实斋遗书》送给他。

12月19日，晚上应胡馨吾之招，有沈砚畲、于志昂、钱阶平、施伯彝、张琪卿、金巩伯、金仲廉、吴承斋。胡馨吾是湖州埭溪人，名惟德，字馨吾（1863—1933），光绪十四年（1888）中举。他是晚清时期著名的外交家，曾担任驻美国使馆参赞、驻俄国使馆参赞、出使俄国钦差大臣、外务部右臣、日本钦差大臣。袁世凯执政时期，任内阁外务部副大臣署理外务部大臣。胡馨吾跟刘承干交情深厚，他女儿出嫁，刘承干还赶去祝贺。

12月20日，应上斜街王书衡（名式通，山阴人）之招，有金篯孙、钱念劬、钱稻孙、沈砚畬、胡馨吾、吴昌绶、金巩伯。

12月22日，应中央饭店李振唐之招，有涛贝勒、陈宝琛、朱益藩两师傅、绍越千、宝瑞臣、志赞熙、金息侯、傅沅叔、溥西园、辜鸿铭。

许多朋友送来礼物。宝瑞臣赠送刘承干手书的屏条四幅，行书极为流畅，有古朴之风，刘承干非常喜欢。那天，宝瑞臣太夫人八十诞辰，刘承干即去祝贺。

12月27日晚上，北京大学校长蔡元培在东兴楼招饮，同坐的有胡适之、马幼渔、陈百年、张孟劬、蒋梦麟、沈士远、沈尹默、沈兼士等一批教授。蔡元培留了小胡子，戴眼镜，着长衫，说话带有很浓的绍兴口音。过去刘承干听说其性格怪癖，现在接触下来感觉很有儒者风度，尤其是他的见识很新奇。穿西服戴眼镜的高个子胡适之，年轻又潇洒，还有湖州籍的"三沈"，都给刘承干留下难以忘怀的印象。1927年5月，张静江父亲张定甫过世，灵柩运回南浔安葬，蔡元培和张静江同是国民党元老，因此到南浔吊唁。刘承干也去南浔吊丧，因此又遇到蔡元培。1935年，在山东青岛，刘承干出游时又和蔡元培不期而遇。

京师图书馆非常著名，位于安定门内方家胡同。刘承干为了去图书馆参观，先去拜访了馆长张乾若，和他联络感情，然后由张电话通知图书馆。张乾若即张国淦，1902年中举，1904年为内阁中书，袁世凯当政时，任国务院秘书长、内务次长、教育总长。1922年至1924年任国家图书馆馆长。张乾若帮助安排后，刘承干到图书馆即由庶务员负责接待，先去善本室，看宋椠大字本东坡集、大字本《文选》。《文选》有三种，两种系宋刊，一种怀疑是明复宋本，与刘承干所购的有所不同。再至四库全书室，书架和书箱全部从热河行宫移来，没有任何损坏。还去了其他各室看普通书籍，一直到傍晚才看完。

北大三沈：沈士远、沈尹默、沈兼士（从左自右）

　　刘承干还来到北京大学访问沈兼士。沈兼士，湖州人，是沈士远、沈尹默的弟弟，沈氏三兄弟均在北大任教，时有"北大三沈"之称。刘承干对北大习惯称"京师大学堂"。沈兼士是章太炎的弟子，现在是北大研究所国学门主任。刘承干参观里面收藏的卷帙，全部从内阁取来，有残本、宋元板书，以及琉球、高丽、缅甸等国家贺表，有太宗皇帝伐明七大恨诏书，有顺治七年摄政王哀诏，所有的诏书皆《东华录》没有收录，还有国朝初年考以及贺表等。物件实在太多，只好挑选部分观看。沈兼士介绍说，目前学堂还在整理当中，已经整理四五个月了，还只整理了十分之一，估计全部整理完毕要花几年时间。晚上，金巩伯如夫人请客，邀刘承干和朱琨华一起吃北京烤鸭。

　　12月30日，刘承干和李振唐、汪甘卿一同来到什刹海会贤堂，应涛贝勒、陈宝琛、朱益藩、绍越千、耆寿民、宝瑞臣之招。什刹海的会贤堂饭庄历史悠久，开办于光绪中叶，此地朱门高峻，楼阁参差，庭院重重，风景绝佳。此次聚餐早已定好，因为刘承干要赶去崇陵拜谒，所以推至今日才举行。一共两桌，第一桌刘承干首座，汪甘卿、李振唐次之，还有金巩伯、志赞熙，由涛贝勒、绍越千、宝瑞臣三人为主席。第二桌为柯凤孙、胡晴初、温毅夫、杨吉三（名鼎元，广东顺德人，辛丑举人，在德宗实录馆担任总校）、荣仲泉（皇后婉容之父）、金息侯、朱聘三、以及陈宝琛、朱益藩、耆寿民三人为主席。席散后合影拍照。

住在受璧胡同的吴兴人钱念劬（即钱恂）请刘承干吃饭。钱恂（1853—1927）是著名学者、晚清著名外交家，曾经出使英国、法国、意大利、比利时。1909年回国，应湖州中学校长沈谱琴之邀，担任湖州中学老师。1914年，担任北京政府参政院参政。刘承干和表兄金巩伯一起赶去，刘承干坐首座，陪坐的有王书衡、沈砚传、胡馨吾、吴印丞、施伯彝、金巩伯，此外还有钱念劬的两个儿子钱稻孙和钱穟孙。他们非常英俊，跟随父亲出国，会讲外国语。

刘承干总在外面会客，朱琨华自然得回避，但是朱琨华只有二十五岁，正值青春韶华，总待在家里便感觉非常寂寞。刘承干得空还要陪其游玩。如夫人来北京不久，即发现有了身孕，还好朱琨华已经生过三个孩子，对此已经习以为常，根本没有什么反应，她对刘承干说，不碍事。12月23日，刘承干携朱琨华和沈醉愚同游颐和园和香山。由仁寿殿西边沿湖廊走，事先请了一个摄影师，遇到好景致即止步拍照。游完仁寿殿又由千步廊登万寿山。玩到下午五时，乘汽车抵香山，再换轿子直达静宜园故址。但见假山堆叠，曲树高轩，有正凝堂、见心斋，东面还有畅风楼，有仁宗御题。过去此园属于皇家禁地，普通百姓不得入，如今已对市民开放。他们在香山住了一宿，第二天继续雇肩舆上山。

刘承干喜欢洗温泉，1月5日又陪如夫人朱琨华、沈醉愚一起至北京汤山温泉洗浴。他们雇马车从万寿山折入，一路烟尘乱飞，颠簸激烈。至大汤山后，看见周边山石粗砺，绕过几个山坡到一家饭厅饮茶，后即入温泉洗澡。此时已是隆冬季节，浴室里虽有火炉，感觉还是非常寒冷。洗浴毕，已经下午四点，马车夫说，路途偏僻，晚了不好行驶，要早一些归去，于是他们匆匆忙忙地走马观花，旋即返回。

志赞熙和汪甘卿来。刘承干因崇陵拜谒后发现当年梁鼎芬所种的许多树木已经枯死，又想到自己生父刘锦藻担任崇陵监修官，自己应该继承父志，因此想要为崇陵做贡献，补种一些树木。他这个想法一经提出，陈宝琛和朱益藩两位师傅便一致赞成。刘承干即委托志赞熙、汪甘卿写奏稿。他们今天过来是将已经拟好的奏稿拿来给刘承干看。

内务府送来了皇上赏赐的物件，有赏给生父刘锦藻和三叔刘梯青的御笔山水花卉画各一轴，福寿字各二方；有赏给刘承干的"金声玉色"匾额一方，福寿字二方，纹银富贵寿昌纪念杯一座，御用金盒一个。

1月7日晚至东华饭店，应北大朱希祖（海盐人）、马幼渔、沈士远、尹默、兼士三昆仲之招，同坐的有蔡元培、胡适之、蒋孟苹、陶遗。沈氏三兄弟是北大老师，又都是湖州人，刘承干不禁为湖州人感到骄傲。

因为德宗实录馆告成尚少经费，刘承干报效二千元，经过陈宝琛奏请后得到赏赐。1月8日，刘承干得悉奉旨赏加内务府卿衔，赐给二品顶戴，心情无比激动。内务府过去一直是旗籍人士所任，汉人很少问津，他今天能够得到这样的殊荣岂非受宠若惊！

陈宝琛将奏文草稿交给刘承干：

德宗景皇帝实录小红绫正本，因款项支绌，缮写不免延迟，馆员纯尽义务已历多年，尤形竭蹶，职不揣冒昧，谨将历年积蓄凑集银币二千元，随呈赍上，为馆中经费效土壤细流之助。并不敢仰邀议叙等。因前来伏查，臣馆因经费支绌，时形竭蹶。兹三品衔四品卿衔分部郎中刘承干慨输巨款，报效情殷。虽据该员声称不敢仰邀奖叙，合无仰恳天恩逾格从优奖励。

奏折写得诚恳，理由无可推脱，既写出刘承干报效皇室的拳拳之心，又写出其没有任何私心，最后才提出恳求，要"天恩"逾格给予奖励。

1月12日，刘承干一早换上二品顶戴，乘汽车从神武门进入内务府，与绍越千长谈，遇到耆寿民、陈宝琛、朱聘三，揖手行礼后，即静坐等待。过了许久，突然太监传旨："圣躬昨夜不适。"刘承干只好退出，又至醇邸和涛邸以及陈、朱两师傅处、内务府三大臣处道谢。到了陈宝琛处，其家人拿出溥仪照片送给刘承干。

第十章　奔天津殷勤会遗老

　　刘承干在北京日夜奔波的时候，天津有一个朋友也在密切关注刘承干。其人祖籍浙江上虞，生于江苏淮安，姓罗名振玉，字叔蕴，号雪堂。罗家为淮安书香世家。罗振玉年幼即喜爱读书，对经史、训诂潜心学习，十六岁参加堂试得中，入县学。后两应乡试不中，遂绝意科举，一心做学问。二十岁研究古碑帖并著书立说，二十五岁担任乡村教师。甲午之后，罗振玉步入社会，光绪二十二年（1896）在上海创立"农学社"，办《农学报》，专门翻译日本农业书籍，自此和日本人交往。1898 年，创设"东文学社"，聘请日本驻沪领事馆田冈等担任义务教员，专授日文，培养了王国维、樊斌清等一批杰出俊才，由此得到朝廷赏识。后由端方举荐至学部，任参事厅行走。1900 年赴日本考察。回国后，创办《教育世界》杂志，提出许多建设性意见，比如在全国各府及各学堂设图书馆、博物馆。后任湖北农务局总理兼农学堂监督、上海南洋公学虹口学校校长，又赴日本考察教育。1908 年，罗振玉从日本考察归来，突然得悉甘肃敦煌发现大批古籍。他在董康介绍下，到苏州会见探险家法国人伯希和，同时见到了伯希和从敦煌带来的六朝隋唐古籍。罗振玉异常惊叹，四天之内，他和同人影印敦煌文献八种，并且立即向朝廷汇报，将敦煌古籍运到北京保存。至此，罗振玉开始研究甲骨文。辛亥革命起，罗振玉惶恐不安，携家眷往日本避难。此后便在日本京都居住，研究学术，编写多部学术著作。1919年，罗振玉归国寓天津。他是一个铁杆保皇派，对溥仪忠心耿耿。他曾经将自己收藏的古籍图书卖给刘承干。这次刘承干到北京，受到溥仪召见，罗振玉也来到北京。按照罗振玉的想法，一定要让刘承干来天津玩几天。

在北京觐见溥仪后，1923年1月13日，刘承干偕如夫人朱琨华还有沈醉愚及罗振玉的家人一起出发去天津。下午四时上火车，七时半就到了天津。出站时，罗振玉已经在车站恭候他了。然后他们一起坐马车到日租界秋山街的一幢小楼里，那是罗振玉的家。罗振玉这几年做古玩生意狠狠赚了一笔钱。他在日本时，日本人知道他是中国文物专家，经常拿中国的古玩字画求其帮助鉴定。他每次都收三元鉴定费，还雕刻了几枚图章，鉴定后即加钤印。他还将自己在北京收购的古玩字画，卖给日本人。刘承干家中几册《永乐大典》残本就是罗振玉卖给他的。

罗振玉在百花村设宴为刘承干接风。入座没有多久，李振唐和汪甘卿也搭了另一趟车从北京赶来，几个好朋友一道吃饭。席间，罗振玉说，告诉大家一个好消息，我家三女刚刚怀孕。刘承干接话说，佳婿是王国维长子吧？罗振玉捋了一把胡须说，正是我的学生王国维长子王潜明。刘承干说，你的亲家王国维是一个才子，我们在上海经常见面，眼下正为我表兄蒋孟苹编图书书目呢。罗振玉说，你这次上北京，多么好的机会，天津一帮遗老你不去拜见一下？像张勋、铁宝臣、梨璐庵你总该去会会。

罗振玉的房子部分用来出租。升允相国目前就是租了罗振玉的老房子居住。那天，升相国冒着大雪过来和刘承干聊。升允是蒙古镶黄旗人，举人出身，正宗的科班，曾经护送慈禧太后和光绪帝西逃，八国联军入侵时他还曾经和洋人打过一仗，击毙了一位洋统领。清帝退位后，他率军退回甘肃，企图攻下西安，在西安建立小王朝。辛亥以后，他又为复辟清廷四处奔波。袁世凯去世后，他还曾经去东北拉拢奉系部队，和罗振玉脾气相投。

升相国对刘承干说："皇上天体聪明，振兴大清基业还有希望，眼下经费紧张，全靠朋友们支持。"

刘承干说："我们都希望皇上能够出来主事，现在天下大乱，战争不断，百姓生灵涂炭。"

刘承干按照罗振玉的安排，第二日即马不停蹄拜访辫子军统帅张勋。张勋，字绍轩，江西奉新人，清末任云南、甘肃、江南提督。清朝灭亡后，他为了效忠前朝，禁止部下剪辫子，因此被称为"辫帅"。当时，张勋盘踞徐州，手下握有一万多辫子军，到处鼓吹"民国不如大清""大清朝深仁厚泽"等言论。1913年，溥仪的堂兄溥伟想要复辟清朝，苦于没有军队，他们便想到了对前朝忠心耿耿的张勋。为了筹集军费，溥伟用自己在北京价值二百多万的土地抵押给银行，换取五十万两白银作军费。预谋在1913年（癸丑年）农历三月一日，由张勋率兵从徐州出发，至济南会合举旗，又联络北京的冯国璋一同起兵。没有想到，有人泄密给袁世凯。袁世凯扣押了冯国璋，又加强了济南的戒备，又对张勋许予高官。张勋见起义事败，不得不放弃复辟。此次复辟，史称"癸丑复辟"。"癸丑复辟"失败后，张勋复辟的企图依然存在。当1916年袁世凯死后，张勋加紧了复辟的步骤。他多次召集各地军阀至徐州开会，商讨复辟事宜，俨然以十三省盟主的身份取得统合全国的资格。此时，升允回东北拉拢奉系，康有为在北京策反冯国璋，而郑孝胥则在上海纠集文人摇旗呐喊。1917年，黎元洪当大总统，因为解散国会问题和段祺瑞发生矛盾，黎元洪免去了段祺瑞的国务总理。张勋见复辟机会来了，便突然以调停的名义率五百辫子军于6月14日进入北京，然后便电召各地前朝遗老进京，商讨复辟大业。6月30日，张勋召开"御前会议"，赶走黎元洪，7月1日拥溥仪复辟。1917年为丁巳年，所以又称"丁巳复辟"。张勋复辟传出，孙中山立即在上海发表《讨逆宣言》，段祺瑞则马上组织讨逆军。张勋的辫子军一触即溃，因为张勋从徐州到北京并没有带很多部队。张勋失败后被迫在德国人保护下匆忙逃到荷兰使馆。从7月1日溥仪登基，到12日溥仪再次退位，一共只有十二天。张勋复辟逆历史潮流，注定失败。刘承干对张勋说："阁下对前朝忠心耿耿，上天可鉴。现在的民国简直乱七八糟。"张勋摇了摇肥胖的身体说："这些人怎么能够治理国家？你看好了，准要内乱。"会过了张勋，刘承干又去拜访第二个保皇骨干，为清末大臣满洲镶白旗人铁宝臣。铁宝臣即穆尔察·铁良（1863—1938）。此人曾反对清帝退位，后又参与清帝复辟。刘承干又去英租界拜访李木斋。李木斋即李盛铎，光绪十五年进士，曾任翰林院编修，民国以后任北洋政府大总统顾问。李盛铎喜欢藏书，是目录版本学专家。然后他来到三马路求是里访章式之。章式之即章钰，光绪十五年举人，光绪二十九年二甲进士。宣统元年（1909）奉外务部调用，兼任京师图书馆编修，辛亥以后侨居天津。

张勋在家里宴请刘承干，就坐的有升允、铁宝臣、黎璐庵（曾经为溥仪老师）、罗振玉、陈诒重、汪甘卿。酒席上，已经六十九岁的张勋，体格健壮，须发未白，喝酒豪爽，头上的辫子已经剪去，越发显年轻。刘承干被他的豪爽性格吸引，感觉他们交谈很融洽。当晚酒席菜肴非常丰盛，是刘承干北上以来最为丰盛的一顿。酒席毕，刘承干和罗振玉一起来到汪甘卿的卧室，三个人畅谈了很久。

天津属于北京的后台，是"寓公"的文化集散地，北京政治的后花园，来自北京下野的军阀政客、皇室宗亲、以及各色各样遗老遗少，都隐居在天津租界，看似赋闲，暗中操纵北京政局。

英租界的张人骏，即张安圃，十九岁中举，二十三岁中进士，历官同治、光绪、宣统三朝，曾任两广总督，再移两江总督。清亡后，先在青岛闲居后至天津。这样的遗老刘承干自然要会一下。然后他到东马路拜访李士铭（1849—1925）以及李士鉁（1851—1926）。他俩兄弟为同科举人。李士鉁为光绪三年进士，翰林院庶吉士，转翰林院侍读学士；李士铭则官户部郎中。

最后他来到厚德里访黎璐庵。黎璐庵即黎湛枝，广东南海人，光绪二十九年进士，溥仪老师之一。溥仪退位，他流落天津。又至耀华里访陈诒重（1871—1929）。陈诒重湖南人，光绪三十年登进士，授刑部郎中，后官邮传部主事，京师大学堂提调。清朝灭亡后客居青岛，经常与溥仪堂兄恭亲王溥伟联系，阴谋复辟。张勋复辟时，曾授邮传部右侍郎。

第三天，他还没有出门，黎璐庵、李士铭、李士鉁、章式之先后来看他。刘承干回赠他们新刻的书籍。黎璐庵又跟刘承干约定后日一起聚餐。

张勋的私家花园在德租界，非常壮观。刘承干偕朱琨华同去游览。果然，花园广阔，树木葱茏，约有二十亩土地，里面有各种飞鸟走兽，令刘承干和如夫人叹为观止。从张勋花园归来，即去参加黎璐庵的宴请，同坐的有升允、陈诒重、罗振玉。

刘承干要回北京了，下午跟升允、罗振玉话别，然后乘火车晚上十时到达北京。到后即接内务府照会，自备经费去崇陵补种树木事项，已经得到批准。刘承干决定马上再赶赴崇陵，考察需要补种树木的详细数字，以便确定投入多少资金。

出发前得空，刘承干再去拜访陈宝琛师傅，是上海两个丝商委托他办的事情：一个是南浔丝商庞莱臣为其亡兄请封典，愿意报效实录馆经费一千元；一个是宁波商人周湘云请加头品顶戴、为其儿子周昌善加四品衔，愿意报效实录馆经费一千五百元。当时小朝廷经费紧张，谁愿意出钱谁就可以得到封赏。

陈宝琛住在灵清宫井儿胡同，对刘承干很热情，告诉他朋友委托的这两件事情，都已经得到恩准。刘承干替朋友向陈师傅道谢。然后他告辞陈宝琛，又去司法部街拜访金息侯、马神庙访志赞熙、马大人胡同访耆寿民，并在耆寿民处吃晚饭。归家后，又叫沈醉愚写信给上海庞莱臣和周湘云，告诉他们封赏的喜事。

刘承干又去故宫东华门清史馆专访赵尔巽，落实抄录《清实录》的事。上次他去清史馆跟赵馆长提起抄录《清实录》，赵尔巽基本已经答应，这次想再具体跟他谈一下。赵尔巽非常欣喜，为刘承干沏茶，又问了刘承干近日状况。刘承干说："去了崇陵拜谒，发现陵墓损坏，已经捐款修补，现在还要再去一趟，以确定需要补种的数字。"赵馆长说："多亏有贤侄出钱帮助，如今清帝退位，民国政府又腐败无能，我辈只能够做一点力所能及之事。"然后就说，"抄录的事情大家都已经同意了，要请大儒们帮助抄写，也是件很不容易的事情，他们很久没有拿工资了，完全是义务劳动，我也无能为力。"刘承干呷了一口茶说，你开价吧。赵说，一万元你看怎么样？刘承干非常爽气，没有犹豫就道，我出一万五千。赵尔巽说："谢谢！如此甚好。"告辞了赵尔巽，刘承干又去会金镈孙、绍越千和宝瑞臣。

梁鼎芬的儿子梁思孝得悉刘承干要去崇陵，即派家人史宽过来联络。史宽对崇陵植树情况比较清楚，过去植树的事情都由他具体负责。史宽说，他将于明日去崇陵，在那边帮助招呼，到时来车站接刘承干。农历十二月初七下午一时，刘承干和沈醉愚还有志赞熙同往京汉车站乘火车，五时半火车抵达高碑店，晚上八点到达梁格庄，当晚即住在"种树庐"。第二日，徐贯之和李筱彭过来。他俩过去一直为梁鼎芬当差，对崇陵情况很熟悉，刘承干便委托李筱彭查明补种的数字。李筱彭告诉刘承干补种树木还容易一些，后期的浇灌才需要花钱呢。刘承干又打听浇灌一次需多少钱。李筱彭说，每一年必须浇灌三次，共计需要花四千元左右。谈过以后，刘承干即带了沈醉愚还有志赞熙雇骡车赶往崇陵。到崇陵后，由陵役开启宫门，刘承干等进入查勘。他们看见大门上的红漆剥落，陵前的石桥和石板都已经破裂，四周的山坡上有许多枯死的树木。刘承干说，枯死的树木确实不少啊。李筱彭说，大约有七八千株吧，那边陵墓辇道上有一座石桥，是前年春天山洪爆发时冲毁的，需要重新建造，非有千元不可。他们再至太妃墓查勘，左为瑾太妃寿穴，右为珍贵妃寝穴，此二妃皆光绪妃子，系志赞熙的同胞妹妹。刘承干站在那里祭拜，突然感觉头晕想要呕吐，于是连忙乘骡车返回宿舍休息。第二天差遣史宽持名片去拜访守陵大臣琳公，向他请安，并说刘承干生病了不能过来拜访。

一整天，刘承干都是昏昏欲睡，不思饮食，满嘴苦腻，常呕酸水，刘承干是抽大烟的，此时烟瘾也没了。他遣沈醉愚赶快回北京去请医生，又叫史宽在当地找来了一位医生。诊脉以后说，此为食物积滞所致，开了一个方子。刘承干顾忌乡村医生不懂医术，不肯服药。到第四天早上，刘承干解过大便之后，稍许舒坦了一些。下午沈醉愚和朱琨华都从北京赶过来了，还跟来熟悉的湖州医生沈麟伯，大家商量一阵，决定还是先乘车返回北京再说。上车以后，好座位已经没有，坐三等座非常吃力，朱琨华只好让下人去跟茶房商量，在煤炉旁边搭一块铺板。茶房看刘承干等举止不俗，竟然默许，找了一块铺板帮忙搭在煤炉旁边，让刘承干躺下，至晚上七时到达北京。下车后即乘汽车归寓，由沈麟伯开了一个方子服下休息。

第二天早起，刘承干感觉精神好多了。吃过早饭后，志赞熙和金绍城过来看望他，史宽也过来问候，刘承干赏给史宽二十元劳务费。沈麟伯又过来为刘承干诊断。溥西园也过来探望，他告知刘承干，李木公报效宗人府第二工厂银两，请赏头品顶戴事，已经办妥，刘承干于是将洋一千六百元代交。宗人府第二工厂是宣统退位以后，为了解决皇族成员生存困难而开办的一个工厂，因为经费有限，工厂一直生存困难。李木公是李鸿章的侄孙，大名李国松，为光绪二十三年举人，藏书家，民国以后居沪上。

刘承干掐指算了一下，农历九月二十八日从上海出发，距今已两个半月，再有半个月就过年了，如夫人朱琨华高高隆起的肚子已经很不方便，该返回了。他先去跟金息侯和朱益藩辞行，接着又去清史馆跟夏闰枝辞行。夏闰枝患病卧床，他儿子夏孝倩陪入卧室，夏闰枝见着刘承干便紧握他的手，久久不肯松开，寒暄了一阵，满含眼泪关照儿子送刘承干上车。刘承干还向钱阶平、绍越千、宝瑞臣、沈麟伯等辞行。晚上，陈宝琛为刘承干饯行，金巩伯等先后来陪。

溥仪那边必须去辞行。先由陈宝琛和朱益藩两位师傅面奏，得到恩准后于农历十二月十六早上九时入宫。溥仪在养心殿上召见刘承干，问起崇陵植树的事。溥仪说，又要费钱，朕甚感激。你此次出京，遇到陈夔龙和郑孝胥他们，替朕一一道谢。刘承干频频点头。奏对一会，刘承干告辞了。又至内务府跟三位大臣告辞，然后又去醇亲王府辞行。午后，刘承干去向清史馆赵尔巽告辞，又去于子昂、钱和郙、钱砺斋、孙宝琦处辞行。

刘承干先叫沈醉愚去购票，办理托运行李，然后和朱琨华去车站候车。出发前，金巩伯夫妇、溥西园、志赞熙、佟剑涛（名佩章，佟楫先兄，陆军学堂毕业）、沈麟伯等都到车站送行。十时火车开动，第二天午后三时，车抵南京浦口，事先通知张巡官派人来接，过江很便捷，夜十一时，车抵上海。账房俞子青、邹履冰还有长子刘世炽已经在车站等候了。

到上海后，刘承干顾不上休息，马上便将皇上恩赐的物件一一分送，有李鸿章侄孙李国松的，有丝商庞莱臣的，有苏州名人潘季孺的，还有上海名中医张骧云、无锡实业家周舜卿的。

朋友一批批为他接风。有王秉恩、叶柏皋、章一山、恽季申、恽瑾叔、李伯贞、徐道恭、陶拙存、徐积余为第一批。朱念陶、吴昌硕、吴东迈等为第二批。有的第一批参加了又参加第二批。刘承干则非常激动地向众亲回忆两次被溥仪召见的细节。

第十一章　惦北京列名再上书

1923年正月初一，春节，旧历又称元旦。刘承干日记起首这样写道："宣统十五年岁在癸亥日记。"

这是刘承干当年记日记习惯采用的记年方式。他总将宣统摆在首位，清朝灭亡已经十二年，他还称呼"宣统十五年"，可见他的思想多么守旧顽固了。就因为他顽固守旧的思想，还惹了一个麻烦，有个青帮小头目看见刘承干当铺门首悬挂了一块牌匾，署名是"宣统某年"，此人认为有空子可钻，以公开对抗民国政府罪要挟，说要拍照登报，借此狠狠地敲了刘承干一笔竹杠。

每一年春节，刘承干家里都是特别忙碌，连续几天都有客人过来拜年。初一有沈星叔、邱仲虎、徐冠南、徐晓霞、姚文敷、李国松、朱寿门、徐积余、包滇生、李振唐、王一亭、萧伯凯、钱簪桐、张菊生、姚莲村、凌凤威、张仲炤（即张志潜，张佩纶第二子，张爱玲二伯父，1902年中举，任内阁中书，为清末民初官员）等。

初二日有骆雁云、王幼笙、叶山涛、蒋赋荪、蒋谷荪、邢聚之、邵叔嘉等。

初七日，有高孟贤、孙惠敷、王国维、叶柏皋、章一山。

初七是"淞社"五十五集聚会，在朱念陶家由其担任主席，共有三席，有吴昌硕吴东迈父子、钱亮臣、恽季申、恽瑾叔、曹恂卿、章一山、陶拙存、周梦坡、徐仲可、褚礼堂、胡朴庵、童心安、杨芷晴、潘兰史、白也诗等。朱念陶是安徽泾县人，随父在上海经商已经多年，是沪上的大老板，名下有缫丝厂、面粉厂等。朱念陶还是举人，满腹诗文。

白也诗刚刚从北京归来，此时担任刘承干的书记员。这几日，刘承干嘱咐他写信，分别寄给北京的金息侯、汪甘卿、夏闰枝、胡馨吾、吴印丞、金篯孙、钱念劬、傅沅叔、朱聘三、吴仲言、张乾若、朱小汀、钱阶平等。信的内容是此次到京受到朋友的热情款待，以表示感谢。当然也有对北京时局的关心。

返沪后，马上就要过"万寿节"。溥仪生日为正月十四，要提前一天庆祝，刘承干便提前开始张罗。

去年正月，沈曾植还在沪上。沈曾植，1850年生，浙江嘉兴人，字子培，号乙庵，晚号寐叟，生于书香之家，学识渊博，是晚清著名学者、诗人、书法家、藏书家。光绪六年（1880）登进士，历官刑部贵州司主事、郎中、总理衙门章京。在政治上，沈曾植对清朝无比忠诚，和康有为等交往密切。张勋复辟时，康有为、梁鼎芬电召沈曾植到北京参与组阁，被溥仪委任为学部尚书。张勋复辟十二天即告失败，三千辫子军也被段祺瑞的讨逆军迅速击败，他带着妻子开摩托车逃到荷兰使馆。康有为、刘廷琛、胡嗣瑗等也成了复辟要犯被通缉。沈曾植此时已经匆匆忙忙回到上海。后来军阀混乱，也顾不上讨伐要犯了。

1922年正月十三日，胡晴初（即胡嗣瑗）和陈仁先（即陈曾寿）借沈曾植宅"海日楼"邀请遗老吃饭。刘承干接到邀请，起初只当是普通聚餐，过后才得知是为溥仪祝寿。胡嗣瑗（1869—1949），字晴初，光绪二十九年进士，翰林院编修，天津北洋法政学堂总办。辛亥革命后参与张勋复辟，出任内阁左丞，是一个铁杆保皇派。溥仪居住天津时，他紧随其后。当时，溥仪宠爱婉容，经常带她逛街，赐钱赐物，而对淑妃文绣异常冷落，文绣提出离婚。初始溥仪不同意，后因溥仪急于离开天津往东北去，便由胡晴初代表溥仪在离婚协议上签字。

"海日楼"祝寿以后，刘承干牢记正月十三"万寿节"。他去北京祝贺溥仪大婚，受到溥仪两次召见，心情还是非常激动。正月十三日，刘承干在中堂恭设御容，提前一天通知遗老们过来行礼。那天陆续有十二位遗老过来参拜，有秦佩鹤、陈容民、恽瑾叔、王叔用、高孟贤、周湘云、朱砚涛、况夔笙、徐积余、陶拙存、罗子敬、白也诗。拜谒过程非常讲究礼数，由秦佩鹤担任领班。秦佩鹤即秦绶章（1849—1925），上海嘉定人，光绪九年进士，散馆后授编修。历任侍讲学士、湖南主考官、内阁学士、工部右侍郎、兵部左侍郎。大家一起行跪拜大礼，吃长寿面。当日，刘承干穿上二品官服佩戴朝珠出现在众人面前，还有秦佩鹤、徐积余也穿了，那是何等威风。不单是为了显摆，也是对皇上尊重。来者大部分都是进士、翰林、侍郎、太守、太史，当他们看见如此隆重的场面，自然会勾起对昔日大清帝王时代的优裕生活的怀念，也会激发起对溥仪的一丝关心。

农历二月十六，汪甘卿从苏州过来上海，住在振泰栈，刘承干得悉后过去会晤。汪甘卿说，他刚刚从北京归苏州探亲，顺道来看望刘兄，想了解刘兄崇陵补树事进展如何了。刘承干说，已经将款项电汇北京了。汪甘卿又说，难得刘兄如此上心。我这次来，带来一个不幸的消息，苏州的曹元忠病故了，我们都非常悲痛。刘承干立即惊道，曹老故世了？太不幸了！此人翰林学士，精通目录学，校勘学功底极深，我知道的。汪甘卿说，他过去校阅内阁大库书籍，通阅宫廷宋元旧本，所以校勘功底极深。民国后他与朱祖谋、叶昌炽关系密切。刘承干便说，真可惜呀！我一向对曹老很尊敬，这次我一定赶去苏州吊丧。

过了十天，是曹元忠出殡之日，刘承干乘火车到苏州，下车后雇轿子乘到阊门梵门桥吊唁曹公，完毕后又去胥门东美巷17号访汪甘卿。东美巷17号是汪甘卿私家宅园晦园，建筑面积有十余亩，里面有鱼池假山，楼台亭榭，长廊逶迤，曲径通幽，又有数片竹林和牡丹花坛，如今正是春季，桃花盛开，玉兰初谢，还有几百年前的古树。汪甘卿，举人，比刘承干大十多岁。刘承干乘坐晚七时火车返沪。

杨钟羲和王国维过来拜年，告诉刘承干说："我们马上要北上了，奉皇上召唤而去，担任'南书房行走'。"刘承干道："南书房行走？那一直是翰林担任的，我们必须庆祝一下。"原来，他们受溥仪邀请去皇宫里担任机要秘书，帮助整理大殿里面的古书。"南书房行走"原由康熙帝设立，南书房即是康熙皇帝的书房，这个职务就是负责起草各项诏书，发布皇帝的命令。这项工作历来由翰林担任，而王国维为布衣出身，现在跟杨钟羲一起担此职务，可见王国维学术渊博已为世人瞩目。杨钟羲字芷晴、子晴。刘承干崇拜他的学术，因此聘请他担任出书校勘，辛亥以后他没有俸禄，非常贫困，不得不鬻书过日子。刘承干免费为杨钟羲出书《雪桥诗话》四十卷在学术界享有盛名。

沪上诸友纷纷为杨钟羲和王国维饯行。3月20日，周梦坡和陶拙存在晨风庐设宴，参加者有杨芷晴、王国维、朱古微、章一山、李审言、蒋孟苹、刘锦藻。

3月22日，刘承干在其豪宅嘉业堂请客。那天，本来姻亲孙慕韩生日，孙慕韩女婿盛泽承摆酒，刘承干也在邀请中。因为说好了要给杨芷晴饯行，因此他到孙慕韩处坐了一会即告辞。客人有杨芷晴、徐积余、陶拙存、章一山、周梦坡、陈子言、金甸丞、沈慈护（沈曾植的儿子）。

25日，蒋孟苹请客，参加者有杨芷晴、王国维、王雪岑、王病山、陶拙存、朱古微、高欣木、刘承干。

26日，刘承干又在嘉业堂请客。22日他请了杨芷晴，今天再请王国维。客人有李审言、钟伯荃、高欣木、罗子敬、王国维、蒋孟苹、邢伯韬、孙益庵、沈醉愚。

27日，陈子言在会宾楼宴请杨芷晴。陈子言即陈诗，字子言（1864—1943），安徽庐江人，诸生，光绪中师事吴保初，后入甘肃提学使幕。民国后居沪，任职于有正书局、时报编辑。客人有杨芷晴、刘承干、陶拙存、徐积余、文公达。

28日，叶柏皋在一品香请客。有杨芷晴、王雪岑、余尧衢、王国维、王叔用、李云书、沈慈护、全克卿、俞琢吾、刘承干。叶柏皋即叶尔恺（1864—1937），字伯高、柏皋，杭州人，光绪十八年（1892）进士，翰林院编修。历任陕西、云南、甘肃学政。为于右任老师。

29日，大雅楼徐积余请客。有杨芷晴、王国维、章一山、陈子言、余尧衢、刘承干、沈醉愚。

汪甘卿回到北京，不久即捎来一个非常让人揪心的消息，国民政府觊觎皇室三殿，已经跟皇室成员打招呼了，要溥仪和皇室成员马上搬出紫禁城。皇上和亲王都非常担心，恐怕住不久了。当初溥仪退位，国民政府答应皇帝尊号不变，可以继续居住紫禁城，每一年答应拨四百万两银子作为紫禁城的日常开销。没有想到，这才过了几年，国民政府就违背承诺，不仅四百万两银子一拖再拖，还几次提出要溥仪搬迁。汪甘卿来信请沪上众亲商量对策，对国民政府出尔反尔的态度提出抗议。那天，高欣木在振华旅馆请客，邀集众亲商讨。高欣木（1878—1952），名时显，字野侯，杭县人，清末举人。以书录、画梅、治印著名。辛亥后任中华书局董事。参加者有刘承干、王国维、孙益庵、蒋孟苹、蒋雅初、邢伯弢、朱古微、郭屺亭、刘佐泉。聚会后，部分遗老又集中到刘承干家，继续商讨应对皇室事情。

"淞社"成员也在晋隆番菜馆聚会。晋隆番菜馆开在虞洽卿路上，就是今天的南京路和西藏路交界处。据传袁世凯的二公子袁克文经常在此用餐，还发明了一道"忌司炸蟹盖"，将蟹肉挑出搁在蟹盖上，然后洒上忌司粉（芝士），放在烤箱烤熟，让那些想品蟹又怕麻烦的食客们能够不费事而大快朵颐。那天"淞社"成员到者二十一人：杨芷晴、王国维、吴昌硕、王雪岑、钱亮臣、金甸丞、潘兰史、徐积余、陶拙存、周庆云、褚礼堂、朱念陶、胡朴安、孙益庵、沈醉愚、李审言、章一山、李振唐、沈慈护、王叔用、刘承干。吃饭开始即纷纷议论皇室搬迁的事情，可是遗老们除了发牢骚也想不出好办法，"芝士炸蟹盖"吃了，酒也喝了，饭都吃完了，也谈不出任何名堂。

接连几天，郑孝胥、吴蔚若、秦佩鹤、王雪岑、王叔用、叶柏皋、章一山都先后来刘承干家讨论，最后决定由郑孝胥和叶柏皋负责拟稿，联名致信曹锟和吴佩孚，请他们出面帮助调停。郑孝胥和叶柏皋，都是一流的人才，以笔代枪，自然不在话下。稿件写好后，决定用快邮办法，将信送至二位军阀首领处。

杨芷晴和王国维去北京了，刘承干便日日牵挂他们，不时让书记员沈醉愚给他们去信问候，探听有关消息，他还给志赞熙、罗振玉、钱阶平等去信。

农历四月二十九，如夫人朱琨华生了一个儿子，刘承干为他取名錾儿，这是刘承干第六个儿子。

农历五月十五这天，他看报纸，突然闻悉北京大内失火，从前一天的晚上一时起，一直烧至第二天上午八时。报纸云，此次火灾共烧毁建福宫九间、鸾仪亭东西配殿九间、德日新楼七间、延春阁大小七十二间、广盛楼七间、静宜轩七间、东西廊各七间、门楼一座、中正殿后佛楼十间、中正殿五间、香云阁东西配殿各五间、宝华殿后檐烧毁，共计一百三十二间。建福宫为收藏历代皇帝遗像之所，中正殿藏历代版本之所，损失约在一千万以上。

惊恐不已的刘承干当即觉得他不应该沉默，思考了一阵，便和汪甘卿取得联系，以电报的形式致内务府绍英，托他代请溥仪圣安。

北京新鲜胡同绍太保鉴：

阅报惊悉大内失慎同深震悼乞代叩请圣安

刘承干汪钟霖等铣

同时刘承干又嘱咐沈醉愚写信给杨芷晴并王国维，又和汪甘卿具名致函内务府绍、耆、宝三位大臣。

1924 年，北京传来好消息，郑孝胥和金息侯被任命为内务府大臣。内务府大臣过去都是满人担任，他们的岗位非常重要，现在他们二人能够担任，可见溥仪对他们的重视。2 月 3 日，刘承干即请新来的书记员黄公渚致信北京，向两位新大臣祝贺。黄公渚才来没多久，是一个年轻小伙子，好学上进，而且擅长书法，他父亲是翰林御史黄石荪。

1924 年农历九月二十七，刘承干读报，突然看到一条消息，直系和奉系开战，吴佩孚被张作霖击败。原本跟张作霖作战的直系将领冯玉祥突然率部回京，围住总统府，逼迫曹锟退位。刘承干读后立即为皇上的安危担忧起来。这两天电报也不通，唯有无线电台可以得到消息，他便一整天待在无线电台旁听消息。

那几天刘承干特别着急，饭茶无味，直到十月初二，叶柏皋过来说郑孝胥已经回电了，他们都挺好，皇上也好，刘承干的心才放下了。

谁知道，高兴没有一个星期，这天午后刘承干拿到报纸，突然看见一行醒目的标题：冯玉祥令鹿钟霖率兵入宫，逼迫皇室立时搬迁。再看具体内容：

内务府绍英入神武殿，先见荣源（皇后婉容父亲），谓民国国民均有总统资格，清帝深居宫中，放弃选举权利，殊失优待之意。现奉院令，修正优待条件，请宣统取消帝号，交出国玺，将宫殿让出。至清室珍宝，系属私有，民国不取分毫。惟古玩系国有，应归政府保管。

修正优待条件，取消宣统帝号。这下，溥仪彻底完蛋了！

原本跟张作霖奉系部队打仗的冯玉祥突然倒戈，在1924年11月4日逼迫溥仪搬迁。溥仪紧急之下召开御前会议，万般无奈，只好搬到醇王府居住。四百七十名太监一百名宫女被遣散，太监每个人只拿到十元生活费，宫女才八元，皇帝玉玺全部上交，从此再不许以皇帝称呼。这是多么可怜又多么残忍的事情。

遗老们的几张纸片，怎能抵挡军阀的刀枪！

晚上，李振唐、叶柏皋、章一山、王叔用过来刘承干处，商讨对策，大骂冯玉祥不是个东西，忘恩负义小人。刘承干对冯玉祥尚不熟悉，盯住众人问道："这冯玉祥是什么出身？"李振唐说："原本只是一个小卒，十五岁参军，后来投到姑父陆建章手下，陆建章是袁世凯手下的军警执法处处长，按袁世凯旨意，专管杀人勾当。冯玉祥先在淮军服役，后至袁世凯部下武卫右军服役。1905年升司务长，后得到陆建章提拔，为陆手下一个旅长。"

王叔用说："这是个小人，他得到过皇帝恩泽，赏紫禁城骑马，还赏热河避暑山庄一所房子，岂知他如此忘恩负义。"

叶柏皋说："还得请外国使馆来主持公道，小皇帝待遇是备案的。"然后就商议发电报给英国、日本、荷兰公使，请他们出面主持公道。

第二天，电报初稿拟好，又请陈筱石制军审核。陈制军闻悉后来函，谓必须多找几个同仁签字。刘承干认为制军说得在理，便又和叶柏皋联络同仁。到了第三天，叶柏皋过来说，稿件已有二十六位同仁签字，然后便发给了三国使馆。

遗老们感觉问题严重，决定发动大家集思广益，就皇室优待条件再议办法。冯梦华、王雪岑、叶柏皋、章一山、徐积余、王叔用等联名发起，决定农历十一月初一借刘承干住处开会，通知全体遗老过来。那天共有四十三位遗老出席，有康有为、李守一提学、李伯行侍郎、吴宽仲观察、宗子戴观察、罗振常待诏、恽瑾叔观察、胡晴初阁丞、严仲琳太守、程学川太史、高云麓太史、秦子质军门、陆纯伯观察、谢石卿孝廉、朱古微侍郎、李渊硕部郎、宋澄之孝廉、李伯贞太守、徐敏丞大令、吴鉴泉参议、邓白村大令、余尧衢参议、况夔笙太守、刘襄孙观察、朱念陶观察、沈淇泉太史、还有刘锦藻、沈醉愚、孙益庵、沈慈护、刘承干。会议开始，康有为首先发言，他情绪激动，慷慨激昂，高声道："如今形势危急，本人以为还需借用日本武力解决问题，不知大家有何高见？"场上鸦雀无声，不知怎么回事，是对日本人不信任，还是胆小怕事，刘承干也弄不明白，有的则干脆借故避开了。康有为很是扫兴，激动地演说一通后，借口有事走了。结果茶会不了了之，定后日再议。

第三天遗老们再次聚会，最后议定由冯梦华主稿，拍电报给北洋政府首脑，共计署名二百十六人。

电文如下：

前阅报载，冯军入京，有修改优待条件、迫胁皇室出宫之事，中外闻之，莫不愤慨。今公府顺潮流起而执政，然亦前朝大臣也。报又载，公入京之始首撤监视醇邸军队，继请皇室迁居颐和园，实否不敢知，如信有之，则我公不忘故君之心昭然于天下，且感且佩。夫优待条件出之民意，证之使团，譬之各国所订约章。如须修改，亦必双方磋商，同意始能决定。岂容一二人肆意修改。强力执行，非特显违公理，实亦腾诮外交。愿公速发明令取消修改之议，仍履行辛亥冬所订之优待条件，使天下晓然，于大义之不可悖，强权之不可能，以申公理，而昭大信。则好乱非理之风不戢自止。公或不更为徐、黎、曹之续硁硁之愚！为皇室计，兼为公计，且为天下万世之人心计也！迫切上达，即希鉴谅。并望惠复。冯煦、陈夔龙、秦炳直、王乃徵、叶尔恺、王秉恩、余肇康、钱绍桢、陈三立、刘承干等二百十六人同叩。

一份拍给段祺瑞，一份拍给张作霖。

第十二章　授妻室春蕃聘绿雯

　　刘承干的长子刘世炽，又名春蕃，1908 年生，娶祖籍安徽泾县沪商朱砚涛之女朱绿雯。朱砚涛，名朱锟，又称朱念陶。朱砚涛的祖父是盐商，父亲朱鸿度曾经捐得道台，后在李鸿章、盛宣怀帮助下在上海创办裕源纱厂、裕通面粉厂，为沪上著名企业家。朱砚涛和刘锦藻同年举人，但是他天生喜爱游玩，结果在杭州骑马出了命案，闯祸后被发配至新疆。返沪后继承父业，在上海经营裕顺、裕成面粉公司、裕源纺织公司等。朱砚涛弟弟朱幼鸿，比朱砚涛小三岁，经营裕隆面粉厂。朱砚涛还喜欢舞文弄墨，又和刘锦藻同年，因此和刘承干认识很早，民国初年他们常在一起消寒聚会。

　　1924 年 12 月 31 日，农历十二月初六，上海爱文义路刘家豪宅里正举行一场隆重的订婚仪式。男方刘世炽，女方朱绿雯，媒人宋称卿和陶拙存。依照南浔习俗，订婚之日要举行"行盘"，男方将聘礼送至女方处。刘家和朱家均为沪上大户，聘礼自然不能小气，何况刘世炽为刘家大房长子，更要办得特别风光。刘家聘礼共有十八盘：即首饰四盘（包括金玦、嵌宝盘珠金如意，钻镯一双，钻环连牛奶珠一双，翡翠环一双，小钻花一朵）；衣料四盘；绉纱二盘；微礼聘金二盘（各一百两）；堂上一盘（共四十两）；叔堂上二盘；礼帖一盘；堂上叔堂上礼帖一盘；冰人帖一盘。另有吉果架二枚，茶点四百份，共六抬。

　　男方送过聘礼，当日下午女方回盘，有：帽上悬有赤金小发禄袋

刘承干原配夫人钱德璋

刘世炽和朱绿雯

的新郎靴帽、镶嵌黄金批霞翡翠的袍褂扣带、褂件文房四宝等，共八盘；另有太堂上鞋帽袍褂一盘；庶太堂上衫裙鞋袜枕帕各一盘；堂上鞋帽袍褂衫裙鞋袜枕帕共一盘；生堂上、庶堂上各一盘；叔堂上各一盘；还有礼帖和合之类四盘。

1926年春，刘家几次提出迎娶之事，无奈朱家接连出了两桩大事，婚事便一再耽搁。直到1926年中秋节，才给刘世炽举办婚礼。

事情发生在1925年闰四月。朱绿雯的叔叔五十六岁朱幼鸿不幸病故。幼鸿的丧事才刚刚办妥，朱家还没有从失去亲人的悲痛中缓过劲来，1926年正月，朱绿雯的生父、幼鸿胞兄朱念陶又突然过世。接连的打击，令朱家措手不及，朱幼鸿长子朱斗文成了朱家生意接班人。朱家出了大事，原本订在上半年举行的婚礼被迫取消。初七那天，朱氏托亲戚送来信函，要求喜事日子往后推，最好等朱念陶丧事周年再办喜事。但是刘承干接信后没有同意，因为他这边全部备齐了，没有办法推。于是便写了一封回信，提出在朱念陶百日后即办婚事。朱氏那边接了回信，没有立即答复。二月初十那天，刘承干直接去媒人宋称卿家。宋家和朱家是亲戚关系，宋称卿胞姐即是朱念陶夫人。刘承干托宋转告朱氏，儿子的喜期定在4月28日，问朱家是否同意。朱氏那边回信说，念陶定在4月15日题主，23日领贴，25日出殡。你这边28日要办喜事，与出殡时间相隔只有两天，吊者未去，我即办嫁事，这面子怎么说得过去。而且，念陶家此时尚未谢孝，不能够出来应酬，更何况如果25日下雨，出殡就要延后，就会跟嫁期相冲突，所以，这喜事还是等到秋天办最好，7月和8月都可以。朱氏此番话，说得很在理。刘承干无话可说。最后决定在下半年中秋节后举办婚事。

1926年9月21日（农历八月十五日中秋节），爱文义路899号豪宅，嘉业堂一楼大厅，紫色花梨木桌案上摆满了金光闪闪的珠钻首饰，还有成捆成箱的元宝银元。穿着新衣的女仆一边忙着整理彩礼，一边悄悄地数了数盘子，一共有二十八盘，比上次订婚行盘还要厚重：上头凤冠盘一只，首饰盘四只，礼服盘一只，聘金盘二只，四季衣服盘十六只，堂上盘一只，叔堂盘一只，六礼盘一只，媒盘一只。

上午，媒人宋称卿和陶拙存先过来，刘承干约他俩至书房喝茶。稍许，又请到中堂吃点心。然后，开始行盘，请三叔和四叔那边的两部小汽车过来帮忙，将金银珠宝和贵重饰物以及聘金全部装到汽车上拉到坤宅，并且派蒋少清和程伯厚两位得力账房押送。坤宅位于牯岭路上，因为朱家有丧事，临时借用福康路白鹿坊翁宅受盘。这样一来，距离刘家爱文义路更近了，汽车来回跑也非常方便。

行盘完毕，新娘送回礼。一为"微礼"，银二百两，元宝四只；二为"聘金"，堂上银四十两，元宝二只，叔堂四份，每份二十两，元宝一共八只；三为"六礼"，银一百两，元宝二只。

晚上宴宾客媒人，一共六席，外加账房一席，楼上另设两席招待女眷。来客除媒人宋称卿、陶拙存外，另有沈莘农、邢伯韬、徐晓霞、蒋孟苹、蒋赋苏、徐懋斋、严祝三、叶山涛、姚沁泉、邢复三、沈醉愚等一批生意和遗老朋友以及刘承干诸弟和侄子等亲戚。账房一桌有张菊畦、蒋少清、俞子青、邵菊如、程伯厚、邹履冰等。楼上有三姆母、严祝三夫人、刘承干的几位妹妹。

菜肴请大加利酒家厨师帮助烹饪，材质好，味道特佳，每一桌十二元。媒人两桌特别加菜，每一桌十四元。

"行盘"完毕，接着请长辈为新郎铺床，这个任务由刘承干堂叔刘安仁夫人担任。刘夫人住南浔，此时还没有过来，刘承干和众人都非常着急。铺床已选定吉日吉时，须在二十四日巳时完成，生辰八字不得马虎。刘承干令账房程伯厚赶快去电报局拍一个电报，催颂叔母赶快过来。24日早上，颂叔母如期赶到，中午十时掐准时间为杞儿铺了床。那天坤家早已经将嫁妆陆续送来，摆满中堂，琳琅满目。当日男女来宾共计一百零三人，还有抬轿子的，租彩绸的，以及请吃茶折算的银子，共计洋一千多元。

婚礼从10月2日（农历八月二十六日）正式开始。上午客人陆续过来贺喜，中午摆"启媒酒"，款待媒人，共二十五席。嘉业堂中厅摆不下，又在住宅对面搭了一个简易棚子。

10月3日上午十时，在中堂由堂叔公刘安仁夫妇为世炽行加冠礼。中午待客十五席。下午二时，发轿行亲迎礼。五时新娘子入门，登堂行交拜礼，然后送入洞房合卺，新郎和新妇喝了交杯酒重到中堂坐定。客人陆续赶来贺喜，约四百余人，设宴二十八桌，另加和菜三桌（招待巡捕和包探等）。酒席散后已经十一时。

10月4日，在中堂设席祀拜先祖，礼毕拜祖父刘锦藻等诸亲友，全部礼毕后在中堂设花客筵席一共九桌，客厅宴客五桌，又和菜三桌。午饭后请客人看戏，有魔术和滩唱等。新妇登堂祭灶。晚上男女二十一桌，和菜三桌。

10月5日，朱氏亲家望朝，待客六桌。客堂请戏班子演双簧、四簧杂戏。晚上宴客二百余人，计三十八桌，和菜二桌。

农历九月初一日，刘承干又摆酒四桌酬劳全部账房及佣人帮工。

办完喜事，刘承干还得一家家去走访。先谢媒人，各送四十元酬劳，女方也送一份礼，份子减半。

刘世炽是刘承干长子，刘承干的生意他也帮着料理。当时刘承干的其他几个儿子均年幼，帮不上忙。世炽少时，刘承干曾经为其聘家教，但他不喜读书，喜欢游玩，娶了朱绿雯以后，经常跟其堂兄朱斗文外出游玩，有时去香港，有时去青岛，为此刘承干很恼火。那阵子，刘承干身体不好，他每一天都要吃安眠药睡觉，经常凌晨起来吃药，白天睡觉，到下午才能起来办事，或者干脆睡到晚上才起来。刘承干还有吸食鸦片的不良嗜好，后来戒烟几次。

刘承干一共有七个儿子，除老大刘世炽和老三刘世烈去了德国，还有五个。

刘世煦，即刘讱万，刘承干第二子，生于1914年，为刘承干原配钱德璋所出。少时，刘承干曾经为其聘家教，和其兄刘世炽一起由上海交通大学毕业生、宜兴人史养元担任授课，负责教授物理、化学、几何、地理。之后，刘世煦就读于上海圣约翰大学，这所大学为当时上海最好的大学，由美国教会所创办，用英语教学。1949年后新闻系、外文系并入复旦大学，中文系并入华东师范大学，土木工程系并入同济大学，机械工程系并入交通大学。刘承干为了让刘世煦能够进这所学校，也是很费了一番心思，找了许多关系，请客送礼不在少数。刘讱万的同班同学都有非常显赫的家庭背景，比如孔家少爷孔令侃、盛宣怀孙子盛毓邮、国际著名建筑大师贝聿铭等。刘世煦毕业后在浙江兴业银行上班，娶妻为李鸿章五弟李凤章的曾孙女李家瑛。李家瑛也是上海圣约翰大学毕业，为刘世煦同学。刘世煦酷爱昆曲，曾经跟俞振飞学习昆曲多年，工官生，唱法规矩工稳，颇晓俞派唱法门径，还跟随曲家徐凌云学习身段。中华人民共和国成立后，在上海戏曲学校和江苏戏曲学校讲授曲韵，还曾担任上海市文史馆馆员。

刘世燡，为刘承干第四子。少时曾经聘请仁和诸生杨麟书担任家教，后在桃坞中学就读。此学校原在苏州桃花坞，为美国人耶稣教会所办，抗战时迁至上海。1945年1月16日刘世燡结婚，婚宴设在百乐门。为了防止朱琨华惹事，事先没有通知她，因为前一年朱琨华得知刘世燡订婚，多次给刘承干来电话，刘承干非常讨厌，故举办婚礼时瞒了她。婚礼上，冯秀芳和钱德璋初次见面，冯秀芳嫁刘承干十多年，她们两个一直没有见过面。刘承干见她们处得很融洽，非常欣慰。婚礼来宾签名达三百多人。刘世燨年幼时全靠冯秀芳照顾，后认冯秀芳为慈母。中华人民共和国成立前夕，他带了老婆孩子去台湾。

刘世炎，刘承干第五子，为夫人钱德璋所生。1949 年后在上海卢湾区房产管理所工作。

1945 年 3 月某日，有一个少妇怀抱婴儿来到刘承干府上，自称刘家人，要找刘老爷说话。仆人荣贵问她："你是什么人？找刘老爷何事？"女子说："孩子是六少爷的，我来交给他。"还将六少爷鋆儿的名片递给荣贵。荣贵说："六少爷还未成亲，怎么会有孩子？"女子说："我就是六少爷的女人，我们同居好几年了。"荣贵吃惊不小，急忙赶去禀报。刘承干得悉后，大吃一惊，连忙给刘世燨打电话询问。据刘世燨说，前几年家里雇了一个女佣，弟弟鋆儿跟她很亲热，后来被母亲发现了，将女佣辞退。女佣后到丝商邢家，鋆儿得悉后，又找到邢家，跟女佣搭上关系，两人在外租屋同居。听了世燨所说，刘承干回忆起鋆儿以前经常在外面住宿，曾经问他，你晚上住宿哪里？鋆儿回答，住在母亲处。原来是有外室了。袜子破了给他钱买袜子，结果袜子也没见买来，好像有经济负担的样子。又打电话问朱琨华，朱非但不自责，反而责怪刘承干对鋆儿管得太紧。又说这个女子已经三十岁，结过婚。过了几天，刘世燨又打来电话，说该女子找到刘世燨住的金城别墅，对世燨说孩子是六少爷的，你们要不要。刘世燨仔细看那孩子，跟鋆儿一点也不像。刘世燨便责问她，你年纪比我兄弟长，应该是你引诱我兄弟，你勾引良家子弟，这是犯法的事。刘承干听了世燨的话后，决计不收留此孩子。后来南浔朋友出钱，帮助女子购买火车票，送其回家了。女子说，婴儿是刘家的，既然刘家不认，我就送人了。

刘承干曾经一再叫鋆儿跟其生母朱琨华断绝关系，而鋆儿却说："为子者当父母并重。"居上海时，他大部分时间都陪伴朱琨华，因此刘承干很不满意。有一次，鋆儿从工作单位九江海关汇来中储券十四万给朱琨华，朱琨华不会提取，打电话向刘承干账房邵菊如咨询。

刘承干得悉以后非常恼火，谓只知其母不知其父，怪銎儿心里没有他。銎儿后来娶南京一女子为妻，于1948年4月30日在南京举办婚礼，刘承干未去参加，由冯秀芳代表，上海亲戚都没有通知，只在家里摆了一桌酒席款待账房。銎儿生了两个儿子，当父亲后生活辛苦，到上海看望刘承干，说自己在九江一所学校担任教员，为此得到刘承干赞许。他私下说，相比其他几个儿子，銎儿最能够吃苦耐劳，唯读书甚少。銎儿后到上海工作，曾经任上海某房产公司管理所职员。

第十三章　遭绑票均衡失均衡

南浔"四象"之一张家，据说其财富仅次于刘家。创始者张颂贤以经营盐业和丝业起家，祖籍安徽休宁，明末因为战乱而举家搬迁至南浔。张家初到南浔，以弹棉花为业，走街串巷，每一天演奏"嘭嘭嗡嗡"的音乐。但是，张家的先祖非常能够吃苦，当其积累小量资金后，便在南浔镇上开了一爿糕团店，起早贪黑，之后又开酱盐店，一直传到张颂贤这辈。张颂贤非常精明能干，他身上有安徽人吃苦耐劳的精神，又有南浔人做生意的精明头脑。1842年鸦片战争之时，上海辟为通商口岸，南浔至上海的水运航道迅速热闹起来。那年张颂贤二十六岁，发现湖州的生丝销量猛增，立即抓住机遇，大胆出手，筹集资金在镇上开了一爿"张恒和"丝行。他不但在南浔开丝行，又在上海洋泾浜开增泰丝栈，两相呼应，互通消息。张家在咸丰初年即已拥有雄资。

张颂贤生了两个儿子，长子张宝庆，次子张宝善。老大宝庆生了张均衡后，经常生病，在张均衡十六岁时，即抛妻离子走了。张均衡，字石铭，自小拥有万贯家产，家庭又聘请名师教习，因此自幼发奋读书，埋头功名，到光绪二十年（1894）参加乡试即考取举人。之后参加几次会试落第，便无心功名，继承祖业从事经营活动。因为张均衡家财万贯，又懂得文艺历史，便将兴趣慢慢地转移至古玩古画上，家里金石、字画、碑刻、古籍，堆得满屋子皆是。又因古物无处堆放，

1907年在南浔鹧鸪溪畔补船村原董说读书隐居处，购地三十亩，建造一个比刘家小莲庄还具规模的园林建筑，取名"适园"，以仰慕西晋文学家张季鹰的"适园之志"。《晋书·张翰传》记载，张翰曾经说："人生贵适志，何能羁宦数千里，以邀名爵乎？"张石铭仰慕张翰的为人，仰慕他的思想品德，核心思想就是不在乎功名利禄，而要快活地度过一生。张均衡是藏书家，适园里建造一个六宜阁，珍藏宋刊本四十五部，元刊本五十七部，名人稿本及抄校本四百六十部。有《东都事略》一百三十卷，从清皇室怡贤亲王家中流出，书上钤有"怡府世宝"印记，后流入日本，民国初年由董康购回，被张某知晓，千方百计要董康出让给他，董康最后以千元出让。张某除了藏书，还刻书，先后刻印《适园丛书》七十二种。

张家是上海滩巨富，住豪宅，开轿车，家里仆人丫鬟无数，不久就被一帮劫匪盯上了。1925年10月6日夜十一时，张某从上海最大的赌场泰昌公司归来。泰昌公司的主人是大名鼎鼎的杜月笙。杜月笙不仅贩卖鸦片，还开设赌场，他自己也经常参与豪赌。据传有一个东

张謇为张石铭故居题额"懿德堂"

南浔张石铭故居内康有为题额

南浔张石铭故居内的雕花窗户

北人，因为擅赌，会出老千，其出老千手法极其隐蔽，一般人无法看得出来。他得悉杜月笙好赌，就专在杜月笙到场时去赌场豪赌，且每一次都必赢无输，目的是要引起杜月笙注意。一次，跟杜月笙一起玩牌的四人中有一人突然有事离去，场里缺了一人，杜月笙很是尴尬。这时候，姓吴的东北人便自告奋勇走上去，要跟杜月笙赌几副，杜月笙没有表态，算是默许了。结果杜月笙一败涂地，让东北人赢了十几万。之后，杜月笙派了暗探，每一次都跟在吴某身后，只要吴某出现赌场，就派高手仔细观察。虽然吴某赌技高超，但是百密一疏，终于有一次被人发现他出老千。吴某赢了钱想要离开赌场，却被几个彪形大汉拦住，并马上带到杜月笙处。吴某知道这次栽了，没有办法只好服软，当即跪在地上，承认自己出老千，愿意将赌场所赢全部退还。杜月笙倒也爽气，答应不追究，但要吴某保证从此不许再赌，还要吴某留下来做杜月笙的徒弟。之后吴某便成为杜月笙徒弟，随杜月笙出入各赌场。大部分则代替杜月笙出场，赢钱属于杜月笙。张均衡是上海滩的知名人物，跟杜月笙自然非常熟悉，去赌场也是常事，有时候是为了应酬，陪朋友玩几把，有时候便是看客。这个泰昌公司赌场就好比是如今的澳门赌场，美国的拉斯维加斯，每一天都是灯红酒绿。

那天张均衡乘了自家的轿车去赌场，回来时车子经过宁波路中旺街口。那时，宁波路尚没有如今那么宽敞，只有东边一段路称宁波路，往西边浙江路那段当时称为后马路，还有称中旺街的，路人稀少，白天是做棉布生意的地方，晚间则非常偏僻幽静。张石铭车子开至中旺街口，这边有一家酱园店，他在昏暗的路灯下看见店门已经打烊。他正在想着泰昌公司赌场的几个朋友，突然发现车子停住了，原来前方横着一担木柴，将道路阻拦。司机正欲下车查看，突然从隐蔽处窜出三个匪徒，一把将车门打开，一个用枪顶住司机脑门，一个便掏出钳子将车内电线剪断，又命令大家下车，无奈之下，大家挨个下车。张石铭下车后乘匪徒不备突然往前方隐蔽处走去，想逃离。他刚刚迈出十几步远，突然身后传来吆喝声："站住！"随即听得"呼"一声枪响，张石铭顿时感觉胳膊上麻了一下。张不敢再逃，随即被冲上来的匪徒挟持上了汽车，还未坐稳，匪徒便驾车离去。

张均衡被绑票，半个小时后，电话打到府上。绑匪说张老板就在他们手上，让张家不必惊慌，马上准备十万元去赎人，同时威吓张家，不许报警，否则张某必死无疑。张家听到张均衡的声音，知道老爷身体还好，这才放心，答应只要老爷安然无恙，钱的事情好说。随后着手准备现金，原来张家开着银行。第二日绑匪电话又来了，问钞票是否准备齐全，张家回说，已经备妥了，绑匪一听，这么快就备齐十万，这户人家钞票非常多，马上改口说，十万不够了，要十五万，马上去准备。张家一听要十五万，也没有敢回绝，当即含含糊糊答应下来，又叫老爷听电话，张石铭接了，对着电话说，快去准备，休要报警。电话内张石铭声音哽咽，似在哭泣，家人闻声，知道老爷在里面吃苦，哪里还敢说一个不字。第三日，绑匪又来电话，问款子筹备得如何？张家又说，已经备了，送到何处？绑匪又说，看你家非常配合，现在加至二十万，限你们明日备齐，然后送至指定地点。绑匪认为张家财大气粗，钞票太多，决定狠宰一笔。

那阵子，正值奉系军阀与东南地区的直系军阀为争夺江苏安徽地盘而战。直系军阀是孙传芳所部，他进攻张作霖的部队，张作霖部顶不住退到徐州，所到之处随意占用地方船舶，连湖州至上海的航班也被占用来运送部队和装备，老百姓的住房和钱物当然也未能幸免。沪上一些流氓地痞见军阀混战，警局人手匮乏，趁机大胆绑票。

张均衡自被绑匪劫去，关在一间黑暗的小屋子里，每天吃些猪食一般的食物，睡的地方满是蟑螂臭虫，再加上胳膊上的枪伤没有得到治疗，只涂了一点止血药，痛苦状自然无法形容。绑匪叫张某配合，张某抖抖索索满口答应，谓钱的事情好说，只要不伤害性命。至于吃住条件，他哪里还敢提。

这二十万现金不是小数目，张家虽然开了银行，也要准备将近一个星期，终于备齐二十万，着一个可靠的账房按照绑匪的意图送到指定地点。绑匪拿到现金，将张某丢弃在一条荒僻的郊区小道上。

张均衡受此绑票惊吓，虽然保住性命，无奈伤口感染，去医院看了多次方得好转。不久又得了心脏病，每天晚上做噩梦，过了一年多便英年早逝。

张均衡比刘承干大十岁，是举人，有文才，喜欢收藏，这些特点跟刘承干很相符。凡有消寒聚会亲友活动，张均衡跟刘承干都经常碰头。就在前不久，张均衡的堂侄女、张静江的女儿出嫁，他们还在一起碰过杯。没有想到，这么快就突然走了。

自从张均衡出事后，许多朋友告诫刘承干，叫其千万小心，晚上千万不要出门，现在沪上秩序非常混乱。

张均衡出事后约半个月，刘承干收到一封署名为谢小侠的来信，信内自称"赤心团"成员，目前因为该团解散，准备投靠军队，欲向刘承干借款两千元。

闻公素有义声，特戒党中切勿鲁莽，减至此数（二千元），约一个星期登《时事新报》回复。

刘承干读到来信，知道是敲诈，但是为了稳妥起见，他也必须谨慎对待。像他这样地位的人，犯不着跟这些小人计较。过了几天，刘承干便在《时事新报》上刊发一则启示："小侠君，鉴四函均悉，请速来临接洽，知具。"

第二天，刘承干便接到一个电话，请他明日上午去冯梦华处，谓朋友邀请，有要事相商。冯梦华是刘承干的一个老友，也是一个文人，不知道小侠如何知道他的住处。既然有电话过来，刘承干不知道真假，也只好去会一下。

刘承干到冯梦华处，见到一个陌生男人，说是受小侠指派而来。刘承干便说，小侠为何不亲自过来？让他明日到府上取钱。

那人见刘承干非常爽气，高兴万分，匆匆告辞。第二天，果然有一个人到刘承干府上取钱，刘承干叫账房给了他二百元，那人拿钱即走。

过二日，此小侠又寄来一信。信内称，二百元已经收到，不过距

张均衡刊刻的适园丛书　　　适园丛书之一《西吴里语》　　张均衡为《西吴里语》作跋

离他们要求还远，刘老爷如此大款，为何对区区两千元如此吝啬。前几天我刚刚去过庞莱臣处，庞老板也是南浔丝商，人家就非常大方，当即给了我两千。请你再施援手。

　　刘承干接信后，觉得非常可笑，这个小侠居然如此猖狂，敲诈还明目张胆。然而，刘承干不愿意跟小人计较，他非常谨慎，决定到庞莱臣处去问清楚。刘承干到了庞莱臣处，问有无一个叫小侠的来讨钱，庞莱臣谓没有此事。刘承干不好再说。回家即通知小侠，上次给了你二百元，这次再给三百元，凑成五百元，请亲自过来领取。那个自称"赤心团"的小侠，果然又叫人来取了三百元，此事才算了结。

　　自那不久，刘承干便想到去南浔乡下暂避。一个阳光明媚的午后，他收拾了行李，来到贻德里北边的丝商码头，雇了一只无锡快船，叫正昌公司的轮船带至南浔，一住便是半年多。

第十四章　庆寿诞慕莲串京戏

　　1927年农历七月十一日，正是立秋节气，位于上海外滩附近的鸿仁里，张灯结彩，宾客盈门。今天是鸿仁里主人刘梯青的继室周氏四十寿诞，沪上名流均来祝贺。鸿仁里共有十三幢石库门房子，建于1910年，属于刘家三房资产。

　　刘承干靠在红木椅子上，啜着咖啡，跟几个兄弟闲聊。留声机里正播放京剧梅兰芳的曲调，三叔刘梯青的舅爷姚慕莲跟着音乐在大厅里表演。目睹此景，刘承干眼前突然出现了另外一幕：1910年农历十一月初三，他跟夫人钱德璋从南浔乘船过来，到鸿仁里三叔刘梯青家参加一场婚礼。婚礼的主角是嘉定徐颂阁尚书的孙子、刘承干姑妈的儿子、他表弟徐麟石。徐家跟刘家是姻亲，那天就借鸿仁里住宅办喜事。那时候，鸿仁里的房子可是外滩数得着的好房子。

　　一晃十六年过去了，鸿仁里如今通了水电，装了电话，房子似乎没有什么太大变化，而周边已经高耸起几幢大楼。大马路早已经通了

刘承干三叔刘梯青

电车，铺上木地板，还装了路灯，上海每一天都有变化。

　　三叔刘梯青和刘锦藻是同父异母兄弟。刘锦藻是刘镛原配沈氏所生，刘梯青是刘镛如夫人宋氏所生。刘梯青比刘锦藻小十二岁，自幼得到良好的家庭教育。光绪二十一年（1895）岁试一等，以廪膳生遵例捐为直隶州知州，钦加三品衔。后又劝办山西赈捐，先后奏保二品顶戴，赏戴花翎。刘梯青很早即弃文经商。四兄弟析产后，刘梯青也得到大批遗产，除了投资江苏海门垦牧公司以外，还在杭州办实业。就在继室周氏四十岁生日之前，刘梯青刚刚跟南浔丝商庞莱臣合作，在余杭塘栖镇购地四十二亩，计划创办"崇裕丝厂"，从意大利、德国采购缫丝机和锅炉，利用国外的先进设备，生产生丝。

　　刘梯青在杭州西湖边建的别墅"孤云草舍"，位于北山路西边，古罗马风格别墅门口有高大的阶石，有拱形的门窗，红瓦圆顶，柱身和铁栏杆装饰华丽。他生长在民国时期，受欧美风格影响很深。在南浔古镇，有一幢"红房子"一直倍受世人瞩目，至今游客叹为观止。"红房子"主人便是刘梯青。此楼位于南浔市河岸边，与对过大房求恕里老宅隔河相望，占地十亩，内有网球场、健身房、玻璃地板的跳舞厅，

刘梯青建于南浔红房子——"刘氏梯号"

有留声机可以播放唱片。整幢大楼呈西班牙风格，有巴洛克的柱头造型，用红色清水面砖贴面，因此称为"红房子"。

刘梯青生活西化，很会享受，但是他有抽鸦片的恶习，民国时期禁止吸鸦片，他因此被警局拘留。

刘梯青的原配夫人姚氏，嘉兴人，为嘉兴望族姚宝勋之女，可惜1904年即去世。周氏是续娶夫人，为沪上大贾周湘云之妹。周湘云宁波商人，其父周莲塘跟两个兄长在19世纪末同来上海闯荡。初始生活艰苦，一只鸭蛋要吃两顿饭。结果两个兄长去了武汉发展，独留老三在上海。老三周莲塘原跟着老二学会了"洋泾浜"英语，不久经人介绍到英商沙逊洋行干杂活，因为勤奋，人机灵，很讨老板喜欢。后来被一个法国传教士看中，让他到法国教会敬修堂做事。当时有许多洋人在租界里置房子置地，需要和中国人打交道，可是他们不会中国话，便让周莲塘代他们去办理。久而久之，周莲塘渐渐有了名气，找他办理的洋人越来越多。后来凡是一些土地买卖、房子建造，也都找他，周莲塘于是自己拉起了一支建筑队伍，成了营造商。之后法国的传教士因为年老归国，他名下许多房产便给了周莲塘，比如新闸路上和庆里、燕庆里、肇庆里等地皮，原来便是属于传教士的，后来归周家所有。周湘云是周莲塘的大儿子，父亲传到他时，周家已是沪上房地产大亨。位于延安中路的周家别墅称"学圃"，那里有花园洋房，小桥流水，亭台楼阁，还饲养着孔雀、金鸡等小动物。周湘云经常在"学圃"宴请宾客，刘承干也几次到"学圃"参加"淞社"聚会。

刘梯青续弦周氏，交际很广。她有一个闺蜜叫姚玉兰，是沪上京剧名角，长得漂亮，被沪上青帮头子杜月笙看上，之后被杜月笙娶为第四房太太。周家跟杜月笙也是朋友关系，因此互相来往。刘承干对三叔新娶的夫人也是非常敬佩，没有想到，几年之后，刘承干因为跟如夫人朱琨华打官司，有求于杜月笙，便找到这位三婶母，由其出面找杜月笙帮忙。这是后话。

今天刘周两家喜结姻缘，周湘云来了，刘承干、姚慕莲、姚玉兰都来了。

婚礼仪式结束后，周家又在共舞台请大家看戏。上海共舞台，是当时沪上四大戏院之一，位于爱多亚路，是原来的洋泾浜填筑而成。1914年英法租界当局鉴于洋泾浜河道阻碍交通河水污浊不堪，决定填河筑路，于1915年完工，取名为爱多亚路，以英王爱德华七世之名命名，后来改名延安东路。爱多亚路建成以后，路上建起许多高楼大厦，有大世界游乐场、万国储蓄会、美国友邦银行、南洋烟草公司发行所、华商证券物品交易所等建筑。从大马路的鸿仁里过去共舞台，也就二三里地，男人步行而去，老人和妇女则乘了马车过去。到了剧场，早已经有人接待。一会，便是观看名角姚玉兰和姚玉英两姐妹表演《双珠凤》《拾黄金》《武家坡》等京剧片段。

姚慕莲是姚宝勋的儿子，姚家是嘉兴望族，姚宝勋为山西候补道。刘梯青与姚慕莲这个舅子，来往非常密切。他们二人年纪相当，脾性也合得来。重要的是姚慕莲还是沪上商业巨头，姚家跟盛宣怀家是亲家，姚慕莲的嫂嫂即是盛宣怀女儿。姚慕莲是清朝国子监监生，捐资得二品衔，曾经在京城为官，做过邮传部参议、西苑电灯处提调、北京电报局总办，后至上海任招商局会办。民国后任上海商会副会长，又任上海县工巡捐局副局长。1915年出资八十万两银子接管官办的上海内地自来水公司，担任董事长。上海内地自来水公司原是商办，1915年春决定官办，当时上海绅商陆伯鸿已经筹得五十万两银子，计划报中央财政部批准准备接管。突然财政部来文，批准自来水厂由嘉兴姚慕莲接办。明眼人都清楚，姚慕莲能够拿下自来水厂经营权，跟盛宣怀有关。同时，姚慕莲能够迅速筹得八十万两银子，也跟浙江丝商的支持有关，当时刘家就参与了投资。姚慕莲又跟人合办中国第一家"珐琅厂"。珐琅工艺源自欧洲，就是用蓝色的珐琅釉料作原料做成各种工艺品，俗称"景泰蓝"，此种工艺品原为皇室所用，现在市民可以购买自然非常喜欢。姚慕莲还在1924年参与创办上海女子商业银行，并且担任董事长。上海滩何人最有钱？无非是巨贾、买办、官吏，他们的钱谁来管理，自然交由内人或者女眷来管理，即便家里有账房，一般情况账房也听夫人的。更何况还有许多的姨太太，许多女流、堂子倌人、戏子，她们的私房钱存在何处放心? 自然女子银行最可靠。女子银行的创办人叫严叔和, 是非常精明能干的宁波女子, 早在 1915 年即在商业银行任妇女部主任, 专为妇女同胞服务, 还跟宋氏三姐妹是校友。因为业务越做越大, 干脆辞职自己开银行。当然, 女子开银行, 又是女子银行, 难免有顾虑, 因此就找了一个很有来头四面能够兜得转的商贾来担任董事长。姚慕莲就这样走马上任。姚慕莲还有一个嗜好——喜爱京剧, 经常跟京剧名流客串。在今天这样隆重的婚礼上, 姚慕莲自然不愿意失去表现的机会, 便跟姚玉兰客串一折《四郎探母》, 令众贵宾羡慕不已。

刘梯青长子叫刘俨廷, 娶了盛宣怀的六小姐为妻。可是刘俨廷不知道珍惜, 有许多不良嗜好, 喜欢抽鸦片, 喜欢嫖妓, 最后盛小姐一气之下留下两个女儿出走。刘俨廷有次趁父亲刘梯青在杭州, 趁机到南浔账房随意支钱。账房先生见其支款数目太巨给予回绝, 他便动怒抽账房先生耳光, 账房无奈之下到刘梯青处告状。他得知后, 对账房怀恨在心, 竟然用菜刀砍人, 账房躲闪不及, 手臂被砍中, 鲜血淋淋, 账房家人向警局报案。刘俨廷闻讯逃到上海。此事后被刘梯青得知, 刘梯青不许他再来上海, 断绝他的经济开支。刘俨廷情急之下, 求刘承干帮忙, 又求舅爷姚慕莲去帮助说和。最后通过姚慕莲帮助, 才恢复父子关系。刘梯青是姚慕莲的好朋友, 家里财产分割也要找姚慕莲作见证人。

民国时期, 流行私家车。姚慕莲也想买一辆私家车, 可是经济上又有些紧张, 便找刘承干借五千一百元去买了一辆福特汽车。本来他们之间借钱属平常, 借了还, 很正常。可是这次借了, 却很久没有来还。刘承干就问夫人钱德璋, 姚慕莲借的买车钱是否还了? 夫人说没有。刘承干便叫账房去找姚慕莲, 姚回答说, 已经划账了, 刘俨廷在他那里借过四千元。刘承干感觉纳闷, 刘俨廷的账怎么划到他头上? 就算划账, 也差一千多呢。突然有姚慕莲的委托律师找上门来, 叫刘承干去将汽车收回好了。原来, 当时汽油费很昂贵, 一加仑汽油相当于几十公斤大米。姚慕莲虽然买了车却也用不起。当然刘承干不会将汽车讨回, 后来此事便不了了之。1950 年, 姚慕莲垂垂老矣, 经常卧病在床, 刘承干还三天两头去看望他。

第十五章　对公堂小妾有外遇

　　刘锦藻娶妻四人，生了十一个儿子。刘承干则娶了五位夫人，原配钱德璋为嘉善大户钱氏之女，于1899年农历二月过门，1952年8月10日在上海病故。其父钱绍桢（1861—1925）名绍桢，字铭伯，清光绪优贡生，任湖北襄阳道道台。钱德璋的叔父钱能训为光绪进士、翰林，民国时任国务总理。弟弟钱泰是民国驻法大使，外交部次长。钱德璋还有一个姐姐钱德珩嫁给了乌镇富户徐晓霞。徐晓霞民国时期也在沪上居住，在上海开钱庄。民国时期钱绍桢经常往来沪上，每来必住徐晓霞处，刘承干和夫人钱德璋则时常过去拜谒。钱德璋还有一个妹妹钱德琨嫁给了沪上大户孙宝琦的儿子孙用时，即孙景扬。钱德璋比刘承干大一岁，当初他们订婚是由刘镛拍板，请算命先生测字，算命先生说"女大一，抱金鸡"，于是婚事就定了。钱德璋1899年过门后一直未能生育，后刘承干纳徐姬，为第一位如夫人。刘承干长子刘世炽，即杞儿，生于1908年，为徐夫人所生。原配钱德璋1914年农历正月十七日生子，为刘世煦，即刘承干第二子，也是刘锦藻嫡长孙。钱德璋又生刘世炎，为刘承干第五子。徐夫人之后，刘承干又纳陈姬，为第三位夫人。陈夫人是一位有文化的女性，嫁刘承干以后，还在爱国女校读书。晨出午归，因为见世面多，心眼也多，与钱、徐两位夫人处得也不是十分融洽。刘承干一次被朋友叫到堂子里喝花酒，看中了一个"花桂枝"的倌人，长得非常妩媚。当时颇流行为名妓赎身，刘承干便花三千大洋替其赎身，安置在吉祥里。1916 年 3 月，刘承干将已经怀孕的朱琨华带回家，成为他的第四位夫人。同年九月，朱琨华生了一个女孩名淞宝。朱琨华得宠后，陈夫人因为被冷落，于 1917 年 1 月间突然逃离，之后便没了音讯。

　　自从陈姬出走以后，刘承干因为担心几位夫人不能友好相处，就将几位夫人分开居住。爱文义路上的别墅一直留给原配钱德璋居住。底楼有嘉业堂厅，供祖先牌位，每遇到祭日便要到此祭拜。祭日非常多，除了春节、冬至、中元节、清明以外，遇到父亲、母亲、祖父等诞生日、忌日也必须祭拜。

　　朱琨华成为刘承干姨太太之后，应该是一个非常好的归宿，1933 年，未满四十的朱琨华忽然春心萌发，背着刘承干有了相好，被刘承干发现。刘便在一个晚上带了包探过来捉奸。民国二十二年（1933）8 月 12 日晚上，上海某个住宅里，凌晨四时的清凉微风轻轻地透过窗棂吹拂到住宅里每个房间，整个大楼都在酣睡，静悄悄地没有一丝响声。突然，几个穿便衣的包探悄悄地摸上了二楼，在主人暗示下，迅速敲开姨太太朱琨华的房间，紧接着，带走了朱琨华和一个叫陈春圃的男人。

　　刘承干和朱琨华也曾经非常恩爱。1922 年秋，刘承干得悉溥仪大婚，遂北上祝贺，他带了文书沈醉愚，夫人就带了朱琨华。到北京后，他偕朱夫人游颐和园、香山，每天美味佳肴。1925 年，淞女十周岁生日，朱琨华在家里设宴请客，邀集许多朋友过来吃饭，像黎烈文、李长康、留学德国名医生唐乃安等都悉数莅临。朱琨华还请了摄影师来家，为众人拍照，连佣人都参加摄影。后刘承干有了新欢，这本是很自然的事情，他事务繁忙，身体也经常不适，几位夫人总有顾不上的时候。而朱琨华虽然生过几个孩子，但很善于保养，加上年纪尚轻，因此并不显老，身子依旧窈窕，皮肤依旧白皙，反而有一种成熟女性的魅力。当其感觉自己被搁置不顾的时候，经不住诱惑，让一个叫陈春圃的男人趁虚而入。陈先跟刘承干手下一个叫邹履冰的账房混熟，后又渐渐地勾搭上朱琨华。陈春圃在上海已有家室，原是上海滩青帮的一个头目。

刘承干带了包探抓了朱琨华和陈春圃以后，马上将其押解到静安寺路捕房。捕房非常迅速，为了寻找证据，当即赶去陈春圃家搜查，结果搜到两张股票。捕房怀疑股票来历不明，当晚即审讯，接着就将两人移送特区法院。第二天上午，刘承干跟随董康聘请的两位律师董邦干、袁景唐一起来到特区法院。董康是刘承干请来帮助编藏书志的，那时南浔的藏书楼已经建成，内有六十万册图书，刘承干之前请缪小珊和吴昌绶编过，一直没有完成，现在缪小珊过世了，便由董康接着编。因为董康原来干过司法官，对司法方面非常熟悉，刘承干就聘请他当法律顾问，有涉及法律问题就先请教他。此案发生后，由董康帮助请了两个律师。陈春圃的妻子也为陈请了律师蒋保厘和邬鹏。法院开庭后，庭上作了审讯，当日没有宣判，陈被拘押，朱琨华则保释在外。

没有想到，陈春圃是青帮一个头目，他老婆当即找到青帮大头目杜月笙。杜月笙在上海滩几乎无人不晓。第二天青帮便找上门来，是一个湖州南浔人，叫熊秀楚，曾经当过南浔保卫团长，和刘承干熟悉。

熊秀楚原是一个地棍，为南浔马腰人，年轻时入赘到双林为婿，在一家茶糕店任切糕司，因为犯案，蹲过大牢。又因为和乌镇的水警队长相熟，得到水警队长庇护。民国初年，刘承干的母舅邱冰壶、丝商庞赞臣等在南浔成立体育会，熊便经常往来南浔，拜邱冰壶为师。后来，南浔保卫团的团长辞职，邱冰壶和庞赞臣推举熊秀楚继任团长。辛亥以后，熊到上海，在盆汤弄桥附近和一个青帮弟子合伙开了一家致远旅馆。

熊秀楚得悉刘承干出了丑闻，认为有空子可钻，当即找上门来对刘承干说："你这个事情还得我出面帮助你调停，我和陆连奎和季云卿都熟悉，让他们出面，保证你不会吃亏。"刘承干久闻陆连奎、季云卿大名，他们都是上海滩响当当的人物。上海人经常说："你奎什么奎？你有陆连奎牛逼吗？"刘承干对人很讲情义，尤其是对同乡人比较信任。虽然知道熊秀楚的底细比较臭，知道他在黑道上混，不过既然是同乡关系，他肯出面帮忙，我为何要拒绝？因此就答应熊秀楚去处理。熊秀楚却提出一个要求，非要刘承干出书面委托书不可，谓此事只有全权委托伊办理才行。刘承干也没有怎么考虑，当即让书记员沈刚甫写了一张委托书并且签了字交给他。熊秀楚拿了委托书回去，没有多久即打来电话，要刘承干赶去会见陆连奎和季云卿。

　　陆连奎为湖州太湖南岸陆家湾村人，民国前闯荡上海滩，先在一家水果店打杂，帮助装卸水果，一次偶然机会结识了沪上巨商虞洽卿，由虞洽卿推荐做了青帮头目黄金荣的弟子。陆投靠黄金荣以后，到英租界巡捕房做巡捕，起初只是一个普通华捕，地位很低，但是陆头脑非常活络，善于钻营，几年后便成为公共租界的督察长。之后陆便利用权力大肆敛财，先后开办百货公司、中央旅社、中央饭馆等，成为上海滩上无人不晓的狠角色。季云卿，无锡人，是上海青帮通字辈的大人物，和黄金荣、杜月笙过从甚密。

　　刘承干带了账房俞子青同赴五马路上的中央旅社，进门便见季云卿和陆连奎正在豪华的客房间抽大烟。待刘承干坐定以后，陆连奎就说，此事由他们出面协调才能够解决问题，不过刘老板必须要破费一点，现在不花钱是办不了事情的，对你来说，花这点钱算不了什么。刘承干点点头，答道好说好说。谈了两个多小时，双方都在刺探对方虚实，一方掂量刘承干肯出多少钱，一方则掂量他们能不能真解决问题。

　　从中央旅社回寓，刘承干晚饭还没有吃完，堂弟刘季雅就找来了。原来，沪上几家报馆的狗仔队已经得到消息，这样的大新闻他们自然不能错过，新闻稿件都已备好了，现在就看刘承干的态度，他们都知道刘家是沪上大老板，这样的新闻上报纸难道不会轰动上海滩？当然刘承干肯定要顾及面子，因此弄几个钱花花权当封口费一定没有问题。他们通过熟人找到刘季雅，又由季雅通知刘承干，如果见报的话，沪上大富翁姨太太出轨，这可是一个爆炸新闻，那些闲着没有事情干的太太阔少正愁着没有谈资呢。刘承干当然不愿意出丑，让这样的丑闻闹得满城风雨还有什么面子，便答应每家报馆给五十元封口费，要堂弟刘季雅去摆平，如果不够的话再商量，稿子千万不能见报。

　　第二天，刘承干觉得还不放心，马上找到了三叔父刘梯青的老婆，就是宁波巨商周湘云的妹妹。周氏交际很广，跟杜月笙、姚玉兰都熟悉。刘承干找到当时住在"纯庐"豪宅的三婶母，说明来意，三婶母答应帮忙疏通。

8月15日，法院第二次开庭，刘承干带了几个儿子赴法院听审。法院宣判，认为朱琨华奸非罪不能够成立，陈的窃盗罪则须继续侦查，定星期六续审。

刘承干刚刚到家，突然遇到朱琨华带了律师江一平、蒋保厘等男女分乘五辆汽车赶来。一下车，就一拥而上冲到楼上，四处寻钥匙开箱柜，钥匙寻不得，就叫开锁匠过来将箱柜打开，然后取了朱琨华的衣物，又拍照片，又贴封条，随后扬长而去。刘承干为防不测，当即带了两个小儿子跑到中央旅社去找陆连奎求保护。

陆连奎担心刘承干的安全，让熊秀楚派两个保镖到刘家看门。那天晚上，刘承干一晚没有睡着，第二天，又急忙赶去三婶母处探听消息。三婶母此时住在海格路的"纯庐"，称周家花园，有近三十亩土地，里面有假山、池沼、石桥、凉亭，环境优雅，设备都非常西化。刘承干带了四个儿子赶到周家，满面愁苦。三婶母叫刘承干先不要急，叫他留下两个小孩，她要带他们去见杜月笙。还说，此事必须得花钱。

刘承干听说陈春圃已经保释在外，便去找董康商量。董康说，朱琨华你打算怎么处理？这个女人你还要不要？刘承干回答，这个女人我是绝对不会要了，要跟她脱离关系。董康就说，那么我来拟定一个民事诉状。

董康聘请的律师袁景唐和董邦干，得悉刘承干将案子委托给熊秀楚，熊秀楚门槛忒精，又跟青帮相熟，现在明显要将他们两个抛弃，自己独揽此案。他们感觉自己利益上吃亏，便马上找刘承干说话。原来，董邦干有个儿子叫董逸鹏是季云卿的弟子，董自忖青帮也有人，此事不难摆平，不情愿刘承干将案子委托给熊秀楚。

董康拟好了民事诉状，叫袁景唐和董邦干带去法院。消息很快传到了杜月笙处，杜月笙马上就给刘承干三婶母周氏打电话，说刘承干怎么还要起诉，叫刘承干赶快撤诉，否则，此事我不管了。刘承干是胆小怕事的人，宁肯花钱也不愿多惹事，被杜月笙这样一吓，又将民事诉状撤掉了。

杜月笙得悉刘承干已经撤了官司，就在双方中斡旋调解，探听两方面的要求。朱琨华提出三个儿子归她抚养。杜月笙便说，此事我要问问孩子们，于是通知刘承干带小孩过来。

1933年9月3日，刘承干派账房俞子青领了朱氏所生的四个儿子到中央旅社，由陆连奎陪着到杜月笙家。杜月笙和律师江一平挨个询问，问他们愿意跟父亲过还是愿意跟母亲过，四个孩子事先被刘承干调教过，齐声回答说要跟父亲过。杜月笙便跟朱琨华说，孩子不愿意跟你过，那就没有办法了，只好判给刘承干。后来朱琨华跟刘承干多次要求，小儿子归她抚养，刘承干终于同意了，因为当时小儿子年幼，还离不开母亲。朱琨华又跟刘承干提出要求，要刘承干支付养育费以及她本人的赡养费共十万元，刘承干也答应了。由此刘承干跟朱琨华脱离了夫妻关系。

报馆那边来了回音，说五十元封口费太少，必须再增加些，刘承干没有办法只好答应，最后谈妥出三千四百元，由书记员沈刚甫送去交接。《时报》记者蒋宗道立了收据，报社那边算摆平了。

此案直到1934年底才勉强落下帷幕，但是还留下许多后遗症。刘世烈，即洛儿，1919年生，那时已经长大，对世事已经有所了解。因为母亲的事他对刘承干非常不满意，父子关系很紧张，埋怨刘承干关心两个哥哥多，对他不够关心。有一阵子，刘世烈带了几个弟弟住在南浔，刘承干给他们请了老师，让他们在乡下读书，可是他感觉非常憋屈，乡下没有上海好玩，竟私下带了弟弟去上海找生母朱氏了。到上海以后，生活拮据，他便揣着老子的牌子四处借钱。人家知道他是刘承干的儿子，照顾面子借给他，这其中也有趁机浑水摸鱼捞一把的，毕竟刘世烈还未满十六岁，容易骗。不久借款达到了上万的数字，而世烈借款买汽车潇洒，债主看借期已过，催世烈还债，岂料世烈贪图一时的潇洒，哪里会考虑以后还债的事情？债主看找刘世烈讨债无望，便直接去找刘承干。刘老板他们是知道的，沪上有名的房地产商。当债主找上门后，刘承干看见一大摞刘世烈签字的借据，不免大吃一惊。一面恨洛儿太不懂事，一面又恨债主不怀好意，当即非常恼火，扣了洛儿的汽车，然后干脆找律师写公告登在申报上，告诫各钱庄不许再借钱给刘世烈。文告刊登于1935年1月《申报》：

> 鄙人久患失眠，近因本生先严之丧，哀恸过甚，病益增重。沪地烦嚣，不宜静养，业已迁往吴县。徐图调护。讵小儿世烈挈伊诸弟于南浔丧次来沪，径赴其出母居所，不愿随父同行，虽经其出母一再托由邵菊如君代请留沪，鄙人迄未允许。兹闻世烈在外挥霍，有赊欠店账情事。以求学之龄而自堕志气，殊为吾家之不幸，惟世烈并未成年，鄙人亦无代其还债之责。特郑重声明，无论世烈有何店账或其他借款，鄙人概不承认。谨布报端。诸希公鉴。

一段时间父子关系很僵，刘世烈被一帮坏人掌控，住宿出行皆有人跟着。刘承干顾不上他，怕债主找上门。1935年1月5日他干脆躲到苏州，带了冯秀芳还有沈醉愚以及几个仆人，在苏州平门路找了一处住宅长期住下。

其间，董康等朋友一再劝刘承干帮助刘世烈还债，恢复父子关系。朱琨华也一直让上海的账房捎信，跟刘承干谈条件。刘世烈的一帮朋友讨债无望，便几次带着世烈过来苏州跟刘承干要钱。刘世烈因为在外面混得久了，已经走了坏道，对刘承干则时时欺骗，事事隐瞒。有一阵他对刘承干谎称自己决心悔改，现正在持正学校读书。此学校为私人所办，即今天的东体育会路外国语学校，刘世烈所上的是其附属中学。刘承干信以为真，表示愿意为其支付学费。后来，刘承干叫图书管理员周子美去偷偷打听，调查有关学校和世烈学习情况。周子美查后回来说，世烈所读的是初中三年级，而不是他自己说的高中二年级。而且这个学校管理很差，校规甚宽，世烈经常旷课，学校虽然有其名，但他经常旷课，根本谈不上用功。刘承干得悉之后，非常生气，心想世烈玩心太重，不肯读书，虽然秉性聪明，不图上进也是枉然，这是命中注定，福薄所致。1937 年 6 月，世烈提出要求，要去德国柏林求学，刘承干考虑再三，心想如果让其留在上海，必定受坏人控制，还不如同意让其赴德国求学，能够完成学业将来归来也好谋一个差事，便同意他的请求。1937 年 6 月 25 日，刘世烈乘意大利邮船"康梯罗素"号出洋，同行者有吴兆棠。吴为安徽休宁人，是刘承干账房程伯厚内弟，日本早稻田大学毕业，曾经任行政院设计处秘书，以前曾经来过上海账房，与邵菊如均认识，此次奉令派往德国考察军队。这次吴随国民党军事委员会处长贺衷寒出国考察，刘承干便托吴一路关照，出发前请吴兆棠吃饭。然而，刘世烈到柏林后并未认真读书，学校也不是什么正规的学校，不能够发毕业文凭，寄来一个证书给刘承干，刘请人翻译，谓只是一个结业证书，不是毕业文凭。刘承干得悉后非常后悔，钱花去不少，最终打了水漂。后来刘世烈又来信要求改学飞行员，要刘承干汇钱，刘承干也同意了，钱汇去后也没有音讯。后来从柏林大使馆熟悉的朋友陈介（即陈蔗青 1885—1950，曾经任盐业银行经理，驻德国大使）传来消息，说世烈因为贩卖马克，被德国警局拘押，此事后来幸好没有判刑，只关押了一段时间即放出来了。后来又传来刘世烈在柏林买汽车潇洒，发生车祸，受伤住了医院，要刘承干汇钱过去支付医药费。刘承干不得已将钱如数汇给大使馆朋友，托其转交。后来刘承干一再劝世烈早日归国，他又迟迟未归。抗战期间，信息不畅，一直没有刘世烈的信息。抗战结束以后，刘承干又托钱阶平（时任法国大使）出面打听。钱阶平找遍了德国所有学校的留学生名册，也找不到刘世烈的名字。后来经过寻找，找到一个桂永清的中国人，才找到刘世烈。据桂说，他曾经跟刘世烈有交往，听刘世烈说起，父亲希望他早日回国。刘世烈说，他不想回国，想要留在德国经商。钱阶平来信还说，刘世烈长袖善舞，出手阔绰，现在人们给他取了一个绰号叫"刘三"。得到刘世烈的信息，刘承干稍许有些宽心，想起当日他离开上海时曾经发誓，此行如果不得意，誓不回国。此儿能够自立，也是好事。

抗日战争胜利后，1946 年 10 月 23 日，有一个叫袁懋铨的中国留学生带了德国夫人回沪找到尊德里，打听刘世燡。刘世燡为世烈兄弟，他们关系最好，他得悉后马上赶去跟袁会晤。原来，袁懋铨是刘世烈在德国认识的留学生同学，他们两个都在德国成家，袁还有了孩子，他这次回沪受世烈所托，有一封信交给弟弟刘世燡。刘世燡连忙将信拆开，信内文字有许多错别字，文句也不甚通：

世燡爱弟：

　　我们许久没有通信了。因为战争，我的行礼（李）衣被都被烧毁。我的中文也荒了，有的字也不会写了。我在德国已经结婚了，是去年二月的事情，妻子是德国人，今年二十二岁。我还没有告诉父亲，父亲六十岁了，我没有给他祝福，我怕他担心，因此没有告诉他。

　　给你送信的人是袁懋铨，是我的同学，我们在德国读书的时候认识。他也娶了德国老婆，我们结婚的时候，因为要找证婚人，又找不到其他的人，因此我们互相担任证婚人。他会跟你说有关的详细情况。

　　爱弟，我现在情况有些糟糕。我知道家里情况也一定很困难，前几年，父亲来信一直叫我回来，可是我没有听他的话，我不想就这样稀里糊涂地回来。所以，我不愿意跟他要钱，我没有颜面去开口。你如果有办法，就帮助我做几套衣服来。让我的德国朋友袁懋铨带来。我的冬衣也没有了，因为战争，目前德国经济很差。

　　爱弟，你一定要自强，不要让父亲看不起。

思念你的兄长世烈

　　刘世燡将信交父亲看。刘承干看了，竟然受了感动，差一点流泪。又过了近一年，刘承干接到世烈从柏林来信，说是已经当父亲了，妻子在1947年农历五月二十九日生了一个男孩。

　　中华人民共和国成立后，朱琨华因为经济窘迫，支付地产税无着，又想心思跟刘承干要钱。她拿了一些珠宝首饰到刘承干账房王燮梅处，要将珠宝抵押借钱，遭到王燮梅断然拒绝。之后她又在家中翻箱倒柜找到一张存折，是刘承干在1917年开给女儿淞宝的生日礼物，金额为二百三十元。当时淞宝还未满周岁，朱琨华便搁在箱底，过后便忘记了。朱琨华打电话过来找刘承干，要刘承干还钱，还要算利息，讨三千万法币。刘承干经过回忆，确实有这么一回事。但是按照法律，债务过去十五年就自动失效，现在此事已经过去三十多年。何况1935年，刘承干跟朱琨华分手时已经支付给她一笔巨款，当时有约，以后不得再有任何需求。刘承干认为她这是在胡搅蛮缠。1951年9月，朱琨华向上海人民法院新闸路西区分庭起诉，要求法院判刘承干偿还存折款包括利息共一千万。法院开庭后宣判刘承干偿还朱琨华五百万元。朱琨华于1956年7月30日因肠道出血在上海劳工医院病故。病故时在殡仪馆入殓花费四百四十元，刘世烜缺钱找刘承干帮助，刘承干给了刘世烜五百元付入殓费。

自朱琨华之后，刘承干又娶冯秀芳，对原配钱德璋有些疏远，连吃年夜饭也分作两地吃。腊月二十七先在家跟冯秀芳和几个孩子一起吃，至腊月三十再至钱德璋处吃。除了祭日，他去钱德璋处一同祭祀祖先，平日则很少过去，更谈不上留宿，也没有带她出去游玩。钱德璋跟冯秀芳则十几年不曾来往。表面看，钱德璋并无埋怨，而刘世煦和刘世炎却有看法，以为刘承干对其母亲不够关心。中华人民共和国成立初期，刘承干住在万航渡路静园住宅，后来因为搬迁，而房子一时没有找好，他想搬到钱德璋处暂时过渡。那天他跟冯秀芳商量此事，正好刘世煦过来听见。刘承干就对刘世煦说："我要搬到你母亲那里去住。"不料，刘世煦听后说："我这里又不是收容所，可以随便接纳。"刘承干闻言，立即勃然大怒，说："你那个房子是我所买，理应我使用居住，即使你买的房子，你也应该迎养，何况你母亲是我的妻子，怎么可以违拗！你出言无状，把我当作乞丐，你真不是一个东西！"当时幸亏冯秀芳劝住，否则真会动手。

刘承干对此事一直耿耿于怀，因此也没有搬过去和钱德璋同住，深怕跟儿子发生矛盾。1952年8月10日，钱德璋过世，身后留下房产及一些首饰。刘世煦和刘世炎两兄弟不愿意让刘承干插手，叫了娘家人徐懋斋过来分配，趁钱德璋昏迷神志不清时写下遗嘱，然后让钱德璋签字，谓遗产归他们所有。刘承干得悉后气愤异常。他认为，钱德璋是嫡母，几个儿子都有财产继承权，更何况长子刘世炽对钱德璋一直非常孝顺，长媳经常过来问候。最后不得已，刘承干请来徐晓霞夫人和孙景扬夫人（即钱德璋姐妹）来处理钱氏遗产。事后，刘承干的所有儿子以及保姆都分到了首饰。

第十六章　念长春再谒会溥仪

　　1931 年 11 月 10 日傍晚，天津日租界静园，四周笼罩着诡秘的气氛。日本宪兵掐断了静园跟外界的一切联系，电话早已不通，外间的客人也不得进入。稍许，一辆轿车从静园缓缓开出，直至日本关东军军部。车停稳后，从汽车后备箱里钻出一个人，匆匆忙忙换上日本军服，然后便登上一艘日本汽艇，飞驰到达大沽口外。此人见到了他的朋友郑孝胥，然后他们一起乘坐日本商轮前往东北。

　　这个事件的精心策划者是土肥原，主人公溥仪是日本人已经确定的伪满洲国元首。1932 年 3 月 9 日，溥仪就任伪满洲国"执政"。此时距离他离开天津只有四个月时间。

　　溥仪的"执政府"是由一座盐仓改建。盐仓位于长春东北角，地盘大，有暖气设备，日本人还在此建设了几幢楼房，供溥仪和婉容居住及办公使用。溥仪在日本人的安排下穿上大元帅制服，胸口挂满勋章，做起了伪满洲国元首。他身边有皇后陪伴，有一批汉奸为他服务。当然，外界对这一些情况并非特别清楚，比如远在上海的刘承干无日不在牵挂他，只知道他去东北当上了元首。

　　1935 年是溥仪的三十岁诞辰，刘承干没有忘记，他决定在这年北上。

　　1935 年 7 月 6 日，刘承干偕如夫人冯秀芳、书记员沈醉愚，以及仆人王鸿生、沈妈、妙贞到上海杨树浦码头登"青岛丸"。这是一艘日

青岛太平路75号刘锦藻故居

作者在刘锦藻故居前留影

本船，船体宽大，航速飞快，中午十一时轮船起锚，第二天午后一时抵青岛。刘承干的妹丈吴潜甫以及账房汪锡蕃已到码头，迎接刘承干一行到青岛太平路75号静寄庐别墅。这是一幢二层楼砖木结构的洋房，为刘承干生父刘锦藻在1912年建造。当时青岛被德国占领，刘锦藻在吴郁生等一批前清遗老帮助下，从胶澳总督手里买下这块靠近青岛湾的地皮。它临近当时的德华大学，位于海拔二十米的一座小山丘上，高出地面五米，站在洋楼门口即可俯瞰青岛湾的美丽风景。刘锦藻雇人花了半年时间建成，刘承干之前来过，之后没有人住，刘

青岛湖北路33号吴郁
生故居

吴郁生故居旁的德国建筑

家将其出租，留下汪锡蕃经营管理。现在已经腾空，由汪锡蕃帮忙购
置了新家具。

　　刘承干刚刚放下行李，他的两个弟弟刘承本和刘承采也带了家眷
过来了。原来他们是乘同一条轮船过来的，因为事先没有通知刘承干，
又是先上船，在船上刘承干没有发现他们。

　　还好，隔壁还有空房子，是吴潜甫帮忙介绍的，因此三家就安排
妥当了。静寄庐别墅临近海边，晚上散步非常惬意，海涛阵阵，微风
拂面。刘承干见到如此美丽的海滨景色，便不想离去了。

7月12日，由吴潜甫过来接刘承干，一同来到湖北路33号拜谒其父吴郁生。吴郁生字蔚若，号纯斋，江苏吴县人，曾为内阁学士兼礼部尚书，主考广东，康有为出其门下。"戊戌变法"时六君子被戮，西太后因为康有为出其门下而坚持不用吴郁生。西太后死后，吴郁生任邮传部尚书、军机大臣，辛亥后寓居青岛。刘承干对这一位姻丈非常钦佩，崇拜他的学问和书法，曾经请他为"景宋四史"书题字。

黄公渚得知刘承干来青岛也赶来会晤。他最近接到山东大学通知，担任中文系讲师。黄公渚在刘承干处担任书记员一职，已经干了好几年，刘承干待其不薄，是看在他父亲黄曾源的面子上。黄曾源即黄石荪，福建长乐人，光绪进士，翰林院编修、监察御史，后任济南太守。辛亥以后，黄曾源去职，寓青岛，又为复辟清室奔走。黄公渚虽然是官宦子弟，但是非常好学，得到刘承干刮目相看。黄公渚在刘承干那里工作算是一份兼职，刘承干也不在乎那几个钱。8月21日，刘承干跟黄公渚相约，傍晚去他家里看望他父亲。黄曾源已经卧床三年，事先，公渚关照家人将父亲移下床，坐在藤椅内搬到外间，刘承干到后，公渚再三关照不必跪拜，只需作揖。刘承干看见黄曾源胖胖的身躯坐在椅子里，面带笑容，神气尚佳。公渚在一边问道："刘承干来了，你看见吗？"他回答："看见。"刘承干问道："你中午吃饭了吗？"他回答："看见。"始终就这么两个字。看起来脑子已经痴呆。

下楼以后，刘承干跟黄公渚又交谈了许久，还会见了公渚兄弟黄公孟。

青岛有许多名胜古迹。8月22日，刘承干由妹夫吴潜甫相陪去崂山。一起去的有如夫人冯秀芳、书记员沈醉愚，之后，黄公渚也赶过来陪伴。崂山的风景名胜有九水、华严寺等。8月29日刘承干返回青岛。

刘承干听说青岛有个佛教会要举行活动，即和沈醉愚赶去参加。佛教会在福山支路鱼山顶，到时已经有许多客人。有蔡元培、孙仲霞、胡晓曦、侠虚法师等。蔡元培跟刘承干已经相识多年，1922年在北京，蔡元培请他吃过饭，几年不见，再叙友情，彼此感到亲切。突然吴潜甫赶来说，其父已经到静寄庐去了。刘承干得悉以后，便匆忙跟蔡元培告别，然后搭乘吴潜甫的汽车回到驻地，去应酬吴蔚若。刘承干这次带来了自己刊刻的《影宋三国志》《晋书斠注》《武梁祠画像考》《海东金石苑》《东山年谱》《外纪南唐书补注》《校经室文集》等书籍，送给蔚若姻丈，还请吴蔚若在"嘉业校书图手卷"上题字。吴蔚若说，我今天兴致很好，我就陪你在青岛玩玩。于是他陪着刘承干游玩青岛太平角公园。这是一个靠海的公园，有沙滩，有海水浴，非常惬意。

9月9日，刘承干一行从青岛乘轮船北上，10日中午抵达大连。王君九过来迎接。刘承干对王君九说，我在大连待不了几天，马上要去长春。王君九1927年由北京迁居大连。

9月16日，刘承干安排仆人沈妈留在王君九家，和如夫人冯秀芳还有沈醉愚，以及汪锡蕃一起从满铁车站乘火车赶赴奉天，即今天的沈阳。事先他打电话给省交通会李君，托其帮助招呼。车到站后，李君已经在站等候，并帮助刘承干在弥生町万国旅社订好了房间。

在沈阳刘承干只待了一晚，第二天即从沈阳出发去长春，那时长春已经被日本人改作新京。因为日本的首都叫东京，满洲国的首都叫新京正好跟日本东京相对应，由此可见日本的野心。同行有冯秀芳、汪锡蕃、王鸿生，还有沈醉愚和王君九。八时抵达，钱里千和许鲁山在车站迎接。钱里千名家驹，嘉善人，为刘承干夫人钱德璋的族侄。许鲁山，即许汝棻，江苏丹徒人，光绪二十四年登进士，1932年郑孝胥任伪满洲国总理兼文教部总长，其为文教部次长。

刘承干获悉恭亲王溥伟（1880—1936）住隔壁，即和沈醉愚过去拜谒。上次见面是溥仪大婚在北京时。溥伟是溥仪堂兄，比溥仪年长二十多岁，阅历丰富，一直预谋复辟清朝。日本人欲建立伪满洲国，担心溥仪不肯出山，先在溥伟身上下功夫，让溥伟穿上"王服"，在日伪军警簇拥下去沈阳祭陵，造成日本人有意扶持溥伟当皇帝的假象。溥仪被日本人的假象迷惑，果然迫不及待地赶到旅顺，同意日本人的条件当了傀儡皇帝。溥仪当上皇帝以后，没有给溥伟一官半职，害怕他有野心，觊觎自己的皇位。

次日，刘承干又去拜访罗振玉、宝瑞臣宫保、熙格民。爱新觉罗·熙洽，字格民（1884—1952），是努尔哈赤兄弟的后裔，曾经赴日本陆军士官学校读书，1911年毕业，因为遇到辛亥革命，非常仇视民国政府。"九一八"事变后，他迅速投靠日本，为东北汉奸第一人，现在是内务府大臣。熙格民闻悉刘承干过来，准备当天就去向溥仪禀报，可是刘承干说他未带名片，而且时间太晚，负责奏事的官员估计都已经下班，熙格民便答应明天禀报。

9月19日，刘承干接到书面通知，让他24日午时入觐。

1935年9月24日上午10时，刘承干到达宫内府，为"吉黑榷运局"旧址，是管辖吉林和黑龙江两局的盐务机构，现在作了改建，为溥仪和皇后的住处，也是溥仪办公之所。里面装潢富丽堂皇，有罗马柱，抽水马桶，有形态各异的吊灯。刘承干遇到许季湘，即许宝蘅（1875—1961），字季湘，杭州人，1902年中举，现在是满洲国执政府秘书。由许引导至会客室，再来到传候室，即朝房。过了一会，侍卫过来让刘承干上寝宫。刘承干进入，看见溥仪穿了海陆军元帅制服，胸前挂满勋章，戴着眼镜，端坐在椅子里。看上去虽然威武，但是刘承干感觉特别别扭，慌里慌张地跪下行礼。溥仪招呼他坐，他坐下后竟然一直把眼镜拿在手里，模模糊糊地只看见房间里面吊灯闪来闪去。

溥仪说："你把眼镜戴上吧。"刘承干戴上眼镜，朝溥仪恭敬地望了一眼。溥仪又说："你吸香烟吗？"

刘承干说："不吸。"

溥仪说："一别有十年，不胜记忆。"

刘承干答道："臣屡次欲来觐谒，以多病之躯，兼之家务未能摆脱，致未能来，然而每饭不忘。今春万寿又以穿素未便入贺，属黄公渚代表来前。"

溥仪说："我知道，南方水灾甚大，民间如何？"

刘承干回说："民不聊生，民穷财尽。现在皇上已有一城一旅，希望早日入关救百姓。"

溥仪问："你从何处过来？"

刘承干说："由青岛、大连、奉天而来。奉天为太祖、太宗陵庙所在，不便送人。"

溥仪说："此刻日本方针未定，外交上颇困难，人才亦缺乏。有了人才，才好干。否则稍纵即逝。"

刘承干说："人才还得求之于关内。"

溥仪说："陈夔龙认识吗？他最近怎么样？"

刘承干回："认识，精神还好。"

溥仪问："你年龄若干？"

刘承干说："五十四岁了，我精神不佳，夜间不能够安睡，经常要吃安眠药，因此脑力迟钝。五十岁那年，蒙皇上赐匾，感激万分。"

溥仪说："这个是小意思，不算什么，我见你面带红光，很好。听说你藏书很多？"

刘承干回道："六十万卷。"

溥仪说："已经很多了。"

刘承干说："皇上在天津时，由郑孝胥保举，黄公渚编《奉思堂自述》，当时他借臣的书籍作参考，不知道现在印好没有？"

溥仪说："太简单了，所以未印。你住在何处？"

刘承干说："在越蓄春。"

溥仪说："恭亲王也在越蓄春，你见过吗？"

刘承干说："见过了。"

溥仪说："前书太过简略，朕已饬恭亲王及宝熙等，将列祖列宗圣训中教子教臣两门，先行札出，另行编辑，预备将来刊印。你过来，有无见过宝熙？"

刘承干说："我都见过了，自国变以来宫廷事件有无记载，以备后世参考？"

溥仪说："虽然没有成书，但是郑孝胥、胡嗣瑗、陈曾寿都有日记，那些郑孝胥所不知道的，朕也有日记。你以前来过这里吗？"

刘承干说："没有。"

溥仪说："既然来了，不妨多住几日。"

刘承干说："已经住好几天了，这里天寒，衣服也带得很少，我想马上就赶回去了。"

溥仪说："今天有客人来，我们还须再谈一次，你明天再来吧。"

当天下午五时，刘承干来到大陆春饭店，应袁洁珊之招。袁洁珊即是袁金铠，曾经是张作霖的谋士，帮助张作霖夺取东三省实权，"九一八"事变后，投靠日本人，后任伪满洲国尚书府大臣。同桌有熙格氏、宝瑞臣、许鲁山、王君九、商云汀、孙其昌。席散后又至荣叔章处应其招，同坐有胡晴初、许鲁山、陈仁先、商云汀、许季湘、王君九、钱里千等。

9月26日，恭亲王溥伟那边带来消息，宸翰已经发下，系"青翠霄汉"四字。并且传达圣旨："现在塞北早寒，未便久留。明年春上暖和，有兴可再来京。朕甚望之。"

9月27日下午二时，刘承干离开长春赶赴大连。

这次和溥仪会面时间非常短促，匆匆忙忙没有超过一个小时，刘承干隐隐约约感觉到形势不同了。1922年溥仪大婚他上京贺喜，那时他对溥仪非常崇拜，充满了幻想。而今天这一次入觐，虽然刘承干看到溥仪成熟了，也高大魁梧了，他还自称为"朕"，但那只是一个躯壳。他看到了溥仪内心的无奈，面对的是一个傀儡，一个受人摆布的奴才。这让刘承干的幻想几乎破灭。

1935年10月1日，内心沮丧的刘承干登上"青岛丸"到青岛。10月5日，登"奉天轮"至上海。

第十七章　遭日兵止步山海关

　　时光飞逝，如白驹过隙。炎热的夏天再次来临，刘承干跟冯秀芳商量再赴青岛、大连游玩。大连旖旎的风光，很适合度假。当然，他也想溥仪。

　　1936 年 6 月 23 日，准备了多时的刘承干带着如夫人冯秀芳从苏州出发，乘坐早上四点五十分火车，上午七点到达上海北站。二公子刘世煦和五弟刘培余已经驾车在车站迎接，开往青岛的船要下午起航，时间尚早，因此他们先坐汽车至厦门路尊德里老宅休息。尊德里石库门房子已经通了水电，门楣上雕刻着花纹，小区门口还开了烟纸店，小区临厦门路的街面全部被承租户用作商铺，经营着五金杂货。厦门路上行人摩肩接踵，对面的洪德里也是人员进进出出。刘承干在小区门口下车，然后步行至弄堂里休息。下午二点，乘汽车至黄埔码头登"青岛丸"。同行者除如夫人冯秀芳以外，还有账房严奇初、仆人王鸿生、温阿二，以及沈、杨两位女佣。刘承干每一次出行，都带上书记员沈醉愚，他俩结伴游玩非常尽兴。可是，沈醉愚已经年老，走不动了。原定叫沈刚甫同行，没曾想临出发前一天他突然患病，打电话说不能够出行，因此只好叫账房严奇初随行。严奇初是做账房的，是刘承干生父刘锦藻老师严珊枝的孙子，湖州人，彼此知根知底，文字上也能够胜任。

　　6 月 24 日下午船抵青岛。在码头上迎接的汪锡蕃对刘承干说，现在轮船公司有新的规定，凡是去大连的乘客必须要办入国证，尤其是坐三、四等船的旅客，没有办入国证不许乘船。刘承干说，这可怎么办？严奇初、王鸿生、温阿二这三个人都没有办入国证。刘承干便和汪锡蓍一同去找船上的稽查说明情况，再三恳求，说了一大堆好话，最后人家只同意去一个人。无奈之下，只好让王鸿生先行，叫严奇初和温阿二留下，在青岛办妥入国证后，再到大连汇合。

25日下午到达大连，王君九夫人派汽车到码头迎接。汽车是大连交通银行的，一直送到文化台王君九的家，就是刘承干下榻处。27日，账房严奇初和仆人温阿二也赶来了。文化台即今天的文化街，当时为日本军官住宅区，里面有许多高档别墅，青石，红砖，绿树，再加紧挨海滨，风景非常不错。

刘承干和如夫人差不多每一天都去星个浦海滨游玩，吃冰淇淋，吃俄国西餐。他们遇到了从长春过来度假的钱里千夫人。钱里千夫人一直住在长春，夏天到大连休假已经成了她的习惯。她在海滨租了为期三月的房子，同住的还有王君九的两个孙女，一个十九岁，一个十二岁，她们放暑假过来。大连这边日本人很多，王君九的孙女会说很流利的日本语，有需要时可以当翻译。

大连附近温泉很多，刘承干早已闻悉。来大连不久，他即偕秀芳和严奇初乘火车然后再换马车至温泉旅馆。温泉周边四处皆山，旅馆则为满铁所开，完全是日本的模式。浴池是露天的，水温比南京汤山温泉要高，里面有许多日本人，许多儿童身上绑了救生圈，吃饭时大家都是席地而坐。因为只有一家旅馆，游客多，客房少，住宿很不方便，刘承干洗完温泉第二天就回去了。

7月12日，他们乘火车至沈阳，当晚住万国旅馆。

沈阳东部有座福陵，为清太祖高皇帝努尔哈赤陵墓。福陵建于后金天聪三年（1629），竣工于清顺治八年（1651），经过康熙、乾隆两代帝王增建，方具今日规模。陵园傍浑河，背倚天柱山，水绕山环，草深林密，景色清幽。布局和清昭陵一模一样，只是规模略小。刘承干他们拜谒时发现陵墓顶部有一棵大树，非常茂盛。管理人员讲，每诞生一个帝王，大树便会生出一棵树枝，因此大树特别茂盛。刘承干听后便在大树底下站了许久，感觉非常清凉，风势很大。陵墓管理员又说，此陵墓建造以来，一直未遭遇兵火，也没有被人为破坏，因此保存非常完好。离开福陵之后他们去城内访叶浦荪。叶浦荪是国立图书馆馆长，住在小南关洋楼里。刘承干送他刻印的书籍，然后一起乘汽车到万泉河游玩。河里有荷花池，虽然荷花未开，但是荷叶田田，满湖鲜绿，非常惊艳。杨柳树也是袅袅婷婷，很有江南景致。到国立图书馆，在馆长叶浦荪还有罗子敬三女儿罗守巽的陪伴下参观。叶浦荪介绍说，图书馆原是张作霖故居，现在部分用作图书馆。刘承干仔细观察，发现书馆宋、元本不多，图书集成两部，殿板较多，书架很旧。看见有新的书架，为铁质，叶浦荪介绍说，是从日本运来。又进入张作霖故居参观，见张作霖、张学良父子卧室，看见陈列的满铁碑帖，以及瓷器、大花瓶。刘承干问，瓷器和大花瓶，好像是宫内之物，怎么会到这里？叶浦荪说，花瓶和金鱼缸皆为宫内之物，为张作霖任大元帅时所携来。各任总统均取宫内之物，袁世凯取得最精，到张作霖所取则已经是下等了。

叶浦荪即是叶玉麟，安徽桐城人，精于古文，他跟郑孝胥是儿女亲家，跟刘承干也颇投机。他跟刘承干说，沈阳海城县的汤岗子温泉很有名，不妨去泡一下。刘承干闻悉后即跟冯秀芳乘火车赶去，约四个小时车程到达，在"对翠阁"旅馆吃晚饭，饭后即泡温泉。连日奔波，异常劳累。洗温泉后夫妇二人舒坦入睡，一直睡到第二天上午十时才勉强起床，洗漱后吃了一碗粥，又和冯秀芳去泡澡，玩到下午四点，再乘火车返回大连王君九家，到家已是晚上十一点半。

此次刘承干偕如夫人冯秀芳到大连游玩，多亏王君九帮助。满洲国成立时，宝瑞臣为内务处长，推举王君九为内务官。可是王和胡嗣瑗合不来，以后便干脆辞职寓居大连。王的住宅筑在山坡上，非常宽敞，早上立在家门口，即可眺望大海，看满天的彩霞和冉冉的日出。海风从东面吹拂，波涛冲击海岸，发出一阵阵哗哗的响声。刘承干和冯秀芳感觉非常惬意。据王君九说，经常有朋友过来借宿，那年婉容被溥仪抛弃也曾经住在王家。王君九还跟刘承干说起他父亲的一些往事。光绪九年，他十一岁，跟随父亲王颂蔚到京城。"我父亲是庚辰翰林，户部主事，后来做过郎中，乙未秋病故。父亲死的时候，我只有二十三岁，没有办法生活，便到金华兰溪外舅郑季雅太守处，后来又到张之洞处任幕府，直到三十二岁考取进士。"刘承干听后说："王老能够考取功名，也是你自己努力的结果。许多人，奋斗一辈子还只是一个秀才。"王君九说："功名之事，除了勤奋，还需运气。勤奋如果占七分，运气便占三分。"

自来大连，刘承干的失眠症越发严重，晚上一直不能安睡。通过朋友介绍，请了一个叫杨岐山的医生过来诊治。杨看过后说是神经衰弱，开了一些安眠药粉，可是刘承干吃了几次都没有太大效果。后来钱里千夫人又介绍谢哲民医生过来。谢是辽阳人，为日本留学生。谢看过后说杨开的安眠药没有效果，安眠药吃多了要中毒，必须戒掉，杨给刘承干打针。可是刘承干连续几次打针后还是睡不着，没有办法又吃安眠药。之后请满铁医院的院长过来给刘承干看病。院长叫守中清，博士，日本人，会讲简单汉语。他来后，由王君九的孙女帮助担任翻译。后来知道，谢哲民和杨岐山都是满铁医院的医生，并且在医院里担任内科和外科的主任。

大连的老虎滩海滨风景非常美丽，刘承干和冯秀芳经常坐汽车在海边兜圈子，有时候就来到新个浦钱里千夫人的住处。有时赶巧里千夫人去洗海水浴了，他们便在其女佣陪伴下各处转悠。

罗振玉非常照顾刘承干，特意介绍一个青年人叫关枢垣的过来陪同。此人二十六岁，在罗振玉处担任文案，因为对大连情况熟悉，他陪着刘承干各处转悠。有一次游中央公园，到吃饭时间，关枢垣介绍刘承干到辽东饭庄就餐。饭毕后，他们乘汽车至西岗子浪速町呈格浦，在海湾观看潮水。那天晚上，月明如昼，清风徐来，非常惬意。

一天，罗振玉携儿子罗子期过来拜访刘承干，刘承干在宾馆里招待他们吃饭。席间，罗振玉说："不知不觉，一晃七十一了。"刘承干猛然惊醒，老朋友已经七十一岁了，他都忘记了。

去年他七十岁刘承干没有送礼，这一次必须补上。8月14日，刘承干特意乘汽车至旅顺访罗振玉，事先在大连花三十元购买花缎袍褂一件，挑了数刀上好的宣纸，又带刘承干自己刊刻的《八琼室金石补正》一部。罗振玉的别墅共有三层，墙上全部挂满字画，屋内堆满铜器、碑石、造像以及各种碑帖拓本，还有他自己所刊印的各种新书，每个房间摆得满满的，没有容身之处。

王季烈，号君九

王君九介绍一位日本人给刘承干，叫松崎鹤雄，是一个汉学家。阳历9月4日，在大连王君九寓所，松崎鹤雄过来会晤刘承干。刘承干得知他是湖南长沙儒学大师王润秋的弟子，现在担任满铁图书馆的管理人员，很有儒家风范，对中国文化非常熟悉，会说中国话。只不过他说话语音非常低，有时候交流还需借助笔墨进行。这次会晤，松崎鹤雄给刘承干留下了非常好的印象。刘承干很讲究礼节，9月15日便在辽东饭店宴请松崎鹤雄。当然刘承干也有自己的目的，有几册《永乐大典》残本，非常珍贵的古籍，后来就由松崎鹤雄介绍，卖给了满铁图书馆。日本人开价很高，当然刘承干也给了松崎鹤雄一笔非常可观的佣金。

1936年，东北三省已经完全被日本人侵占，称作"关外"，其他地方则称"关内"。"关内"人不得随意进入"关外"，非要有"入关证"才行。9月19日，刘承干偕冯秀芳、严奇初、仆人王鸿生以及阎子敬（阎为大连交通银行汽车驾驶员，会日语，是钱里千介绍来充作翻译）一行五人同乘火车至营口。他们在营口乘车至码头再换小火轮摆渡过辽河，到达河北岸后，再至沟帮子火车站，换乘奉天至北京火车到达锦州。他们原想乘火车到山海关，去看万里长城。没有想到行车途中突然有日本宪兵上车检查，态度凶狠野蛮，将严奇初、王鸿生的行李包裹强行打开，哇啦哇啦叫了一通，一句也听不懂。经过阎子敬翻译说，你们到山海关后如果再进关必须要有人国证，关内是中华民国，而关外便是满洲国，满洲国属于日本管辖，因此不得随便进入。刘承干听了翻译，感觉非常奇怪，中国人地盘现在中国人不能够随意进入，有这个道理吗！不过他们无话可以争辩，面对持枪的日本兵，争辩也没有意思。边上的乘客悄悄地劝说刘承干不去关外为妙，否则跑了一半再中途退回是很麻烦的。不过司机阎子敬倒是非常热心，一直用日语跟宪兵解释，说我们至山海关只是去看古迹，看过即回锦州的，伊可以担保。日本兵根本不睬他。此时，刘承干心里早已经没有了游览欲望，即使能够进去，也不敢进了，万一到了山海关后出不来，那不是麻烦了？当即挥手下车。

下车后他们在站头等北平至奉天火车开来，大家上车回了锦州。

刘承干本来胆子就小，被两个日本宪兵一搅和，山海关没有去成，游兴也完全消失，当即便思返沪。返沪前他又想起了松崎鹤雄。他约了王君九，跟严奇初来到程铭阁处（程是山东人，在齐齐哈尔多年，为万福麟手下一师长），邀他们一起到辽东饭庄宴客。那日一起吃饭的还有宝瑞臣、曾仲修、沈绍民（广东人，能够说日本话，交通银行职员）、小尾通（大连水上警察署特务长，能够说中国话）、上村哲弥等。聚会时，刘承干跟松崎鹤雄交谈嘉业堂藏书楼的情况，请松崎鹤雄有机会来南浔藏书楼参观，松崎鹤雄由此盯上了刘承干的嘉业堂藏书楼。刘承干是善良之人，上次《永乐大典》残本由松崎鹤雄介绍卖给满铁图书馆，即对满铁存在幻想。

1936年10月8日登"青岛丸"，第二天上午便抵达青岛，船靠岸后他们乘汽车去访黄公渚，在黄公渚那里稍作停留后即返船。10日下午四时，船抵上海港。

此次刘承干北上，沿途各地共待了三个多月时间，遗憾的是没有去关外见着溥仪。他一路北上，眼见形势紧迫，日本人不友好，明显感觉到溥仪在满洲国里只是一个摆设，因此，他已经不便再去入觐。果然，距离刘承干北上只有半年多时间，日本人即发动了"七七事变"，一场让中国人民陷入水深火热之中的侵略战争随即爆发。

第十八章　捐巨资重修清陵墓

　　晚清时期，刘锦藻担任清崇陵墓监工，数次赶赴崇陵，为皇陵建设立下汗马功劳。民国初年，刘家为崇陵墓捐资维修。1914年，梁鼎芬发现崇陵植被稀少，即广为募捐维修经费，刘家当时提供了巨额贡款。之后，刘承干两次去崇陵拜谒，为陵墓维修耗银达二万有余，因此被擢升为内务府卿，赏菊花立轴。

　　1928年8月10日中午时分，刘承干起床，用过点心后阅报，翻开《新闻报》，顿时大吃一惊，报上大字刊登：东陵乾隆墓、慈禧墓被盗。报上说，盗墓贼打开陵墓，撬开棺椁，慈禧太后面如活人，脑骨都被击碎了。刘承干读后，禁不住伤心落泪。他放下报纸，闻叶柏皋过来，连忙上去迎接，命女佣倒茶。叶柏皋落座便说道，刘兄看过报纸了？我刚才接到天津罗振玉电报，让我们马上联合各团体致电国民党政府，严惩盗墓贼。刘承干说，我也刚刚看到报纸，土匪太猖獗了，不严办不行，我马上叫黄公渚去联络。很快，沪上的一些遗老们也都得到了消息。但他们有的胆小怕事，有的则干脆叫刘承干不要多管闲事。黄公渚联络以后，回来将情况告诉刘承干，说许鲁山和陈容民还有陶拙存均不以为然，说不要给罗振玉做面子，并劝刘承干千万不要列名，说这样不但无济于事，还会有害于己，谓现在民国政府最恨遗民，尤其是有钱人更加要小心。不过也有许多遗老很热心，愿意附名，像恽季申、曹梅访、张豫泉、李孔曼等。

李孔曼过来，交给刘承干一封信，为张汉三年丈所写。李孔曼是广东顺德人，是李文田的儿子。李文田是咸丰九年己未科探花，曾授翰林院编修，礼部右侍郎。李文田善画，慈禧太后也喜欢作画，慈禧每次作画时，总喜欢叫李文田在一边帮助指点，因此李文田深得慈禧太后宠爱。李文田死后，光绪皇帝又封给李文田的儿子李孔曼为官。虽然封的官是个虚职，但是李孔曼非常满足，他对皇上非常崇敬，他的辫子留到现在一直都舍不得剪掉。张汉三来信要刘承干联系沪上的同志，联名给国民党政府写信，严惩盗墓贼，将毁坏的东陵墓修复原状，未毁的妥为保管。来信中已经有四个人署了姓名，是张学华、汪兆镛、吴道镕、桂坫。桂坫（1867—1958），字南屏，广东南海人，1894年举进士。

刘承干心想，张汉三要我出面联络沪上同仁，我当然是义不容辞，我们刘家能够有今天的基业，那是依靠清朝恩泽，如今皇帝的陵墓被盗，我怎么可以熟视无睹。不过此事本该由沪上陈筱石出面的。陈为直隶总督、北洋大臣，人家当他是东南领袖，可是他如今一点声音也没有。我如果出面去联络同仁，是否值得呢？现在已经有人在讥笑我了，说我不是朝廷命官，竟然自称为遗民，还要多管闲事。还有，现在是民国了，居然还那么效忠皇帝。

不过刘承干的脑子很快就被另外一种声音覆盖：我怎么可以犹豫呢？难道我不应该出面吗？那年我去北京觐见溥仪，皇上对我多么信任！溥仪的声音好像还在耳边回响。这样想了半天，刘承干立即明白应该怎么做了。

这天，王叔用过来，他马上要赶赴天津，是奉溥仪召唤而去。他是来跟刘承干借川资的，非常可怜，去天津连路费也没有。刘承干知道溥仪此刻正待在天津，他已经被冯玉祥赶出紫禁城，没有犹豫就给了王五百元。

第三天，奏折已经全部弄好，由叶柏皋领衔，共一百余人。刘承干叫新来担任书记员的鲁玄尘负责誊写，然后带去给罗振玉，托罗振玉转交溥仪。刘承干在信中表达了对溥仪的忠心，还说他因为效忠溥仪被一些人误会。

半个月之后，罗振玉的弟弟罗振常过来，交给刘承干一个信函。信是罗振玉发来的，里面还有溥仪的回信。溥仪在信中称赞刘承干屡次进奉款项，忠心可鉴，还说刘承干现在居然被同仁误会，真是岂有此理。还说，"汝与刘某一片赤诚，不仅我知，上天亦知之。请二三日内即须发电，列名加入。并希望传知我意，以后幸相助，切勿灰心。"

刘承干读到溥仪的来信，顿时激动万分，感激涕零，同时信心大增。这几天，刘承干只顾忙这事，将溥仪回信交给同仁观看。之后，便陆续有许多同仁送来贡款，有徐积余送来二百元，汪甘卿自苏州过来送六百元，曹融甫交到两千元，连印光法师也送来三十元。

9月13日，刘承干自掏腰包邀集同仁叶柏皋、章一山、孙惠敷、孙慕韩、黄伯雨、章拱北、曹梅舫、周紫珊、冒鹤亭、黄涵之、孙厚在、左台孙、陈容民、成翙清到功德林吃素斋。因为东陵被盗，属于大丧之例，大家表示哀悼。之后，由黄公渚落笔，将贡款人员一一列名，预备发往天津。饭还没有吃完，李国松又送来贡款一千元。

抗战胜利不久，东陵又发生了一起盗墓大案。1946年3月27日，刘承干收到王君九信函，信函内附有郭啸麓信。郭啸麓即郭则沄（1882—1947），字啸麓，号蛰云，别号龙顾山人，祖籍福建侯官，生于浙江台州，为晚清名臣郭曾炘之子，学者俞陛云女婿。光绪二十九年（1903）进士，曾任浙江温处道道台。民国后任北京政府秘书、国务院秘书长。1922年退隐天津，与名流樊增祥、郑孝胥、陈曾寿、夏孙桐、傅增湘等交游。郭啸麓才华横溢，著述等身，博涉诗词、骈文、笔记及小说，小说《红楼其梦》是《红楼梦》续书之一，是民国时期津京地区文坛活跃人物。郭在信中说，他近日遇到载涛亲王，刚刚得到东陵消息，圣祖景陵、高宗裕陵、文宗定陵、裕东陵、定东陵、妃园寝等八处陵园同时被土匪用火药炸开，梓宫暴露，情形至为惨重。醇和涛两亲王毫无办法，正委托同仁致电蒋介石，严惩凶犯，并且要求加强陵墓保护，但是现在掩埋修复款项无着。

刘承干得悉以后，非常着急，当即联络沪上同仁，为修复东陵再筹款项。经过几天奔波，共筹得款项十六万二千五百元。当即通过金城银行电汇长春。列名单如下：

唐文治、庞元济、金湛霖、李辅群、徐四美、张荫余，各一万元。

刘承干、严载如，各二万元。

张学华、张其淦、周善培、高振霄、汪宗藻、尹铭仁，各五千元。

许鲁山、江孔殷、陈念典、潘元耀各三千元。

林朗溪、李宣龚、沈成式、杨懿琭、冒广生、邱炳圻、梁弼予各两千元。

刘安洰、周延年、汪祖泽、李渊硕、桂垆、郑文同各一千元。

曹典初五百元。

刘承干和严载如出得最多。刘承干三叔刘梯青此时已经濒临倒闭，也出了一千元。

1946 年 4 月 15 日，七十四岁的老人王君九来沪上。王君九自民国三十一年（1942）从大连回苏州定居，经常往来于沪上。他告诉刘承干，得到郭啸麓函，郭已见过涛贝勒。涛邸说，此次报效款项要另存，专备修复陵墓所用，报效各人，无论款项多少，热诚皆堪嘉赏，由醇亲王分别书写匾额字幅，过一阵由他转交同仁。

刘承干说，此次盗墓明目张胆，如果不加严惩，势必会愈演愈烈。

王君九说，溥仪行宫已被抢劫一空，不堪回顾。还有人在长春见过溥仪妃子及贵人，流落通化，情况堪忧。

刘承干说，不知皇上究竟怎么样了？

王君九说，被苏联红军带去了，皇后也去了，听说可能会引渡到重庆。溥杰估计已经死了，张景惠想必也已经走了。

王君九告辞，刘承干又去找许鲁山，将王君九捎来的信件交他阅读。许鲁山说，日人投降了，现在民国政府又回来了，此事还得找他们。交谈了好一阵，决定联名写信给重庆国民政府，必须严惩盗墓贼。刘承干便不厌其烦一家一户去找同仁签字，他对大家说，现在列名写信给国民政府，严惩盗墓凶手，必须郑重其事，每一个人都要盖章签字的。同仁都非常愿意配合，有唐文治（壬午举人，壬辰进士，工商部侍郎，辛亥后任交通大学校长）、曹元弼（藏书家、曹元忠弟）、张其淦、张学华、许鲁山、王季烈、刘承干、严邦桢等十三人，都答应签了字。信件采用航空邮寄，一封发给南京，一封发给重庆。

　　送走王君九第三天，刘承干去福煦路一家整形馆购买疝气带。刘承干患疝气病已经多年，左腹部经常出现一个硬块，医生说是疝气，也没有什么治疗办法，只好使用疝气带将其兜住。疝气带已经换过两条，现在这条也已经宽松，而商家开价居然七万元一条，这让刘承干吃惊不小。他头一次购买，只花了几十元钱，四年前他买第二条，也只有七百元，今天买第三条，竟然高达七万元钱。吃饭聚餐也昂贵得很，每一桌总要四至五万元。他每一天必须吃的安眠药"阿特灵"，每瓶只有十片，一天就要吃四片，开价三千元一瓶，还必须托熟人购买。

　　物资缺乏，物价飞涨，钱不值钱了。

第十九章　涵万家收罗古籍书

　　去南浔古镇，最吸引人也最夺人眼球的当属毗邻小莲庄的嘉业藏书楼，四周绿水环绕，南面有荷花池，池中有太湖石，二层楼的建筑呈回字形布局。前后两进，每进各有七楹。中一楹为大厅，东面三间为"宋四史斋"，置宋椠"四史"，为嘉业藏书楼镇馆之宝；西面三间为"诗萃室"，置刘锦藻和刘承干所编《国朝正续诗萃》。第二进，楼上有"希古楼"，存放经部古籍。另有"黎光阁"和"求恕斋"，分别存有珍本《四库全书》和史部古籍。两进之间东西为厢房，左右对称，

南浔嘉业堂藏书楼

上储丛书，下储地方志。书楼后面还有平房，为管理人员和刻印工匠所居。走进藏书楼，首先映入眼帘的是额在梁顶上的"钦若嘉业"九龙金匾。此为末代皇帝溥仪所赐，状元陆润庠手笔。再细细观瞻，廊柱上的雕刻楹联无不出自大家手笔，有吴昌硕、杨钟羲、郑孝胥、傅增湘等名家手书。书橱材料多为杉木，外用油漆。这座价值连城的藏书楼，凝聚了刘承干半生的心血，是他人生中最精彩的一笔。

刘承干的藏书起于晚清。1910 年 6 月 5 日，江宁丁家桥宾客济济，商贾云集，正隆重举办"南洋劝业会"。此次展会共汇集全国 20 多个省市的展品，占地近七百亩，南起丁家桥，北至三牌楼，东邻丰润门，西达将军庙，规模恢宏，盛况超前。湖南的瓷业、博山的玻璃、江宁的缎业、江南制造局的机械等，涉及轻工、农副、工艺、美术，共计百万项展品。马来西亚、新加坡以及南洋群岛的商人也派代表过来设展。浙江湖州南浔的丝商们也都全部过来参展。尤其是丝绸馆，人头攒动，那些洁白的生丝特别惹人喜爱。

此次劝业会，刘承干和许多湖州丝商一起应邀参加，不过刘承干对于结交生意上的朋友兴趣不大。头一日开幕式后，他便来到江宁夫子庙状元巷游逛。此地靠近江南贡院，因为出过状元而闻名，街巷

嘉业堂藏书楼内景

不长，书铺林立，有藜照阁、文林阁等。刘承干到此闲逛，发现书铺古籍甚多，不乏珍品，凭他对古籍版本的研究，知道这些古书现在市面上已经非常稀少，当即解囊购买了许多。第二天、第三天又欣然前往。书铺的老板，见其出手大方，也是求之不得，纷纷将家中珍藏的古籍奉上，刘承干因此收获满满。

刘承干的藏书工程，自此大规模展开。客观上讲，有其历史原因。其时，正值晚清和民国更替阶段，国力衰竭，朝廷大批士子失去俸禄，许多文人不得不将原先喜爱的藏书、古玩、字画出售。而刘氏家族此时已成为巨富，拥有充足的资金可以收藏，遂来者不拒。

南浔本是藏书家聚集之乡。明代中叶有一门三代四进士的董氏家族，还有兄弟同登进士南浔马腰人沈溎和沈演。董氏家族富藏书，至董氏后代董蠡舟还一直坚持收藏。清代刘桐（1759—1803），在南浔筑眠琴山馆，藏各类书籍。还有一位藏书家对刘承干影响尤其大，就是跟刘承干差不多同时的张均衡（即张石铭）。张均衡为南浔另一巨象"张家"——张颂贤的长子长孙。张颂贤和刘镛是同辈人，刘承干是刘镛的长子长孙，因此他和张均衡是同一辈人，生意上有相同之处，其兴趣爱好也类似。所不同的是张均衡比刘承干大十岁，出道早，张均衡在光绪二十年考取举人，而刘承干只考取一个秀才。举人出身的张均衡极喜爱收藏古籍，尤其喜爱收藏金石碑刻，他为自己取名张石铭，即表示他对金石碑刻的喜爱。

南浔丝商蒋孟苹也极富收藏。蒋家祖父辈蒋维基、蒋维培兄弟受湖州举人严可均影响，自少喜爱藏书。严可均（1762—1843），字景文，号铁桥，乌程人，清嘉庆五年（1800）举人，道光二年官严州建德县教谕，数年后以疾归乡。自嘉庆十三年起搜集唐以前文章，历时二十余年，编成《全上古三代秦汉三国六朝文》，收作者三千四百多人，按照朝代编辑为十五卷，这是收录唐以前文章最全的著作，有极其重要的学术价值，但是由于财力原因，《全上古三代秦汉三国六朝文》严可均生前并未刊印。光绪初年，蒋维培收集到此书稿，遂倾注大量心血，重新为其编辑目录一百零三卷。后书稿被爱文嗜史的张之洞发现，张

刘廷琛为藏书楼题额

御赐牌匾

命下属王毓藻监理此事。王聚集二十位文士为其校勘，耗时八年终于完成，并在广州刊刻。

蒋家兄弟藏书万卷，为道光、咸丰年间江南著名藏书家。蒋孟苹父亲蒋锡绅，字书箴，号葵生，1879年举人，爱藏书。蒋孟苹继承祖业，不惜花巨资搜寻古籍。蒋家还在北京开设来远公司，经营古玩，收益颇丰，后来搬到上海经营。蒋孟苹是刘承干的表兄，是刘承干姑妈的儿子。他的藏书行为自然对刘承干产生深远影响。

《嘉业堂丛书》序言内写道：

承干生平嗜书，与世俗之珠玉货财同。顾珠玉货财只可藏于己，不能公诸人，而书则可为千百化身，以公诸天下后世，以其所以异也。且今时势岌岌，杜门却扫，平心静气，日穿穴于辨证援据之中，以订讹而祛伪，使著述家毕生精神之所注。

先后为刘承干提供书籍的书商有苏州柳蓉春（亦作柳蓉村），民国初在上海三马路惠福里弄口开了一家"博古斋"书店，多次上门向刘承干推销。还有上海忠厚书店李紫东；江宁"书林怪杰"、同文图书馆书商钱长美；扬州文富堂书商邱绍周；南京书商朱甸卿；民国前先在上海开"六艺书局"，后开"古书流通处"的陈立言（又名陈立园）；蝉隐庐的罗振常；书商刘少卿、张宝昌、王锡生等。

南京朱甸卿，是刘承干在金陵劝业会上认识的书商，初在金陵设书肆，辛亥后在上海开书店，他通过售书结识缪筱珊、贵州刘世珩。他经常携书至刘承干府上，仅1912年，朱甸卿即来刘承干家达六十余次，出售给刘承干古籍几十笔，全年用款三千大洋，如桃花纸精刻初印《西陂类稿》、桃花纸殿本《明鉴》《广雅堂丛书》全部三百六十四册、黄丕烈著石印《士礼居丛书》、乌程汪曰桢辑《荔墙丛刻》、乌程凌义渠著《凌忠介公集》等均由朱甸卿提供。

同文图书馆书商钱长美，连续多年出售古籍给刘承干，常熟汲古阁本《奇晋斋丛书》《孟东野集》《金石存》《学海堂四集》、原刻《江西通志》等，均由其提供。刘承干到上海他追到上海，刘承干回南浔探亲，他又携书追至南浔。

袁世凯次子袁克文，为袁世凯三姨太生，又称袁抱存，当年仅二十九岁，颇懂古籍版本，曾经随家庭教师方尔谦学习版本目录，后又投李盛铎门下学习，家中藏有宋元名椠本。刘承干佩服其学识渊博，自叹不如。1916年袁世凯过世以后，袁克文经济困难，其所藏古籍开始出售。刘承干得到的袁克文旧藏古籍有宋本《春秋经左氏传句解》等。

罗振玉兄弟罗振常，字子敬，1915年在上海创办"蝉隐庐"，兼藏书、售书和出版。他也向刘承干出售部分古籍，如《廉泉诗钞》《明万历刊皮纸印义绥陈氏世稿》《定峰乐府》（江阴沙张白著）、《罔极录》（海昌许楒著）、《明东雅堂刊皮纸印昌黎先生集》、平湖书画家陆烜其妾沈彩手钞《尚书传》、毛斧季校《明钞麈史》等。

湖州藏书家皕宋楼主人陆心源长子陆树藩（字纯伯），也为刘承干出售少量图书，有宋刻《史记》《宋书》、元刊本《文献通考》等。

　　曾经在陆心源家做账房的沈韵斋，平生嗜书，后因陆家衰落辞退，曾经抽空抄录皕宋楼所藏秘本，也向刘承干出售图书。陆树藩还帮助刘承干鉴别古籍，因其父藏宋椠二百多本，陆树藩接触过的宋版图书很多，古籍知识比较丰富。

　　许多遗老朋友也向刘承干推荐书籍，如朱古微介绍明代天启南浔董斯张所著《吴兴备志》手钞孤本，章一山向刘承干出售《永乐大典》钞本四册等。

　　除了一些零星收集，有几笔大宗的古籍收藏：

　　一是收购抱经楼藏书。抱经楼主人为鄞县卢址（1725—1794），县诸生，因赈灾有功，以贡生议叙，授中书舍人，又因为双目失明而辞官。卢址生平喜爱聚书，遇到善本不惜花巨资收购，因韩愈寄卢全诗"春秋三传束高阁，独抱遗经究终始"，取"抱经楼"为藏书楼名。卢址收书藏书三十余年，珍本秘籍甚多。卢址过世后，其藏书为子孙所有，至清末和民国初开始流失。书商陈立言（又称陈立园），以两万元高价获得抱经楼藏书。1916年农历七月将书籍首册送至刘承干处，其中宋元椠本六种，陈开价一万元，旧钞及明本九十二种，外加明清实录十种，开价七千元。刘承干认为书甚好，但是索价太高。后几经磋商，最后以一万三千六百元成交。陈立言还向刘承干出售宁波天一阁部分藏书，有明钞蓝丝本《草堂诗余别录》、明蓝丝钞《西清诗话》、明正德刊《石林燕语》等。

　　二是收购贵州莫友芝藏书。莫友芝（1811—1871），字子偲，号郘亭，道光六年秀才，道光十一年中举，曾为翰林院庶吉士、四川盐源知县和贵州府学教授，学识渊博，通六经及金石目录，人称"西南巨儒"。道光二十七年（1847）客居曾国藩幕府，代曾国藩收购江南遗书，后又为曾国藩督领江南官书局，担任校勘之职。同治四年（1865）为金陵书局总编校，定居金陵，以"影山草堂"名其书屋。1870年与其子同舟往扬州，不幸病逝舟中。其藏书以明本书为多，最珍贵有唐写本《说文解字》残本，是唐宪宗元和年间遗物。莫友芝藏书均印"莫氏秘籍之印""影山草堂藏"等。1916年正月,苏州柳蓉春携来《续古篆均》(鲁郡吾衍编集)、元至正刊《说文字原》(鄱阳周伯琦编注)、宋槧明修本《附释音周礼注疏》等十六种;八月,又带来莫郘亭批校本《寰宇访碑录》;1917年农历五月,又带来莫友芝手写本《千禄字书》、批校本《困学纪闻》、批校本《简斋集》《姜尧章集》等。

三是收购仁和结一庐藏书。结一庐主人朱学勤(1823—1875),仁和人,咸丰三年进士,为翰林院庶吉士,在清廷综核机务十七年,时人以汉朝贾谊相比。结一庐藏书在朱氏过世以后,归其女婿张幼樵所有。幼樵殁后,藏书曾经为党人曾某占有,后流入书估。1914年农历七月初二日,书商钱长美带来部分古籍向刘承干出售,因为藏书钤有"朱印学勤""朱学勤印""修伯手校"等,因此得知该批书为结一庐藏书。此外钱长美还出售朱学勤次子朱子涵所刻《结一庐四种》:《刘宾客集》《张说之集》《金石录》《司空一鸣集》,校刻精美。

四是收购缪荃孙藏书。缪荃孙(1844—1919),字炎之,又字筱珊,晚号艺风老人,江苏江阴人,二十四岁中举,三十三岁登进士,授翰林院编修。他曾经创办江南图书馆和京师图书馆,家中收藏许多珍本古籍。1917年,缪荃孙因为经营困难,将家中宋槧本以一万一千价出售给刘承干,其中有宋淳熙刊本《监本纂图重言重意互注点校尚书》《宝氏联珠集》(系士礼居藏书)、宋槧残本《东坡先生后集》等。

五是收购丁日昌丁氏所藏古籍。丁日昌(1823—1882),字持静,小名雨生,广东丰顺人,曾任两淮盐运使、江苏巡抚、福建巡抚,又是洋务运动的风云人物。丁氏雅好藏书,为官之余,搜罗古刻善本,任上海道时,收上海藏书家郁松年"宜稼堂"宋元旧本和普通本几万卷,曾经为收藏图书和湖州陆心源有过节。丁氏过世以后二十年,藏书被上海、北京书贾购去。北京书客段镜轩携丁氏藏书向刘承干出售,有《三朝北盟会编》《鸿庆居士集》《吾汶稿》《龟巢集》《醴泉笔录》《近光集》等十三种。此书因为记在《持静斋书目》上,因此得知为丁氏藏书。书商汤治平也为刘承干出售部分丁氏图书。

遇到珍本古籍，刘承干必千方百计得到为止。1914年农历十一月书商王锡生介绍，湖南郭筠仙侍郎家有宋椠路洲书院本《后汉书》。因为古籍珍贵，郭氏不肯派人送来，王锡生也因为害怕受骗，不愿冒险去收购，最后在王锡生牵线下，刘承干派管家俞子青带了银子去湖南收购。此书共计一百六十册，每十册装一个木匣，除了前汉补配明刊两本外，其余仅抄配四页。刘承干出资三千元，另付王锡生中介费三百元。

一些遗老慕名而来，为的是看其出手阔绰，而遗老大多非常寒酸，有的甚至极端贫困，售书也是不得已为之。海宁的费寅带来旧钞稿本《罪惟录》，此稿本为海宁查继佐所著。查继佐（1601—1676），号伊璜，别号东山钓史，举人。康熙元年，因为南浔庄廷鑨私刻《明史》案，查继佐参与校阅，被判下狱论死，后获救，隐居于硖石东山。查继佐曾经著《明书》一百二十卷，后改书名为《罪惟录》。书中内容有作者亲历者，也有耳闻于当事人者，多有正史所未录。该书写成以后，因为害怕惹祸，作者将稿本深藏，二百年后才重新发现。费寅称此稿花二百元购来，现在开价五百八十元。刘承干因为跟他是熟人关系，也就照单收下。1936年，商务印书馆根据此稿本影印出版。

广东番禺潘飞声携带李研卿（又称李应田，咸丰二年进士）手钞本《翁山文外》过来。潘飞声跟李应田非常熟悉，知道他民国后鬻文为活，生活困难。刘承干就以四十元买下了。

李审言带来《太玄经》，起初开价甚巨，刘承干不想要。他又托缪荃孙过来说合，最后由缪荃孙定价一百二十元。刘承干因为是朋友介绍，也就同意了。

宋澄之（1854—1936），宋叔元次子，举人。有一次带来翁方纲手稿两本，是于式棱（四川营山人，光绪戊辰科进士）旧藏，因于式棱病故，其夫人为筹集葬费而出售。刘承干过去曾经得到于式棱兄长于式枚旧藏的翁方纲手稿，因此可以推断翁方纲手稿于氏兄弟都有收藏，便答应五百元收下。后夫人恳求再增加些，凑齐七百元，刘承干也同意了。

民国初年，刘承干藏书达到高峰，每年都要花费几万元购书。刘承干有记日记的习惯，每次购书后，即在日记里作详细记录，某天购买什么书，何人送来，用款多少。1913年他购书共花费一万四千八百八十二元，1915年花费二万四千七百八十三元。当时他请一个家教，一个月工资才十二元，一个账房先生每一个月工资二十元，请杨芝晴为他校书，一个月工资也就三十元。由此可见他用在购书上的资金巨大。

除了花大钱收购古籍，刘承干还专门出资雇人抄书。比如《清实录》是花巨资从清史馆处抄来。1922年冬季，刘承干来到京城为溥仪大婚贺礼，顺便来到故宫东华门内清史馆拜访，主要目的是为了参观馆内所藏的皇室秘籍，有关皇帝的诏书、奏折等。刘承干粗略看过，顿感茅塞顿开。时馆长赵尔巽跟刘承干谈起，谓清史馆经费困难，馆内的工作人员已经几个月没有拿到工资。赵尔巽的意思自然是希望刘承干能够赞助一些，精明的刘承干即提出能不能抄录清史馆内的著作，顺带解决部分经费。清史馆的文章一直属于不外传的孤本，现在刘承干提出抄录，在世面上就会多了一份。馆长赵尔巽想，眼下时局混乱，清史馆保留的秘籍也说不上最安全，如果刘承干能够得到一份，说不定将来也会派上用场，或者会有利于秘籍的保存。这样想来，赵尔巽便同意了刘承干的意见，答应为刘承干抄录《清实录》。刘承干当即同意出资一万五千元。《清实录》抄完以后，刘承干又跟赵尔巽商讨继续抄《清国史》，前后历经八年，出资五万八千余元。《清国史》后来贱卖与复旦大学图书馆，只得三百元。当时刘承干经济衰退，无力藏书，实乃迫不得已。当复旦大学图书馆的工作人员看到这批宝贵的图书时，他们何曾会想到刘承干当年为藏书费尽心思，用心良苦。

正因为他具有如此锲而不舍的精神，以及不惜花费巨资用于购书，许多珍贵古籍由于他的收购得以保存。那么多有钱的老板，都把钱花在经营上，或者花在造房子、娶小老婆、吃喝玩乐上，唯独他肯把钱花在购书刻书上，所以，鲁迅称其为"傻公子"。

还有一部《宋会要辑稿》，是研究宋代典章制度最重要的史料，一直未曾刊刻，因此流传下来的历史资料非常有限。清朝中期翰林院编修大兴人徐松在编撰《全唐文》时，顺带从《永乐大典》中辑录了"宋会要"资料，共计有五百卷。这五百卷"宋会要"资料绝大部分是《宋书》以及诸志所没有记录的。后来八国联军入侵，《永乐大典》也遭到掠夺，因此徐松的《宋会要辑稿》就显得非常珍贵。徐松1848年去世，《宋会要辑稿》流入书肆，后来被缪荃孙从海王村购得，缪又赠予张之洞。张之洞时为两广总督，在广东开广雅书局，当时此书已经写样计划出版，而张之洞忽然出调，任两湖总督，此书未出版入广雅书局提调王秉恩即王雪澄之手。乙卯（1915）冬，苏州的遗老洪鹭汀因为经济问题和王雪澄发生冲突，洪鹭汀向王雪澄追讨欠款，王雪澄无力偿还，只好用《宋会要辑稿》作抵，两人因此发生龃龉，最后由缪筱珊和朱古微出面劝刘承干将书买下。刘承干和洪鹭汀也熟悉，即表示同意，书初开价两千元。可是刘承干发现此书缺少"刑法"数册，王雪澄说被沈子培拖散，后来王雪澄的儿子将拖散的部分找了回来，最后刘承干以五百金将书购下。

　　刘承干购得此书，有意将书出版。当时江苏仪征人刘谦甫（刘师培叔父）正在刘承干家设馆，教刘承干儿子刘世炽读书，刘承干便请

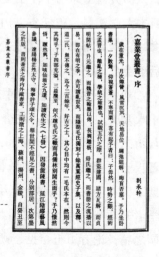

广陵书局翻印嘉业堂丛书

刘谦甫帮助整理《宋会要辑稿》。刘谦甫在刘承干家设馆将近十年时间，直到他年老告退，而此书整理尚未能够完成。后苏州孙益庵接替刘谦甫工作，住在刘承干家，继续一边家教一边整理。孙益庵在刘承干家设馆一年多时间，后因故告退，此书整理仍未完毕。1925 年，费恕皆来到刘承干处担任书记员一职，刘承干委托费恕皆继续此任，除了书记员工资以外另加五百元经费酬劳。原书缺少宁宗、理宗、度宗等共四朝，嘱咐费恕皆补辑，原书五百卷，费改为四百六十卷，增加四帝四十卷，仍为五百卷。书成以后，刘承干几次想要出版，无奈此书浩繁，而且属于典章制度类，出版后购买者甚少，出版要费很大一笔钱，因此刘承干一再犹豫。后来北平图书馆几次来函要购此书，蔡元培和赵万里都托人来谈，刘承干也没有答应。有朋友说搁在嘉业堂藏书楼可以为书楼增色。最后北平图书馆答应只购买版权，书出版以后，原著依旧归还刘承干，并且答应在书本编辑里增加刘承干大名，以惠刘承干多年心血，刘承干才勉强答应。1931 年 1 月 19 日，刘承干在上海嘉业堂大厅宴客，款待北平图书馆副馆长袁同礼（即袁守和），有徐积余、葛荫梧、汤爱理、董康、张芹伯、吴潜甫、费恕皆等一批学者陪同。刘承干为保存《宋会要辑稿》的努力没有白费。1931 年 12 月 14 日，汤爱理（即汤中，字爱理，1882 年生，江苏武进人，毕业于私立日本大学法科，曾任省立山西大学堂教授，1912 年任北京政府教育部参事，教育部教育司司长）著成《宋会要研究》一书，请刘承干题签，后经商务印书馆出版。

刘承干搜罗古籍历时二十多年，全盛时期藏书约一万三千余种，十八万册，六十万卷，被誉为民国藏书第一人。有人曾经将刘承干藏书与清末四大藏书家作对比：常熟瞿氏铁琴铜剑楼，一万三千种，经过瞿氏五世努力；山东聊城杨氏海源阁，约四千种，三十万卷；浙江钱塘丁氏八千卷楼，逾四十万卷；湖州皕宋楼陆氏藏书，总计十五万卷。学者郑振铎先生评价说："嘉业之书，论版本或不如瞿、杨二家及适园之精，论有用与罕见，则似较此数家为尤足重视。"

第二十章　聘名匠剞劂得流传

一日，刘承干回南浔省亲，遇到骥村严珊枝先生。严老先生为刘锦藻和刘安澜的私塾老师，文笔雄健，教授独有一套。刘锦藻考取举人，得益于先生的辛勤教诲。刘承干跟严珊枝先生共叙友谊，谈起了刘安澜和刘锦藻，其间，刘承干出示了嗣父刘安澜的遗稿，包括许多诗词作品和部分文章，工整的书法上留下了许多涂改之处，刘承干读着就流下了眼泪。见此情景，先生说："承干，你为何不将你嗣父的书稿整理刊刻呢？这样岂不是能够永久保存且广为传播吗？"刘承干回道："世伯此语正合我心意，奈何承干能力有限，不敢担任校勘。今天我想聘请先生为我嗣父文稿担任编辑，不知世伯是否有闲暇之时？"严珊枝哈哈地笑了一下说道："难得你有如此孝心，而安澜也是我的学生，不幸英年早逝，我再怎么也要为他出这一份力，以慰他九泉之灵。"当即，刘承干便将刘安澜遗稿交与先生，托先生担任校勘，并且给老师银子作为酬劳。严先生初始坚决不收，推了许久，才勉强收下。老师走的时候说："其实，我也早已有此想法，安澜走了，应该有文章传世，你今天提出，我便连书名都想好了，就叫'遽洲书屋遗稿'，你看如何？"承干听了，回道："'遽洲书屋遗稿'，真是绝妙，就这样。"严珊枝接受任务，满心欢喜告辞而去。刘承干亦兴致勃勃，马上将此事汇报生父刘锦藻。

刘锦藻得悉刘承干要为刘安澜出书，正合了自己心意，此儿虽然没有赶上科举，但是具有孝心，且嗜好读书，也是刘家大幸。想起先兄在世时，多次乡试未中，常在京城奔忙，家里婚丧嫁娶诸事，也是依赖其办理，因此对学业有所荒废。刘锦藻能够考取举人，摘得进士，依赖于兄长的支持。现在斯人已去，能够为其出书，流传百世，当然是一件好事。当即赞扬了刘承干几句。又说，我的《清朝续文献通考》还没有写完，你如果有时间就想办法帮助完成，我已经没有精力了，能够出版此书也不枉我多年心血。还有，你不妨跟石铭君和小珊丈商讨，石铭是举人，比你有经验，小珊丈则已经出过许多著作了。

刘承干于是按照刘锦藻意思找张石铭和缪荃孙商讨。缪荃孙，字筱珊，又字小珊，号艺风老人，江苏江阴人，生于1844年，二十四岁中举人，三十三岁中进士，任编撰校勘十多年。1888年任南菁书院山长，1894年任南京钟山书院山长兼掌常州龙城书院，1901年任江楚编译局总纂，1902年负责筹建江南最高学府三江师范学堂并且出访东洋考察学务，1907年受聘筹建江南图书馆，1909年受聘筹建北京京师图书馆，1910年调北京任京师图书馆正监督职务。缪荃孙在管理京师图书馆期间，亲自整理内阁藏书，清理大库珍本，辑刻《宋元本留真谱》《京师图书馆善本书目》八卷等。1912年他移居上海，继续从事目录学研究。刘承干找到缪荃孙说出自己的想法，缪荃孙老人满口答应说，贤侄有此雄心，为保存国萃立一大功，是我民族的大幸。当今世风日下，许多人都在抛售古籍，不要几年，恐怕就没有办法看到古籍了。

刘承干找张石铭，两人一拍即合，共同出资聘请缪筱珊参议为刻书总负责，每一个月付工资一百元，两人各负担一半。又谈妥再聘请几个遗老担任校勘，像许子颂、朱古微这样的也要请来，因为刻书任务繁重，恐怕缪荃孙一人负担过重。

基本方针确定，立即付诸行动。1913年正月半未过，沪上刻书商朱文海就找上门来了，是由缪荃孙推荐而来，还带来了一份草拟合同，合同上写明每刻一千字收费两元两角，先付定金二百元。刘承干知道这是刻书的例行做法，二话没说签了字，并给他一册明代叶天廖年谱，让他仿照结一庐的板片去写样，再交来送校。朱文海动作很快，五天后即将两页写样送到。

遗老们的信息传得更快，沪上几个朋友闻悉刘承干刻书，都想为其出力，也为自己谋一个差事。

杨钟羲太守找上来了，是经朱古微介绍。刘承干对杨钟羲一向熟悉，知道他学问渊博，而且人品甚高，对其非常钦佩，因此校勘一职马上确定，也是每一个月付三十元。

苏州刻书匠穆子美持朱古微信函找来。刘承干闻穆子美刻书完美，又加朱古微推荐，因此也马上签合同付定金，将其领到缪筱珊处，由缪筱珊布置任务，单靠朱文海一人不行，要加快速度。

别人刻书，都以赢利为目的，刘承干刻书，始终以质量为第一目标。为了保证质量他宁可花大价钱聘请高级刻工。北平文楷斋刘春生，一向为徐世昌、董康、陶湘、傅增湘等名家刻书，手下拥有一百名刻工和三十多名写手，以刻宋体字见长，其刊刻的《陶庐百篇》字体精细规整，纤如蝇毫。经过北京汪甘卿、李振唐推荐，刘春生跟刘承干接洽，为刘承干刊刻《旧五代史》。刘承干要求刘春生按照清廷内府武英殿的刻书模式进行刊刻。武英殿是清代内府的刻印中心，武英殿刻本是清代内府本的代称，由康熙帝颁旨设立"武英殿造办处"，它代表清代宫廷的刻印水平，无论编辑、雕印、校刊、装潢都比一般市面刻印高出一个档次。上海每刻一千字收费二元七角，南京、苏州、扬州每一千字收费二元五角，刘春生每一千字要收费四元。刘承干没有犹豫便答应了，为了刻书质量，他不在乎多花钱。

为了保证刻书质量，校勘工作又非常艰巨和缓慢，刘承干聘请许多专家学者担任校勘。如1917年3月经朱古微介绍聘况夔笙担任《历朝词人考略》编辑，每一千字付洋四元。

《历朝词人考略》为不可多得的学术著作，为后人研究诗词提供许多方便，而担任此项校勘任务的非况夔笙、朱古微莫属。

聘请喻志韶担任《清朝续文献通考》校勘，付酬劳四百元。此书原为刘锦藻编撰，共三百二十卷。刘锦藻于1910年完成后，向朝廷进呈，获得奖赏内阁侍读学士衔。《清朝续文献通考》集中了清中期至清末一百二十五年各类典章文献。为了编纂此书，刘锦藻参阅了大量史籍，包括实录、会典、官修史书和私人著述，并且详加择要考订。民国以后，刘锦藻觉得有必要将此书近一步完善，将清朝最后几年历史也记录在内，但是他自己因为民国后忙于实业，根本抽不出时间去写书。在刘锦藻授意下，刘承干继承父业，将没有写完的著作继续完成，此事也成为刘承干刻书的又一动力。刘承干除了自己千方百计收集有关史书，还先后聘请章一山、喻志韶、叶柏皋担任《清朝续文献通考》最后几十卷的编辑工作。《清朝续文献通考》中有一个章节是"乐考"，为了编纂此章节，刘承干又特意委托周庆云请人，最后找到江阴人懂音律的郑光裕帮助编纂，订了半年合同，酬金四百元。经过几位专家的精心收集和整理，此书终于在1918年完成初稿，编纂时间从光绪三十一年延至宣统三年，补辑七年的条目，书卷则由三百二十卷增至四百卷。

1919年聘请王君九和章钰担任《八琼室金石补正》校勘工作。《八琼室金石补正》，作者陆增祥（1816—1882），字魁仲，号星农，室名八琼室，江苏太仓人，道光三十年一甲一名进士，授翰林院修撰，好金石文字。他发现王昶《金石萃编》还有许多不足，因此在总结前人基础上，总结整理《八琼室金石补正》。王君九和章钰两人担任校勘工作，从1920年起至1924年完成。《八琼室金石补正》共计一百三十卷，收录东周至金的石刻和器物铭文三千五百余种，兼采朝鲜、越南、日本碑刻十余种，远远超过《金石萃编》所收。

1917年农历八月，刘承干偕孙益庵来到晚清大儒沈曾植家。孙益庵这段时间一直担任刘承干家里的家庭教师，教刘承干的长子刘世炽学习汉语，无奈刘世炽玩心太重，学习不上心，而他母亲也不管不问，孙益庵拿他没有办法，只好向刘承干告状。刘承干应酬太多，自己没有时间管儿子，知道以后就非常生气。这一天他们来到沈子培家里，沈子培取出几册文稿给刘承干看。原来这部文稿是《章实斋全集》，沈子培一直珍藏着，不轻易给别人看，是孙益庵知道以后才劝刘承干借来出版。章实斋即章学诚，浙江绍兴人，生于 1738 年，进士，为清代史学家。章学诚 1777 年中举，次年中进士，但是他不适合做官，一门心思做学问，一生颠沛流离，穷困潦倒，这部史稿倾注了他的毕生心血。沈子培听说刘承干刻书，知道刘承干在做一件非常有意义的事情，二话没说就把文稿给了刘承干。沈老对刘承干说："阁下要刻书，尽管拿去好了，老先生的书能够刊刻，我不禁要替实斋感到高兴呢！"刘承干依据此文稿在 1922 年刻成《章氏遗书七种外编十种》。

走进嘉业堂藏书楼，橱窗里陈列的《史记》刻本特别引人注目，这便是依据蜀大字本翻刻的宋《史记》。封二有两排大字"己未孟春吴兴嘉业堂景宋蜀大字本"，封三有"吴郁生检署"题字，后面还有王舟瑶作序。为了刊刻"前四史"，刘承干先是聘请苏州叶昌炽担任校勘，1917 年叶昌炽病故，继由章一山推荐聘请黄岩王舟瑶（即王玫伯）担任校勘。宋本四史中《前汉书》原本子有残缺，缺了七卷的内容。后来刘承干获悉李木斋（名盛铎，江西德化人，光绪己丑榜眼）有宋本两汉书，因为李木斋的父亲曾任湖南巡抚，喜欢藏书，此书就是他父亲所收藏的。于

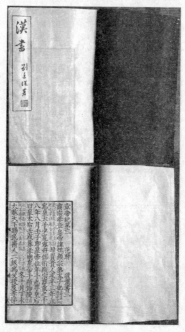

刘承干刊印的"景宋四史"

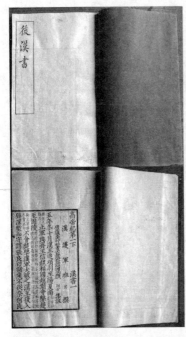

刘承干刊印"景宋四史"

是先找到傅沅叔，后找李紫东，最后终于借到了宋本两汉书。李木斋的藏本为南宋庆元间建安刘元起刊本，字号虽小，但四周大小相仿，遂补齐《前汉书》所缺内容。刘承干还特别从全国选拔最优秀的刻工担任刻书匠，由湖北黄冈绕星舫担任宣纸上写样，黄冈的陶子麟负责雕刻，绕、陶联手。宋四史《史记》一百三十卷、《汉书》一百二十卷、《后汉书》一百二十卷、《三国志》六十五卷，先后于1919年、1920年、1921年、1926年完成刊刻。此"四史"非常精美，版本宽大，字体悦目。尤其是《史记》，长六点四寸，宽十点零四寸，限量印刷，每一本价三百元。

清廷许多老臣都有很深的文字功底，退休以后闲赋写作，可是因为经济困难，虽然有了稿本却没有办法让其刊成书籍，因此也没有办法广为传播。杨钟羲（1865—1940），原名钟庆，戊戌政变后改名钟羲，冠姓杨，字子晴、子勤、芷晴，号雪桥，为光绪十一年举人，光绪十五年进士，翰林院庶吉士，辛亥以后以遗老身份寓居沪上，空闲写作《雪桥诗话》共四十卷。此著作篇帙浩繁，内容丰富，为研究清史、北京史极为重要的文献资料。刘承干自 1913 年起为杨子晴刊刻《雪桥诗话》十二卷，1917 年刊《雪桥诗话续集》八卷，1919 年刊《雪桥诗话三集》十二卷，1923 年刊《雪桥诗话余集》八卷，使这部著作得以永久保存和广为传播。

陕西彬县，古代属于邠州一部分，境内有大佛寺，寺内大佛最早为唐代贞观年代所建，寺内有唐宋以来各朝名家所刻碑记，记录大佛寺所建造年代及风土人情。清朝中期，叶昌炽同乡吴愙斋（中丞）路经大佛寺曾经抄录碑刻若干，后吴中丞将书稿交给叶昌炽，希望他能够帮助完成，叶昌炽接过书稿时，因为纸张太薄等原因，发现许多地方看不清楚。为此叶昌炽三次前往邠州大佛寺抄录碑刻（其中一次因为时间紧迫而未能够细察）。叶昌炽著作《邠州石室录》三卷，凝聚了吴氏和叶氏多年的心血，此稿终究由刘承干在 1914 年帮助刊刻完成。图书刊刻印刷非常精美，跟重刻蜀大字本《史记》一起参加了 1929 年国际图书展览会。

自 1913 年起至 1933 年二十余年时间，刘承干先后投入三十万元用于刊印古籍，其中刻书、印书费二十万，请人校勘费十万。先后刻印的古籍有：

《嘉业堂丛书》计五十七种，收入五代以后较为罕见的各类著作，分经、史、子、集四部。

《吴兴丛书》计六十五种，主要收入吴兴籍文人学者著作，亦分经、史、子、集四部。

《求恕斋丛书》计三十三种，主要收入清末民初学者撰写的著作，分经、史、子、集四部。

《留余草堂丛书》计十种，收入儒学大家有关理论著作。

《嘉业堂金石丛书》计五种，收入金石专著。

总结刘承干刻书过程，具有以下特点：

一是注重刊刻孤本，以保存文献资料为主。比如吴景旭的《历代诗话》、王正功编辑的《中书典故汇记》等，世面上已经罕见，如不刊刻，即可能灭绝。再如黄岩王叔英《王静学文集》，几不传世。缪荃孙称赞说，重孤本是刘承干刻书的一大特点。

二是注重刊刻禁书，敢为天下人先。清初统治者为了巩固政权，实行文字狱，遭禁毁的图书不计其数。劫后余生，能够流传下来的禁书凤毛麟角。刘承干不懈努力，广为搜集，先后刊刻屈大均《安龙逸史》《翁山文外》、李清《三垣笔记》等。

三是注重地方特色，刊刻先贤著作。吴兴为文化古城，历代文人首选栖身之所，文化氛围浓厚，许多文人在吴兴留下著作。因为历史的原因，先贤的著作未能够得到保存，继承先贤的遗志，让先贤的文脉能够流传，也算是对家乡父老的回报。刘承干为吴兴南浔人，他将藏书楼建在南浔，正是基于这样的目的考虑。刘承干刊刻《吴兴丛书》共计六十五种，全部选择先贤著作。如从朱古微处收购董斯张《吴兴备志》三十二卷稿本、明代徐献忠的《吴兴掌故集》。再如《南山堂自订诗》为吴兴吴景旭著作，原有十卷，刘承干初得五卷，后来四处留意，终于获得其余五卷，凑其完整而刊刻。再如长兴朱紫贵《枫江草堂集》，刘承干起先得到未刊稿七卷、词一卷，继而得到文一卷，嗣又得诗三卷、词二卷，先后三次才集齐全部著作，合并刊刻。清末外交官杨兆銎（1854—1916后），字诚之，号须圃，吴兴人，精通算术，其著《须曼庐算学》由刘承干帮助出版。汪符生刺史携其外舅《杨藐翁年谱》，并杨著《诗文弃》，要求刘承干一并刊刻。杨藐翁即杨岘，为湖州乡贤。刘承干为了刊印此书，又花钱拜托唐文治写序。

四是注重专家写序作跋，交代所刻书籍来龙去脉。翻开刘承干所刊刻的书籍，首先映入眼帘的是前面所写的序言。这些序言往往出自专家之手，言简意赅，突出重点，或介绍作者生平，或描述稿本得之不易，让读者先对文稿和作者有大概了解，从而加深对原文理解，也激发读者看书兴趣。嘉业堂藏书楼镇馆之宝"前四史"，即蜀大字本《史记》、白鹭书院本《汉书》、一经堂本《后汉书》、大字监本《三国志》。1919年至1926年，刘承干出版此"前四史"，即请老宿王舟瑶为景宋本《史记》作序。王在《重刻蜀大字本史记序》中将此书如何搜集得来及刊刻过程交待非常清楚。刘氏刊刻古籍每部著作后面都有专家作跋，有的是本人作跋，交代刊刻年代，或加简单评论，这一些跋也为书籍增色不少。比如《东山外记》二卷，即有冯梦华（冯煦）作跋。冯为江苏金坛人，光绪十二年探花。

刻书是文人的雅事，也是传承文脉的需要，许多文人墨客对此都非常认同，因此刘承干的刻书受到许多文人的一致称赞。苏州的藏书家章钰（1865—1937），字式之，光绪二十六年进士，为校勘专家。他看到刘承干出的董若雨诗集《丰草庵集》内容不够完整，便从自己书库里找到了一个旧稿本，特意从苏州赶到刘承干处，将旧稿本交给刘承干。刘承干看过以后非常兴奋，并且为章钰的行为感动，因为这个稿本比他原来的内容多了近十分之二。后来，刘承干借用此稿本，完成了董说即董若雨的诗文集刊刻。

清末至民国有四大刻书匠，一是京都文楷斋刘春生，一是南京姜文卿，一是湖北陶子麟，一是吴门徐元圃。四大刻书匠有三人为刘承干刻过书。京都文楷斋刘春生为了刻书便利，刻匠都搬到沪上董康家里居住。有一次，董康和刘春生约刘承干吃饭，刘承干来到闸北西藏路董康家，看到三楼三底的房子，楼上是董康和家眷所住，底下是刻匠所居。为刘承干刻书的还有上海朱文海、苏州穆子美和郑子兰、扬州周楚江等。穆子美刻书有《嘉泰吴兴志》《吴兴掌故集》《吴兴备志》《闻过斋集》等，周楚江刻书有《春雪亭诗话》《渚山堂词话》等，北平文楷斋则刊刻《旧五代史》，南京姜文卿则刻过陆增祥所撰《八琼室金石补正》，上海朱文海则刊刻过《四库全书表文笺释》《周易》《尚书》《仪礼注疏》等。经过刻书，刘承干和许多刻匠建立了非常友好的关系，比如陶子麟（1857—1928），他曾经为缪荃孙、盛宣怀、徐乃昌、傅增湘、刘世珩等名家刻过书，到上海为刘承干刻书，就住在刘承干家里，晚年的陶子麟身体差了，就派他儿子过来联系。1928年陶子麟过世，刘承干送去了挽联："大孝本无情岂因白业皈心禅榻甘后开士习荣封仍市隐纵到赤明历劫学林犹忆椠人功。"金陵姜文卿一度刻书质量很差，是他手下的徒弟所刻，刘承干见面以后当即提出了批评。1921年，姜文卿提出由于物价涨了，要求增加刻工资，刘承干便同意了，过去刻一千字为二元四角，提高为二元七角。

刘承干刊印古籍，风靡全国，许多名士遗老闻讯纷纷来信索讨，而他也往往慷慨赠送。他送给南通状元张謇各类刻书有二十种。经常来为刘承干女儿（淞女）及如夫人朱琨华看病的徐馥荪，出身于苏州中医世家，但其工诗文、擅长书法，又担任过报纸编辑，是王韬的弟子。他羡慕刘承干的书籍，刘承干便慷慨大方送其十余种新刊刻的图书。还有吴郁生和刘家是姻亲，刘承干一个妹妹嫁给了吴郁生的次子吴潜甫，因此刘承干和吴家时有往来。古籍刊刻以后便托妹夫吴潜甫给他父亲送书，有《结一庐丛书》四种，有《历代诗话》一部共十集八十卷。1939年，张菊生、陈陶遗、顾廷龙和叶景葵等发起成立合众书馆，顾廷龙几次找到刘承干，希望刘承干为图书馆捐书。刘承干慷慨大方，将自己刊刻的图书《留余草堂丛书》共十种计六十二卷赠送。《留余草堂丛书》选择先儒性理格言编辑而成，包括《庭训格言》一卷、《司马温公家范》十卷、《黄忠节公甲申日记》一卷、《四书说约》三十三卷等。据《求恕斋友朋手札》所载，刘承干送书的文友有罗振玉、章钰、褚德彝、叶景葵、夏敬观、余绍宋、康有为、谢国桢、沈兼士、吕景端、李瑞清、吴永、张宗祥、商衍鎏等。在北大任教的沈兼士则来信为胡适之讨书："新刊《实斋遗书》友人胡适之兄竭欲拜观，非分奢求，惟先生谅宥不罪为幸。"

钱塘张尔田，即张孟劬（1874—1945），为清末民初著名史学家，1914年在清史馆担任协修。刘承干为其刊刻《玉溪生年谱会笺》四卷，一些北京的文友闻悉后便托张孟劬向刘承干索书。刘承干还将刊刻的书籍用作交换，罗振玉送给刘承干《吉石庵丛书》《石室佚书》，刘承干则送其影宋《前汉书》《后汉书》《八琼室金石萃编》、曹元弼著《复礼堂述学诗》等。徐晓霞的家庭教师林桌如赠刘承干《戴郯源文钞》，刘承干则送其新刻之书。

刘承干还给许多图书馆赠送图书。送给北平图书馆的赵万里图书十八种。张静江在日内瓦办中国国际图书馆，刘承干赠书一百四十余种。

有些书商为刘承干出售古籍，同时也希望能够得到刘承干所刊刻的书籍，刘承干也慷慨相赠。

在聚书藏书过程中，刘承干又聘请专家编写《藏书志》。1917年夏由缪荃孙开始担任，至1919年一共编写书志一千二百余篇。缪病故后，又聘请吴昌绶继续编写。吴昌绶所纂二稿，一共一百一十四篇。继吴昌绶后，刘承干又聘请董康。董康所撰六百三十六篇，其中新撰四百十六篇，另有二百二十篇为缪小珊所有而董康重撰。《藏书志》历经三人之手，一共著录善本书一千七百余种，计合宋、元刻本九十一种，明刻本八百四十一种，明活字本六种，稿本五十六种，明清抄本七百四十一种。志内记录书名、卷数、著者、版本、以及藏印等，还附有简要题解。《藏书志》草稿完成之后，因为经济等原因并没有刊印，那时候刘承干经济已经发生困难。解放后，稿本由刘氏后人出售于上海古籍书店，后被复旦大学收购，于1997年出版。

第二十一章　抗日寇烽火及书楼

　　刘承干每一年都有几万册图书购入，尊德里堆得满屋都是，南浔老宅也堆了许多。1920 年，经过长久的思考酝酿，刘承干决定在南浔小莲庄旁鹧鸪溪畔开建嘉业堂藏书楼。为了建造藏书楼他去了各地参观考察，甚至到北京图书馆实地考察。他花钱请名人题字，以点缀图书馆。将溥仪的题匾"钦若嘉业"中"嘉业"二字作为藏书楼之名。藏书楼在 1924 年建成，刘承干又请翰林院编修、京师大学堂总监督、刘锦藻同年进士刘廷琛为书楼题名。其间，刘承干多次回乡探亲，数次到藏书楼检查工程，他发现门窗不密封，铜锁有破损，当即关照工程负责人崔振声检查返工。崔是南浔人，是刘承干的账房，因为质量问题，曾经多次遭到刘承干批评。

　　早在嘉业堂藏书楼开建前，刘承干已在杭州西湖边上购置房产，建了一个藏书楼，取名"留余草堂"。此楼位于杭州宝石山东南麓，北山街 13 与 14 号之间。原为一幢旧楼，刘承干改建后定名为"留余草堂"，因为刘承干曾经叫"刘留余"。草堂旁边隔一座大佛寺就是坚匏别墅，是刘承干父亲刘锦藻所建。当初刘锦藻在此建坚匏别墅，看中了此地的优美景色——依山傍西湖。他多次住坚匏别墅，完成了《清续文献通考》这部巨著。为了编成此书，刘锦藻广置图书，刘承干也帮助四方收罗，"留余草堂"便成了藏书楼。当然，"留余草堂"地盘太小，距离上海太远，建一个像模像样的藏书楼还不合适。

嘉业堂藏书楼建成以后，刘承干聘请周子美为藏书楼编目部主任，之后又聘请施韵秋、崔叔荣、张仲翱为藏书楼管理人员。周子美为湖州南浔人，周氏家族为南浔"八牛"之一，周家奠基人周昌炽（1832—1883）勇于革新，首创湖丝名品——辑里干经，在国际市场上维持了三十余年的优势地位。周昌炽为了在上海打开生丝销路，联合堂弟周昌富一起在上海开丝行。兄弟二人分工，周昌炽在上海跟洋商打交道，逐渐精通外语，成为"丝事通"，由堂弟周昌富负责在南浔收购生丝。几年之间，周家成为南浔巨富。周昌炽还有二哥周昌大，早年因为父亲过世，十五岁即辍学经商，因为缺少资本无法开店，直到二十多年后才独立在南浔开丝行——周申泰丝行。周昌炽见二哥销售困难，就主动帮助周昌大在洋商间推销，做"二传手"，结果周昌大也成为富商。周昌大二公子周庆森，光绪三十三年（1877）十六岁考取秀才，三十三岁结婚，三十四岁喜得贵子，即周延年，号子美（1896—1998）。周子美六岁时跟随父亲周庆森迁居温州平阳，十岁随父回南浔，家庭为其聘请蒋文勋先生教习国学。1911年1月，十六岁的周子美经过努力考取了杭州私立浙江法政学堂经济科，也就在那年，周子美的父亲周庆森突然患病故世。父亲突然离世，对周子美是一个很大打击，家庭的

图书管理员周子美　　　　　　　周子美妻子罗庄

顶梁柱突然崩塌，还好，周子美的叔叔周庆云及时伸出援手。在周庆云的帮助下，1913年12月，周子美以优良成绩从浙江法政专门学堂毕业。次年，他在南浔镇毓秀小学任教。1921年，周子美由叔父周庆云介绍到宁波岱山任盐栈职员。1924年，刘承干嘉业堂藏书楼建成，聘请周子美担任编目部主任。自此，周子美跟刘承干建立长达数十年的友谊。周子美曾经对人说："刘家藏书楼开办了，我乃谋得这一工作，工资虽不高，但独挡一面，而且无形中增加了古书版本知识，得到很大好处。"周子美在嘉业堂藏书楼工作近九年，将藏书楼六十万册图书全部浏览一遍，编成《嘉业堂藏书目录》《嘉业堂抄校本目录》等十几种图书。周子美还在编目之余研究学术，出版多种著作。如《永乐大典本金刚经》《聊斋志异拾遗》《庄氏史案考》《周延年游记》等。1925年，周子美原配夫人过世。两年后，刘承干书记员沈醉愚为周子美做媒，将罗振常的大女儿罗庄（罗振玉侄女）介绍给周子美为续。罗庄出身书香家庭，能够作诗文，她的嫁妆里就有许多书籍，因此周子美和罗庄结合后，夫妻非常恩爱，经常在一起研究诗文。1932年，周子美经其表兄蔡正华介绍到上海圣约翰大学任教（蔡时任圣约翰大学中文系主任），1942年辍业，之后又至南京泽存书库任职，此书库属于陈群个人，1944年再回上海圣约翰大学。续娶夫人罗庄1941年因为患肺病过世。之后周子美生活困难，子女众多，经常来往于刘承干处，有时跟刘承干借钱，有时便住宿在刘承干家，连过年也待在刘承干家里。解放后，圣约翰大学并入复旦、交大和华东师范大学，周子美调华东师大任教授，后任华东师大图书馆阅览部主任。周子美1998年过世，享年一百零三岁。

另一位图书管理员施韵秋为江苏海门人，由通海垦牧公司账房推荐而来，在刘承干处工作二十多年。周子美到上海圣约翰大学任教后，图书管理工作主要依赖施韵秋。后又增加张仲翱，为施韵秋同乡。抗日战争前，施韵秋等闻日寇即将侵入南浔，为保护图书，偷偷将部分善本装入麻袋转移出来，又将其中较珍贵古籍之首本偷偷抽出，也装进麻袋，陆续装船运至上海，来不及运的则藏入南浔老宅阁楼上。

从 1939 年 6 月 2 日起至 1942 年 12 月，共计偷运图书六万两千零八十一册。这批图书后来保存在苏州河边的尊德里老宅，刘承干、沈醉愚等陆续整理了好几天时间。

运出的书籍只占书楼极小部分，大部分书籍依然搁在南浔，包括十一万多册古籍图书，近四万张印书雕版，两千多份碑帖，两千多册自印书，以及整个书楼，成为人们最最担心之物。抗日战争期间，藏书楼基本没有太大损失，这似乎有些不可思议。后来人们便有各种猜测，谓藏书楼未遭日寇破坏，有"御匾保护说""送书得福说""掠夺阴谋说"等。藏书楼为何得以保存，请听笔者慢慢道来。

其一为日本人松崎鹤雄的"关注"。1936 年夏天，刘承干去大连避暑，经过王君九介绍认识日本汉学家松崎鹤雄。松崎鹤雄是一个汉学家，对中国文化非常熟悉，而且会说汉语，曾经在中国生活多年，对版本目录学有非常深刻的研究，又是长沙著名学者王闿运的弟子。刘承干认识他以后，自然对他产生好感。但是，松崎鹤雄又是满铁图书馆的工作人员。满铁是南满洲铁道株式会社，是一个由日本国家垄断的资本主义企业，同时是担负日本向中国东北和其他地区进行侵略扩张的一个殖民侵略机构。从 1909 年开始，满铁控制的沿线铁路上相继设立多个图书馆，图书馆多了，自然要考虑采购图书，这些图书不仅要满足满铁人员和家属看书的需要，同时也为了获取和搜集中国古籍，尤其是关于中国的地图、市志、文化习俗等方面书籍，以便研究中国，为入侵中国作准备。当时许多懂中国文化的日本人相继来到满铁图书馆服务，松崎鹤雄就是那时候过来的。刘承干是商人，因为对古籍感兴趣，对版本目录有研究，而喜欢结交文化朋友，而对满铁的真实本质或许并不能够充分认识。因此，当松崎鹤雄有意购买嘉业堂藏书楼全部图书时，刘承干很有兴趣，因为松崎鹤雄开价高，一度开价四十万元。那阵子，刘承干生意亏损，物价飞涨，藏书楼雇人管理，也需要花钱。从大连归来以后，刘承干和松崎鹤雄一直保持书信联系，其中还有介绍人王君九、许鲁山。松崎鹤雄还在 1939 年到过上海，和刘承干会面。刘承干在四川路的新亚饭店宴请松崎鹤雄，当时许鲁山也参加了。

可见，当初刘承干确实把希望寄托在松崎鹤雄身上。

1939 年 11 月 8 日，刘承干致王君九信中说："柔翁方面不妨先与言明送二数（罗叔翁所云送礼物，如此巨数，安得有如许礼物。且柔翁亦非富人，不如送钱为善也），另以三数作其他费用。盖满铁方面以及运书保护等费亦不可不点缀，况柔翁前次致我公函本有'在三十七八外请酌加数万，作为运书保护等费用'之语，今索性决定数目，日后成交时在此限度内可以听彼支配。"①

柔翁，即指松崎鹤雄，又称松崎柔甫。罗叔翁即罗振玉，他是介绍人。二数即二万。信中说"柔翁亦非富人，不如送钱为善也"，是指给松崎鹤雄个人的好处费。

松崎鹤雄给刘承干回信："书事曲折荏苒，至近日稍决定以四十万金移入调查部事，昨早得调查部长明言，但刻下阳历年关，社务剧忙，且虽汇金派人等事不免纡回。然此事既定，敢奉告并请垂恕荏苒迟日之罪。"②

1940 年初，满铁购书计划最后落空，松崎鹤雄感觉自己没有脸面直接跟刘承干说，只托王君九转来消息，说满铁购书事由于军部反对而搁置，还假惺惺说，他因此愧对刘承干。

此时刘承干尚在傻乎乎等待满铁的购书计划，同时为了藏书楼的安全又拜托松崎鹤雄照顾。因为松崎鹤雄的妻舅松井大将，在上海担任日本警备队司令。通过松崎鹤雄给松井大将写信，托他关照驻守浙江的日本牧少将，保障南浔藏书楼安全。松崎鹤雄是否跟上海方面打过招呼，关照部下保护藏书楼安全，不得而知，不过浙江的牧少将确实到过南浔藏书楼。当然他们保护藏书楼的真实目的我们也无从知晓，也许是敷衍一下刘承干，也许是司马昭之心。在满铁购书计划落空之后，王君九来沪上居住，曾经带刘承干三次去四川路上的满铁驻沪事务所，

① 《文献》杂志，2002 年第四期。

② 《文献》杂志，2002 年第四期。

希望满铁事务所开特别通行证，以便将藏书楼书籍运到上海。不过，通行证一直未开出来，运书至上海的计划久未实现。

褚民谊

此外有褚民谊的帮忙。褚民谊是南浔人，跟刘承干是同乡。抗战期间，刘承干儿子刘世烆（第六子）想考取九江海关工作，刘承干曾经找过褚民谊帮忙。1940 年，朱古微原配严夫人，年八十三岁，一人独居苏州，先有保姆，后因为贫困辞去保姆，每天只煮一锅粥吃一天。由宋伯彦陪伴到上海找刘承干帮忙，求出售朱古微《彊村丛书》三部，刘承干数次给她钱款，施以援手。严夫人说，有《彊村丛书》板片，目前在南京图书馆，希望设法出售。刘承干便多次给周子美去信（时周子美在南京一家私人图书馆谋一差事），托其转信给褚民谊和汪精卫，希望帮助出售板片。1942 年 7 月，《彊村丛书》板片成功出售，得到二万元支票，刘承干立即派人给古微夫人送去。

在求助满铁驻沪事务所开特别通行证无望之后，刘承干转求褚民谊。1944 年 5 月 10 日，刘承干得悉褚民谊的妹婿徐联奎嫁女，刘承干为了能够遇见褚民谊便特意赶去祝贺，婚礼上他见着褚民谊，还见着徐朴诚，徐时为第一军军长。第二天，即 1944 年 5 月 11 日，刘承干便花费五千元设宴款待褚民谊和徐朴诚，宴席上吃鱼翅等高档佳肴，然后拜托他们办理运书手续。

刘承干求褚民谊帮忙，褚民谊则写信给浙江省长傅筑隐，求其帮助办理刘承干藏书楼启封文书以及护照。因为藏书楼已经被日本宪兵所封，没有这些批文是不能够运出去的。之后，刘承干拿到了批文和护照，当他正准备运书的时候，突然得悉一个消息，南浔丝商张芹伯因为拜托汪伪政权的军队护送家具木料到上海，运输费用高得吓人，那些副官到上海后住宾馆、赌博、嫖娼所有消费也全部要报销。这样一来，刘承干便犹豫了，他藏书楼的书籍全部运出恐怕十二艘船也装不下，如此高昂的费用，他如何承担得起，运书的事情便又一次搁浅。为此他写信给浙江省长傅筑隐，以交通困难、无处去雇船为借口，暂缓运书。

嘉业堂藏书楼就这样阴差阳错地保存了下来。

1945 年，抗日战争已经进入尾声，老百姓在水深火热之中似乎看见了一丝曙光。

第二十二章 强取书叔平耍阴谋

抗战期间，刘承干因为经济状况恶劣，有意出售图书。长沙人张叔平通过郑振铎和施韵秋介绍认识了刘承干。双方几次谈判后便在 1942 年 10 月 21 日签订购书合同，那份合同一共有十条具体内容：

（一）甲方以所藏宋刊本、元刊本、明刊本、批校本、《四库》底本、《四库》本、名家钞本、稿本、普通本（包括清代、现代刊本、石印本、铅印本在内）、普通钞本十一类书籍，共计十三万两千册，出让于乙方，议得时值中储券二百万元正；

（二）上开书籍原来分庋于上海、南浔两地，今议上海书籍即在庋藏所在地点明移交，南浔书籍运至上海移交；

（三）甲方缮交乙方目录一份，为移交之根据，目录上卷数、册数与本书有不符时，以本书应有之卷数为准；

（四）上海、南浔两地书籍之包扎费用归甲方负担，运输费用归乙方负担；

（五）南浔书籍由乙方设法运沪，中途如有意外发生，而致损失全部，或一部分时，其损失由甲、乙平均分担之（即乙方应将损失书籍价值之半数付给甲方）；

（六）上海书籍，双方须于订约后半个月内移交手续办理清楚，南浔书籍于乙方办妥"搬出证"后一个月内运沪，但运输方面如发生阻碍，甲

方不负延缓之责任;

（七）本议据签字时，乙方先付定洋十万元，上海书籍移交时，再付清一百五十万元，其余四十万，候南浔书籍移交时付清（上海书籍作价一百六十万，南浔书籍作价四十万）；

（八）甲方上海有木制书箱十六只，箱垫四只，南浔有木制书箱五百四十只、箱垫一百三十五只，连带让归乙方，议价中储券六万元，于移交时一次付清，南浔书籍亦由乙方设法运沪，运输费用及中途如有损失，概归乙方负担；

（九）本议据签字后，任何一方如有临时悔约情事，当照定洋加倍处罚；

（十）本议据缮写一式两纸，双方各执，书、款两交清楚时作废。中证为郑西谛、施韵秋二人。[①]

合同签订以后，张叔平分三次支付一百三十万及定金十万，共支付一百四十万元，刘承干则将藏于上海的古籍陆续发给张。这些古籍为嘉业堂藏书楼内的精华部分，共有四百余种宋元明刊本。张得到古籍精华后，因为资金短缺，余款便一拖再拖，最后一次付款拖延半个月之久。此间上海物价飞涨，往往几天之内差距就达数万元。刘承干见张叔平付钱拖拖拉拉，而这边物价飞涨，便干脆扣下剩余图书不再发送。

张叔平得到四百余种宋元明刊本，内有翁覃溪手稿《罪惟录》等，这批藏书楼的精华部分，是日寇入侵南浔前藏书楼员工偷偷运到上海的。张叔平是一捐客，专做空手套白狼的生意。他从刘承干处得到图书，转手即出售给上海亿中银行董事长朱鸿仪，朱出价二百万。张轻轻松松就赚了几十万，他应该心满意足了吧？其实不然。

张叔平居然跟汪伪政权有勾结。1945 年 5 月 26 日，上海保安司令部参谋处长余世杰、科长姚次青突然带人闯入朱鸿仪家，将朱鸿仪带走，并且将家中图书全部运走。到了警局之后，警察局居然说图书

---

① 《嘉业堂志》，国家图书馆出版社。

是张叔平的。警局姚次青一上来就说："你那些图书是张叔平寄存在你这里的，你知道吗？"朱鸿仪说："有什么证据？"姚说："这些书有问题。"朱说："书有什么问题？是来历不明还是书内容反动？或者是钱款未交齐，请你说清楚。"姚无言回答，将朱鸿仪扣押。过了几天，姚又对朱鸿仪："你这批书准备捐让，还是出售？"朱回答："这批书到底主权属于谁？你说这批书不是我的，我怎么会有权处理呢？"姚当时语塞，便恼羞成怒，说朱有政治问题。朱说，我有什么政治问题？姚说，这是秘密。朱被关押几天后，警察局觉得朱支持不住了，姚就对朱说，你如果想要出去，必须找一个保人。朱说，找什么人？商界老板或者社会名流我也熟悉几人。姚说，必须是张叔平。朱说，张叔平到何处去找？没有想到，当日张叔平果然来了。朱鸿仪当面训斥张叔平，张叔平却毫无羞耻，当即写了保书。姚又要求朱写保证书，将二百万全部上交。又说，看你保管图书多时，酬以储备券四万。朱坚决不收。

张叔平抢了朱鸿仪的图书，还对刘承干下手。1945 年 7 月 11 日下午一时，上海保安司令部参谋处长余世杰及科长姚次青带着戈登路警察局探警以及张叔平手下图书管理员刘宗岳等约十余人，乘车闯入刘承干家。刘承干尚在睡午觉，账房邵菊如和书记员沈刚甫出面接待。警察局的人说，张叔平购买图书是替他们在办事，所以带来了合同和信件，要刘承干出来说话。仆人说，老板还没有起来，他们便吵着要上楼去。如夫人冯秀芳闻声出来制止。他们对冯秀芳说，你家里所有的书籍要全部封死，不许再动，等候通知处理。然后他们便动手将装图书的箱子全部贴上封条，封条上写着保安司令部字样。贴完之后，留下一个人看守，其余人便乘车走了。

刘承干见图书被封，当即四处托人。1945 年 8 月 27 日，刘承干来到福煦路（今延安中路）朱鸿仪家，朱鸿仪跟刘承干谈起跟张叔平买书的事情经过。朱说，当时经人介绍跟张叔平购书，初期议价一百五十万，先将嘉业堂书影样拿来看过，复将书送张菊生估价。之后，张叔平提出要加价一百万，加赠《图书集成》一部。朱鸿仪不答应，谓商家买卖，必须讲信用，如果不愿意出售，尽可作罢。倘若诚心成交，我愿意再加五十万，至于《图书集成》，给不给都无所谓。于是朱鸿仪出价二百万，购得以上图书。没有想到，书到手还没有捂热，便被上海保安司令部抢了去，还将朱鸿仪关押数日。

听了朱鸿仪这番叙述，刘承干更加愤愤不平，原来张叔平是一个骗子。

书柜贴上了封条，刘承干着家人先别动，毕竟警察局是官府。叫冯秀芳跟律师葛肇基通电话，请他马上过来，葛律师在警局有熟人，希望他出面帮助解决。刘承干的二儿子刘世煦便去找冒鹤亭帮忙，冒鹤亭让他去找严孟繁，可是严孟繁并不愿意搭理。刘世煦再找冒鹤亭，冒鹤亭又拜托杨惺华帮忙，杨惺华是中央信托公司经理，是周佛海的妻舅，周佛海刚刚被伪政权任命为上海市市长。

7月18日，距书柜贴封条后一个星期，保安司令部又来了几个人，有杨主任、姚某、谢某，还有戈登路警察署长朱某、探长叶某，以及张叔平手下书籍管理员刘宗岳。他们开了汽车过来，不管三七二十一闯入房间就搬书，将二楼和三楼的书箱、书橱全部装上车，装车后便直接开到对门的昌明制钟厂。又通知刘承干这边派人过去点数，刘承干害怕书籍丢失即派书记员沈刚甫和图书管理员张仲翔过去。警察局还叫了张叔平的手下刘宗岳一同参加点数，一共点了两天，将所有书籍编目，然后出了一个收据交给沈刚甫。书箱一共一万零十四个，橱柜四个，还有零包几件。收据也给了张叔平一份。

警局抢走书籍，刘承干像无头苍蝇一般到处托人。他找到朱鸿仪，想约他共同作证跟张叔平打官司。他又找到汪希文，找到许鲁山。1945年7月，许鲁山对刘承干说，有个广东人叫李鸣皋，过去一直在恭邸办事，他是陈公博夫人的堂兄弟，他听说你书籍的事情，表示愿意帮忙。刘承干便约许鲁山同去拜访李鸣皋，得知李鸣皋堂兄弟李励文是陈公博夫人的亲哥哥，于是又去求李励文帮忙。去了几次没有遇着，是他的女公子接待，后来刘承干约了汪希文，请汪希文先约好李，然后用汽车接汪希文同去李励文家，又用车接李鸣皋同来，李励文才答应帮忙写信给周佛海市长。刘承干送汪希文和李鸣皋回家，路上汪希文说，李励文的岳父黄焯民在广州病故，明天在上海开吊，刘兄你最好去吊唁，以表心意。刘承干立马答应，第二天赶去淡水路口的关帝庙，李家正为黄焯民开吊诵经，刘承干送去挽联，乘机和李励文谈。之后，便由汪希文起草文稿，将购书具体细节写清楚，署上汪希文、李励文、还有彭东原三人名字，信发给周佛海以及市府秘书长罗君强二人，求其出面协调。

刘承干为了讨还书籍，可谓费尽心机。不过，周佛海还没有帮上忙，日本鬼子便投降了。

随即，重庆国民党政府赶来上海接收。刘承干为书籍的事情着急，又写信用航空寄给重庆庞赞臣，托其找朱家骅和戴季陶帮忙，他们一个是教育部长，一个是考试院院长，都是湖州人。10月16日，日寇投降已经过去一个月了，突然市政府派人到刘承干家，由刘世炽接待。那人说，关于那批书的事市政府已经嘱咐社会局去办理。

刘承干得到此消息，先是高兴，继又担忧，听说重庆来的接收大员都非常腐败，趁机捞钱，办事都要送金条，非常黑。

10月19日，江宁区警察局科员李弼军来通知，说总局长宣铁吾指示，刘某人的书籍可以发还，叫刘承干马上去人搬运。刘承干马上通知两个儿子刘世煦和刘世炎过来，带了工人赶去昌明制钟厂。没有想到，工厂里负责保管的职员冯德英以警察局没有公文为由不让搬运。随同一起来的警察说，你不让我们搬运，那么我们一起去见局长如何？工厂管理员面露难色。双方正在僵持，突然张叔平坐了汽车赶来，对着刘世煦大骂："刘承干是汉奸，把古籍卖给日本人！我是蒋主席派在上海的秘密工作者，因为担心国粹流入异邦，所以才出面干涉，将图书封存在工厂里。"张叔平气势汹汹地从口袋里掏出一张纸片，在警察面前一晃："你看，这是第三战区司令部联络处长张子羽的名片，他和我是老交情了。我一个电话，就可以叫他过来。"同来的警察经张叔平一吓唬，知道跟他说不清楚，便说："我们也是执行命令，要不你和我们一起去找宣铁吾局长，看他怎么说。"

警察便带了张叔平到总局，宣铁吾不在，其他人也决定不了，只好将全部书籍搬到江宁区警察分局暂存。

1945年11月9日，国民党教育部长朱家骅到上海。刘承干得到消息后，立即安排宴请他。因刘承干和朱家骅不是太熟，又通过南浔人沈麟伯出面邀请。酒席上，刘承干本想跟朱家骅谈谈张叔平的事情，请他帮忙，可是他忽然听见座上有个姓曲的女士说她父亲跟张叔平很熟悉，所以刘承干就没有敢提。等到吃完酒席下楼的时候，他才匆匆忙忙跟朱家骅随便聊了几句。

1945年12月1日，书籍还是没有发还。刘承干找到湖州沈田莘，将张叔平劫书之事告知。刘承干具函致湖州同乡会，又由沈田莘转重庆湖州同乡会，转给会长陈霭士（即陈其采，陈英士的兄弟），最后转行政院宋子文、监察院于右任、考试院戴季陶，请他们出面给上海市长钱慕尹去电，将书发还。这一招，应该算是手眼通天吧。

从7月18日书籍被警察局带走，已经过去四个月，刘承干四处奔波，事情还是没有任何眉目。他原以为国民政府接收了上海，重庆那边湖州人很多，陈果夫、陈立夫、戴季陶、朱家骅都是湖州人，且都是大官，自己也已经写信给沈田莘，想必此事不难解决，没有想到阻力竟是那么大。这天晚上，刘承干从儿子处得到消息，市政府有意购买刘承干的书籍。这是不是一个好消息呢？

12月6日，沈田莘从重庆归来说，他已经去找过民国政府教育部政务次长顾毓琇，对顾毓琇说，市政府已经下文将刘承干书籍事情交给贵局办理，你是否知晓？顾毓琇说，我不是太清楚，等我查一下。沈田莘又将张叔平抢书的事情跟顾毓琇作了详细汇报。顾毓琇听后说，刘承干的书籍最好捐给政府，或者由政府出面收买，这样可能问题比较好解决一点。沈田莘就说，要捐助也要本人同意呀，必须等先发还了再说呀，还有，那么多书籍全部捐，还是只捐助一部分呢？顾毓琇说，不管捐多捐少，随缘乐助就可以。刘承干听后对沈田莘说，顾毓琇说话有点滑头，我担心市政府以收购的名义将我的书籍没收，再看看吧。

12月8日，警察局派人送来批示：

古籍纠纷一案前经本局据情转呈市政府核示，现奉市政府秘组二字第三十四号指令，略开查本案，既据查明全系购书纠纷，应饬径向司法机关诉究，唯该项书籍宜由本市图书馆价购，或商让，以免散失而便研究，除令教育局办理。

终于明确书籍归教育局管。第二天，刘承干便在家里请客招待朋友，有程沧波（江苏武进人，曾任重庆国民党监察院秘书长、中央宣传部副部长、《新闻报》社长）、夏剑丞、高云麓、马木轩、李拔可、沈田莘、高吹万、张君谋，程沧波坐首席。席间，刘承干将昨天警察局交来的批文给大家看。程沧波看过说，找教育局顾毓琇。

《申报》记者毛树奎来访，采访刘承干书籍被抢劫事情，由账房邵菊如负责接待。

12月11日，《申报》刊发文章：汉奸周佛海到刘承干处抢劫古籍，行为非常恶劣。报道很详细，就是一字未提张叔平。

当初龙章造纸厂搬迁重庆，庞赞臣（庞莱臣堂兄弟1885—1951）便一直待在重庆，现在庞赞臣也随国民党回到了上海，刘承干立即赶去拜访。他们两个年纪相仿，且是南浔同乡，又一起担任过龙章造纸厂的董事，彼此关系非常密切。刘承干跟他谈起张叔平的事情，庞赞臣听得非常仔细。庞赞臣说："我们重庆有个旅渝同乡会，大家看过你的来信，一起联名写信致市政府，可是你的书籍至今没有发还，钱花了不少，托了许多朋友，我认为这可能是合同纠纷。现在马上要过元旦了，政府要人都赶去南京了，所以你现在索性不要性急，等过一阵再想办法。"快快不乐的刘承干只好先回家，将原来的书目找出来进行核对，再将张叔平买书留下的收条进行比对，哪些是出售给张叔平的，哪些是未出售的，一一进行检查，收条原来由施韵秋经手，今年施韵秋病故，现在从他的家里将全部收条取过来，重新检查核对。

刘承干去看望一位刚从重庆归来的老朋友。他叫谢蘅牕（1875—

1960），宁波镇海人，十六岁到上海煤炭行做学徒，后来做洋商买办十余年。抗日战争爆发以后，他跟随国民党政府去了重庆，继续做煤炭生意，给政府部门供应煤炭。现在抗战胜利了，他也随政府回上海了。刘承干过去跟他经常来往，谢问起刘承干近况，刘承干便气愤地跟他说起张叔平的事情，张叔平勾结汪伪周佛海，竟然公开来抢劫。刘承干希望谢蘅牕将有关情况告知重庆行政院经济部长翁泳霓，请其出面帮忙。谢蘅牕云："你最好写一份公文直接寄到重庆，然后再抄一份给我，等翁来上海时，我跟他面谈。你从前卖给张叔平的书籍，可以将其赎回，然后捐给政府。只要是捐给政府的，就不怕他不给，倘若他不还，就以汉奸罪交给法院办理，此等人，必须给些苦头予他吃。"

12月29日，谢蘅牕过七十岁生日，高云麓和谢蘅牕请客，刘承干赶去赴宴，同坐有龚怀西（翰林编修、安徽人）、林朗溪、孙愿才、钱自严、章行严、王福庵、沈祖绵，高云麓负责招待。

1946年1月11日傍晚，中央图书馆筹备处主任蒋慰堂，还有徐森玉和顾毓琇，他们在昏黄的路灯陪伴下走进刘承干家。蒋慰堂进门就开门见山说："张叔平买你的书，现在已经捐助给政府了，他原来和你订过合同，凡是合同之内未交的书籍，现在由政府收买。凡合同以外的书全部发还。"刘承干说："南浔藏书楼那边，今年驻扎过军队，藏书楼蹂躏不堪。他们把书板当作地板，这八年当中，损失究竟有多少，现在还无法统计，恐怕不能够达到合同要求。"蒋慰堂说："但求大略就行，稍许少一些也没有关系，过几天，教育部次长杭立武即将来沪，他会到府上面谒。"刘承干说："张叔平勾结周佛海派人上门抢劫，行为太恶劣。"徐森玉说："看在他年幼无知，不去计较。"刘承干说："他都已经五十岁了，还年幼无知？"徐森玉没有再吭声。顾毓琇说："你可以去跟沈士华秘书长接洽，即可以拿还书籍了。"

书籍总算可以发还了。1946年1月29日，乙酉年的腊月二十七，刘承干在家里安排吃年夜饭。这是抗战胜利后首次过年，虽然物价飞涨，为了庆祝胜利，刘承干还是在家里摆了两桌年夜饭。他邀请账房金良甫，还有汪希文、杨鉴资、杨诞石、周子美、堂弟刘和叔一起吃年夜饭。菜是自家所备，酒水也是平常，但是大家都异常高兴。

过完了年，正月初四，刘承干便正式接到江宁路警察分局股员陈祖功通知，谓总局有令，书籍决定发还，让这边去领。书记员沈刚甫、贻德账房高伯英、纪健甫、朱孟豪、严奇初、王燮梅以及刘世煦、刘世燡、刘世烜等全部赶到警局去点数，后来杨鉴资也赶来帮忙。杨鉴资为杨子晴的儿子，年四十六岁，因为杨子晴病故，家境困难来上海，帮助刘承干管理家务兼书记员。

第二十三章　论文化自古称浔商

　　谈到南浔丝商，熟悉的人都知道有"四象八牛七十二条金黄狗"，说他们有辉煌的业绩，财富总值达八千万两白银，而当时清政府财政总收入也不过七千万两白银。南浔确实是富人多，经济发达，而人们往往忽视了他们的立足之本。

　　南浔是文化之邦，有深厚的文化底蕴。据文献记载，南浔在宋明清三代共出了四十一名进士。南浔是一个水乡小镇，到清末总人口也不过四万人，同比类似乡镇，南浔可以称得上人才辈出。在南浔，有许多做官人的美丽传说。其一为"一门三代四进士"。明代中叶，南浔人董份在嘉靖二十年（1541）考取进士。万历八年（1580）董份孙董嗣成考取进士。万历十一年（1583）董份子董道醇考取进士。万历二十三年（1595）董份另一孙董嗣昭考取进士。一户人家祖孙三代出了四个进士，这是非常罕见的。其二有"子先父登进士"。即说董道醇和董嗣成父子登进士的故事。据考证，儿子比老子先登进士，在明代还有一例，四川新都杨廷和也是比他父亲杨春先考取了进士。然而，这样的例子毕竟是非常罕见，它至少说明了董氏家族父亲和儿子都在刻苦努力读书。其三有"兄弟同登进士"。明代万历二十年（1592），南浔马腰人沈濂和其弟沈演同登进士。其四有"九里三阁老，十里两尚书"。"三阁老"指朱国桢（南浔人，1589年考取进士，天启三年正月拜礼部尚书兼东阁大学士，改文渊阁大学士，后为首辅）、沈

滩［南浔马腰人，1592 年考取进士，泰昌元年（1620）为礼部尚书，兼东阁大学士］、温体仁（南浔人，1589 年二甲进士，崇祯二年以礼部尚书、东阁大学士入阁辅政。）

到过南浔，一定见过临河而建的"百间楼"旧址，它位于张静江故居的西边，沿着长廊所建的每一间房子格局和模样都如出一辙。据传，"百间楼"是明朝董份父子所建。当年，董份的孙子要娶花林茅坤的孙女，茅坤也是大户人家，陪嫁的丫环有一百个，于是，董家就盖了一百间小房子，让每一个陪嫁丫环住一间。

南浔多读书人，又是藏书家聚集之地。明清以来，出了许多学者、诗人。董氏家族世代书香，从明初董仁寿起至清乾隆初，共出文学家五十四人，出版著作共一百五十二种。在董氏家族辉煌时代之后，董氏家族后裔继承祖上先德，董斯张和董说父子成为南浔著名学者。董斯张（1586—1628），贡生，十六岁得过肺病，身体有残疾，和华亭的著名画家董其昌、散文大家陈继儒交往密切。董斯张有杂著《吹景集》，有《吴兴备志》三十二卷。董斯张的儿子董说，诗人，喜爱山水，喜欢山居，经常隐居山里寺庙读书，有《丰草庵诗集》十一卷，《丰草庵前集》《丰草庵后集》各三卷。明亡前董说加入复社。清朝，南浔有著名文人刘桐（1759—1803），字舜挥，号疏雨，人称刘疏雨，例贡生。生平好聚书，为乾隆年间南浔著名藏书家。此外还有汪曰桢、董蠡舟等一批诗人学者。

南浔丝商中也出现过许多读书人。"四象"之一张颂贤的孙子张均衡，举人，金石碑刻收藏家，在沪上居时所交之人有吴昌硕、篆刻家丁辅之、王福安等，他还是西泠印社的发起人和赞助人。

南浔另一只"大象"庞家的二公子庞元济（1864—1949）亦是一位收藏大家。庞元济，字莱臣，十七岁中秀才，光绪十四年（1888）其父出款十万两银子为其捐官，赏候补四品京堂。之后庞元济继承父业在上海、杭州经商，1895年，与富商丁丙合作在杭州开办"世经缫丝厂"，在杭州塘栖镇开办"大纶丝厂"，又开办"通益公纱厂"，与刘锦藻、周庆云、张淡如、张均衡等湖州丝商共同创办浙江兴业银行，与广东人刘学询合伙开办"合众水火保险公司"等。庞元济喜爱收藏古画，收藏的唐伯虎画作达几十幅之多，包含人物、花鸟、山水、工笔、写意等。庞家在南浔建立一座园林，称"宜园"。朱祖谋《宜园题词》赞道："春宜花，秋宜月，夏宜凉风，冬宜晴雪，景与兴会，情与时适，无乎不宜。"庞元济在园内建有"半画阁重楼"，画室称"虚斋"，斋内珍藏许多名画。

南浔"八牛"之一蒋家后代蒋汝藻（1876—1954），字元彩，号孟蘋，又号乐庵，为光绪二十九年举人，曾任学部郎中总务司行走。蒋孟蘋是刘锦藻的外甥，刘承干的表兄。蒋孟蘋喜欢藏书，在南浔建造藏书楼——密韵楼。蒋孟蘋还曾经花了一千五百两银子购买宋刻孤本《草窗韵语》。此书为南宋周密隐居湖州弁山时收集整理的诗集，诗集中的作品均为宋亡之前所作。南浔文人周庆云著《浔雅戊集》介绍说："吾里先哲蒋氏昆季，曰维培、维基，均好聚书，各有万卷。维培之孙蒋汝藻，字孟蘋，仰承先志，搜集元明初以及各家旧抄本，十余年来，所得千数百种，蔚为大观，以视刘、张二氏有过之。孟蘋曾得宋周密《草

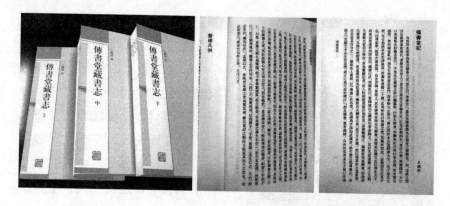

王国维为蒋孟苹编藏书志

窗韵语》，为海内孤本，额其楼曰'密韵'，其刻密韵楼丛书十种，皆双钩影宋，至为精美，惜校印少，世人罕见。"蒋孟苹还聘请王国维先生担任书籍编目，为其撰《密韵楼藏书志》。从 1919 年春至 1923年冬，王国维历时四年半时间，完成书目编撰（后改书名为《传书堂藏书志》）。蒋汝藻五十岁时，王国维为其写贺文《乐庵居士五十寿序》，文中称赞江南三大藏书家：刘承干、张石铭、蒋孟苹。

余与乐庵居士生同岁，同籍浙西，宣统之初，又同官学部，顾未尝相知也。辛亥后，余居日本，始闻人言，今日江左藏书有三大家，则刘翰怡京卿，张石铭观察与居士也。丙辰之春，余归海上，始识居士。居士亢爽有肝胆，重友朋，其嗜书盖性也。

南浔"八牛"之一周家后代周庆云（1864—1933），字景星，号湘舲，又别号"梦坡"，祖籍浙江余姚，约在乾隆年间迁移南浔。周庆云的生父为周昌大，候选通判加盐提举衔，生母董氏，为南浔望族，嗣父周昌炽，为四品衔候选郎中。周庆云有个叔叔叫周昌富，字鹤峰，号芸斋，能诗善书，喜欢收藏金石书画。在周庆云的一生中，除了周昌富外，还有两个兄长对其产生过巨大影响。长兄周庆贤，字晋生，号芹轩，又号群仙，举人，江苏补用知县，年轻时喜好收藏图书，一生唯知博览

南浔丝商周庆云

精研，于光绪八年（1882）壬午举于乡，以后无所续获，遂绝意科举，往来西湖、虞山间探名胜，光绪二十四年（1898）以"史馆叙膳录"得赏，分发江苏为补用知县。仲兄周庆森，字郁文，号蓉史，又号荣史，别号占城，附贡生。周庆云自三岁迁回南浔，七岁跟随两位哥哥周庆贤和周庆森入家塾读书，十三岁读完四书五经，背诵如流，十五岁开始学写文章，十八岁入县学，即考取秀才。他在周庆贤和周庆森两位兄长的影响下，对诗歌也产生浓厚的兴趣。1883年，二十岁的周庆云继承嗣父周昌炽的事业，开始涉足丝业。1890年，由于欧美机器缫丝业迅速发展，中国土丝墨守成规，最终导致周家丝行关闭。周庆云发现做丝业获利小，经营盐业利润高，便去太姻丈张颂贤家帮助经营盐务。这一帮，就是四十年。

周庆云是诗人、词人，民国初年，在沪上结交文人墨客、前清遗老。1912年，周庆云在上海参加高太痴组织的"希社"活动，同年又和刘承干一起发动组织消寒聚会，1913年成立"淞社"，1915年在上海成立"春音词社"。据《吴兴周梦坡先生年谱》记载，周庆云的填词活动从1914年开始，他经常拿词作去请教朱祖谋。杭州西溪有一个名胜叫秋雪庵，原来荒芜满目，破烂不堪，周庆云花二百两银子购入。为了重建一个崭新的秋雪庵，周庆云奔走于同仁好友之间，发动大家赞助。后刘承干捐地二十亩，张均衡捐银五百两，其余同仁也纷纷捐助。周庆云依靠众人力量，花费七千元在1921年建成秋雪庵，又在秋雪庵内建成"历代两浙词人祠"，供奉历代词人一千一百零四人。

周庆云收藏赵孟頫的一把古琴，名松风琴。为了弘扬古琴的文化艺术，周庆云在沪上晨风庐家举办"晨风庐琴会"。1920年农历九月初一，有一百四十位琴友来到周庆云居所道达里晨风庐。在为期三天的琴会上，有三十三位琴手演奏，甚至还有西洋女子也应邀参加，有三十三张古琴参加展览并且留影。这是一次古琴艺术的交流，更是一次空前的文化盛会。

周庆云著作颇多，刊刻了多种著作，许多历史资料得以保存。如《浔雅》一书，共十八卷，专门记录南浔巨富收藏。再如1915年刊刻的《甲乙消寒集》《壬癸消寒集》《淞滨吟社集》保存许多前清遗老的诗作。1916年刊行《浔溪诗征》四十卷，1917年刊刻《浔溪词征》二卷，1925年刊刻《浔溪文征》十六卷，其他著作还有《琴书存目》《琴书别录》《梦坡室收藏琴谱提要》等。

第二十四章　赋诗文消寒会遗老

民国初期，各地战乱频繁，一帮失去俸禄的遗老纷纷避难沪上，依靠那点有限的存款勉强度日。期时，西风劲吹十里洋场，租界的物质文明令他们羡慕。

日子要打发，吃吃喝喝以外，有闲的阶层自然还要做一点别的事情，饮酒赋诗，填词作画，固然美妙，可是也需要物质作基础。如今的遗老连过日子都感觉艰难，许多人都已经在卖书鬻文了，哪里还有闲钱去聚会呢？刘承干、周庆云等一帮浔商审时度势，主动承担了盟主的身份。

据传，唐开元王仁裕每值大雪，扫径延宾为暖寒之会，后来士大夫群起仿效，易名为消寒会。九九消寒即是从冬至日算起，每九日举办一集，共计九九八十一天。

1912 年 12 月 20 日，旧历壬子年十一月十二日，刘承干偕沈醉愚来到康脑脱路的双清别墅，赴刘光珊、周湘舲消寒之约。这康脑脱路即今天的上海康定路，双清别墅为海宁丝商徐氏兄弟徐贯云、徐凌云所建，又称徐园，面积有几十亩，乃是一座中式园林。园内布局精巧典雅，有草堂春宴、寄楼听雨、曲榭观鱼、画桥垂钓、平台远眺、长廊觅句、柳阁闻蝉、盘谷鸣琴等十二景。假山水榭，亭台楼阁，还有高达数米的喷水池，用抽水机抽水。又有大戏台，专请名角演京剧、昆剧、评弹琵琶，还有马戏表演和时尚电影。徐氏兄弟徐凌云，平生

双清别墅遗老聚会

嗜好昆曲，十九岁登台表演，曾跟曲艺世家俞粟庐、俞振飞父子同台表演。每年春夏秋冬，定期举办各种花卉展览，有牡丹花会、梅花会、菊花会、兰花会、杜鹃花会，等等。那是一个游客如云、观者如堵的好去处，上海的有闲阶层、达官贵人、公子王孙，无不趋之若鹜。

刘光珊即刘炳照，号语石，江苏阳湖人，县学生出身，诗人。周湘舲即周庆云，为南浔丝商，诗人。那天参加人员共十八人：

钱听邠刺史（钱溯耆，前官深州直录州），缪筱珊参议（前官学部参议），许子颂大令（湛祥，曾经官无锡知县），汪渊若太史（洵，前官翰林院编修），吴昌硕大令（俊卿，曾官安东知县），潘兰史徵君（飞声），长尾雨山博士（甲，日本人，曾官博士），徐冠南（堂，曾官江苏候补道），张弁群学部（增熙，曾经官邮传部郎中），周湘舲广文（庆云，曾经官永康教谕），徐贯云（仁杰），刘光珊广文（炳照，候选训导），俞瘦石，余笏堂，李子昭，冷云帆，沈醉愚，刘承干。

这批前清遗老多为垂垂老人，钱听邠六十八，缪筱珊六十八，许子颂七十一，汪渊若六十四，吴昌硕六十八，刘炳照六十五，潘飞声五十四，徐冠南四十六，沈醉愚四十一，周庆云四十七，俞瘦石（俞云）四十九，而当时刘承干只有三十一岁。

消寒聚会要作诗，参加者几乎人人会吟。事先定下一个主题，以便各位充分准备。那天聚会的主题是观周庆云所藏赵松雪遗琴。赵松雪为何人？他是元代大书画家、一品大官赵孟頫。那把流传了几百年历史的松雪琴，为传世无价之宝，如今让各位一饱眼福，遗老们兴之所至自然大发诗兴。读者不妨欣赏一下他们的佳作。

汪洵（1848—1915），字子渊，号渊若，阳湖人，光绪十八年（1892）进士，授翰林院编修。他唱道：

> 主人携琴更相示，道是松雪当年制。
>
> 八分铭背风入松，甲品第三诗梦识。
>
> 和弦再鼓声清越，紫玉光莹去雕饰。

那天刘承干吟了二首诗：

> 西园雅集续兰亭，何意相逢海上萍。
>
> 名士过江头半白，才人好客眼终青。
>
> 新图风雨偷闲写，旧曲琴歌倚醉听。
>
> 手把焦桐谈往事，鸥波遗制认残铭。

> 木落庭空寂静时，消寒良会最宜诗。
>
> 林亭入画疑金谷，海客谈瀛对玉卮。
>
> 三径霜霏红叶满，一堂风雅碧弦知。
>
> 云龙角逐平生愿，预向诸公订后期。

周庆云写道：

独窟无所适，空自感西风。天涯存知己，漂泊各西东。角声殷天末，伤哉劫未终。经年隐海曲，何处诉幽衷，消寒有成例，聊复蹑高踪，不辞冰雪寒，蜡屐名园中。梦得与下走，权作主人翁。琴抱松雪遗，愧我弹未工，入坐半耆旧，谈瀛海客逢。流连杯酒间，诗思入寒空。石墨发古香，摩挲意无穷。旷然适心志，其乐自融融。

刘承干写的这两首诗，为何押韵而且通俗，具有那么高的水平？因为刘承干身边有个书记员，担任者就是老秀才、诗人沈醉愚，有沈醉愚帮助润色，他诗作自然不会蹩脚。

咏春和赏雪历来是文人的雅兴之一，消寒聚会自然少不了这个主题，从冬至日开始，九九八十一天，进入最后两集时令已进入来年春天。

上海的春天虽然没有乡下那么朝气蓬勃，但是在公园里，在街角的花坛里，在男女青年的衣着上，处处可见春意盎然。君不见，公园湖上尚有薄冰，而时尚的女性却早已换上时髦的裙子，让那长长的细腿裸露在外。那帮老朽虽然赶不上青年们的追求，但是他们自然也喜欢春天，喜欢在暖洋洋的太阳照射下去田野踏春。于是，壬子年消寒第八集和第九集分别是分咏十春诗。事先将咏春题目细分为踏春、买春、唱春、咬春、打春、藏春、括春、唤春、挽春、报春、洗春。不是十春吗，怎么变了十一春？原来这十春便是大概数字，凑成一个整数而已。春天在他们眼里已经变成一个可买、可留、可洗的美丽事物了。

缪荃孙《踏春》：

> 青青一道泄春光，如织人归陌上忙。
> 扶杖登山吟屐健，停针步月绣鞋香。
> 较量腰脚推佳日，开拓心胸趁艳阳。
> 野草闲花愁未了，几同象祖斗狮王。

沈焜（沈醉愚）《买春》：

> 清风明月不论钱，输于壶中价十千。
> 裘典鹔鹴寒尚峭，杯斟鹦鹉色愈妍。
> 青帘占尽繁华地，红杏开残旖旎天。
> 安得江潮化醽醁，不愁囊涩饮陶然。

刘炳照《唱春》：

> 传说官春赐自明，沿门卖唱走邮氓。
> 曼歌徐度敲钲缓，旧字新描绰板轻。
> 海国偶来惊别调，土音入听触乡情。
> 元宵闹后龙舟闹，都作南风不竞声。

戴启文《咬春》：

> 寒荠清淡本家常，别具生蔬应节尝。
> 嚼蜡反夸萝卜味，含辛不沁齿牙凉。
> 留遗习惯沿芜史，导引阳和佐粥浆。
> 更有旧闻传日下，啖春饼胜菜根香。

周庆云《打春》：

> 律应条风斗柄横，士人秉来待躬耕。
> 赐来幡胜成春服，听得鞭声出禁城。

刘炳照《唤春》：

> 暖风渐入北枝梅，谁把青春唤得来。

双燕呢喃低语报，群莺睨睆好音催。
深闺惊梦娇娘起，远道招魂逐客回，
我似杜鹃啼尽血，东皇何事费疑猜。

沈焜《挽春》：

几番把酒祝东风，蕊尾花开去莫匆。
碧树有情遮祖帐，绿杨无力绾香骢。
攀辕蜂蝶离程远，揽袂河梁别意同。
只恐欲留留不得，杜鹃啼遍万山中。

周庆云《洗春》：

嫩凉池馆晚晴收，洗罢征车不洗愁。
花影红飞三月雨，树荫绿净一庭秋。
啼残缺舌天街润，画染螺眉曲槛浮。
最是良宵倾听处，有人凄断小红楼。

  丝商周庆云，有文化，会写诗作词，又是收藏大家。明代有一个大臣董其昌，又称董文敏，是著名书画家，师法于董源、巨然、黄公望、倪瓒，画作清秀中和，恬静疏旷，用墨明洁隽朗，温敦淡荡，为"华亭画派"杰出代表。他的书法出入晋唐，自成一格，康熙帝、乾隆帝都以董其昌的书法为宗，备加推崇，甚至亲临手摹董书。康熙帝曾经称赞说："华亭董其昌书法，天姿迥异。其高秀圆润之致，流行于楮墨间，非诸家所能及也。"连皇帝都大加赞赏。周庆云一人就收藏了董其昌手书字册十四种，这对许多遗老来说，简直不可思议，他们既羡慕又惊奇，因为这批遗老们大多喜欢舞文弄墨，都能够写一手漂亮的毛笔字。董其昌十七岁时参加松江府会考，他作八股文虽然优秀，但是结果因为毛笔字写得差而屈居第二。这件事情对董其昌刺激很深，以后便发愤练习书法。在座的遗老们都深知书法意义，那是当今皇上所推崇的，而他们中的有些人还不曾亲眼见过董其昌书法真迹。1914 年甲寅消寒会第一集，题目就是欣赏董其昌的书法作品。嘉兴的老儒沈曾植曾亲眼目睹这难忘一幕，在日记里记录："酒足饭饱后，周庆云出示所得文敏墨迹巨册，十四种，行楷毕具，首尾完善，诚大观也。"

那天打头阵的还是缪荃孙：

> 华亭尚书今钟王，墨花零落霏古香。
>
> 方册纵横高尺许，两垒轩主曾收藏。
>
> 尚书挥毫绍南派，图开笔阵源流长。
>
> 行间布分舞燕折，腕底变化神龙翔。
>
> 上追残宋松雪赵，下启昭代天瓶张。
>
> 三贤迭主敦磐会，扶持元气规晋唐。
>
> 忽焉小夫矜壮学，摩崖造像搜琳琅。
>
> 摆脱规矩入险仄，扫涤文采趋伦荒。
>
> 遂致人心日嚚薄，即观书法能猜详。
>
> 我持此册三叹息，方知至美皆寻常。
>
> 奇珍在箧勤保护，梦坡室内腾英光。

艺风老人缪荃孙为光绪进士，翰林院编修，近代著名藏书家、校勘家，精通版本目录研究，是我国近代图书馆学的鼻祖。他的诗作挥挥洒洒，文采飞扬。

再看广东番禺潘飞声作的诗：

> 画禅室主书中仙，譬之诗有李青莲。
>
> 浏亮浑脱何所似，公孙剑器舞当筵。
>
> 五百年来天地闭，俗书但求端楷媚。
>
> 哪知跳跃在天门，豪端攒捉龙拏势。

篆隶方圆作绳准，好手直到钟王尽。

公书翻到赵鸥波，如绾秋蛇更春蚓。

张芝索靖飘逸才，旷代人间时一来。

……

再看沈醉愚作的诗：

寒潮冻断淞江湄，酒人商略招故知。

嗟余遁世不称意，谁其娱者琴书诗。

前年首集双清墅，尊前倚醉调琴丝。

去岁晨风欢会续，诗吟袖石衔清卮。

今夕何夕复此集，风光何减去年时。

华亭墨妙动四座，遒劲中含婀娜姿。

三年三度具三绝，主翁风雅良可师。

为言两垒轩旧物，吴兴太守激赏之。

观摩千遍更万遍，数行题墨犹淋漓。

楚弓楚得有前定，劫余幸托神护持。

坐中鉴赏谁巨擘，正法眼藏推昌期。

……

刘承干收藏的古籍里也有珍本，"宋刻两汉书"便是他的镇馆之宝。"两汉书"指《汉书》《后汉书》，为宋椠本，宋代刻的书字体优美而且年代久远因此非常珍贵，许多遗老虽曾听闻却未曾目睹。1914 年甲寅消寒会第三集是观刘承干所藏宋刻两汉书。

刘炳照题道：

鹭洲书院甲申镌，更得一经堂后编（前汉书白鹭洲书院刻本，后汉书一经堂刻本，书后纪年甲申，乃宁宗嘉定三十七年也）。

明项清汪珍秘笈（每卷首页有项子长、汪士钟收藏私印），幸逃劫火赖筠仙（粤匪之乱两书归湘南郭氏，赖以保存）。

木斋李子号书淫，后汉书售八百金（李木斋旧藏刘之同本，亦得于湘中袁澓六家）。

四史得全争快睹，彭城宝藏冠南浔（翰怡先得宋本史记、三国志，今又获此精椠，可谓四美具矣）。

写在括号里的小注，是刘炳照附在诗后的。他对这四本宋椠非常重视，了解又非常详细。

甲寅冬季沪上下起了大雪，饮酒赏雪自然是文人们最具雅兴之事。第六集消寒会便是以雪为题赋诗。

又是缪荃孙打头阵：

> 今年三冬少雨雪，官河干断井泉竭。
> 忽然滕六税驾来，万里江山增皎洁。
> 沙沙渐向耳轮鸣，片片又随眼波撷。
> 但看小院积成堆，不计征衣寒似铁。
> ……

再有潘飞声：

> 昨日同赋望雪诗，今日欣然得快雪。
> 天公作意慰诗人，诗可格天亦奇绝。
> 室内重茵坐不温，檐角枯枝冻欲折。
> 深山大泽玉龙出，翻动长江合一发。
> 频年野战血元黄，净洗乾坤入清洁。
> 银汉星槎万里通，玉宇天梯六丁掣。
> 顿忆京华多酒侣，孤怀远瞩讵殊别。

西欧锋镝葬胡马，东海漩涡起鱼鳖。
……

再有戴启文：

朔风卷云乱楮叶，风定云收天不雪。
望雪情殷望岁先，岂独农家坐愁绝。
忽然一夜祥霙铺，踏冻人防屐齿折。
红炉暖酒正消寒，飞入簾栊点已灭。
前宵雅集各分题，拈韵曾将险字掣。
新诗脱稿互相质，座上传观醉眼缬。
枯肠搜索试重吟，快睹天公散瑛屑。
……

再如恽毓珂：

地维欲倾天柱折，烟尘澒洞行人绝。
邓林落尽树无枝，艮岳崩秃山见骨。
帝阍万里叫不开，雨师风伯摈朝谒。
郁噫大块气怒号，人愁鬼愁安可说。
渊明高隐几先知（陶先生拙存），伯起清白邦之杰（杨先生芷晴）。
子寿征聘辞北向（章先生一山），休文声韵俪前哲（沈先生醉愚）。
更有孝标老益穷，寄怀辨命强作达（刘先生语石）。
数公落落振奇人，意气蹉跎愈蓬勃。
年年月照海东头，浩荡沧波映华发。
情长日短酒杯宽，万古乾坤一瑶札。
吁嗟阊阖醉未醒，滕六戒车更待发。
玉龙转向上方飞，金鳌压损圆瓯缺。
影茫千里失河山，泥滑六街没车辙。

浮云纵目心自伤，凉飙袭肌血犹热。
大才天欲试诸艰，岁寒士乃见真节。
登楼纵酒兴不孤，四座嘉宾尽罗列。
白头缪袭学宏富（缪丈艺风），皓首戴达性高洁（戴丈子开）。
忠孝之家赐荣国，簪缨端礼继先烈（钱先生听邠暨哲嗣履樛）。
安仁鬓衰擅词赋（潘先生兰史），茂先手藏识题跋（张先生石铭）。
濂溪襟度扩渊冲，如见光风与霁月（周先生梦坡）。
吟朋臭味合芝兰，天涯聚首常忻悦。
沧桑瞥眼过旗亭，百年昏晓阴阳割。
玉梅狼藉笙笛寒，扁舟缥缈波涛阔（潘先生兰史、沈先生醉愚，说探梅邓尉之胜，并约伴往游天台）。
数林黄叶衰江南，九点斋烟视溟渤（日占青岛后东事益急）。
酒入愁肠化作诗，箫声剑气心如铁。
惜哉道子名冠时，药炉禅榻厌喧聒（吴先生昌硕）。
公度魁儒重族谊，膏车一昨去吴越（吴年丈子修）。
桃花潭水问汪伦，腰脚寻春虑颠蹶（汪丈渊若）。
滕王蛱蝶题徽之，闭户吟声出林末（吕先生幼舲）。
子元博览夜读书，百城四库同标设（刘先生翰怡）。
玉楼天半曲已终，伊人秋水思空切。
嗟予昆季入山深，竹杖芒鞋更布袜。
回首南田亦草衣，云溪便是桃源窟（予及从兄季申）。
康乐西堂梦春草，叔齐孤竹怀薇蕨。
沙虫仓卒尽劫灰，杜鹃怅望长啼血，
杨朱素丝泣路歧，殷浩白日书空咄。
浊酒山肴醉司命，送穷文字声呜咽（是日为祀灶后一日）。
太息杭州旧泪痕，沾襟誓与明湖别。
驱车邸舍一檠昏，袱被袁安高卧雪。

江苏武进恽毓龄（1857—1936），字季申，光绪十四年举人。其堂弟恽毓珂，字瑾叔，号醇庵，太学生，工部郎中，浙江候补道，署两浙盐运使。恽氏兄弟都是诗人，民国后在上海居住，和刘承干交往密切。恽毓珂的这篇诗描写非常具体细致，成功地描摹出参加消寒会成员的个性特点，赞美而不媚俗，让人愉快接受。

消寒会荡漾着一片欢笑声，座上传观诗作，探讨品味，充满了文化雅趣。

消寒聚会人数并不确定，时多时少，参加者都已经年老体弱，有的这期参加了下期却参加不了。办了数期以后，声名远播，原先不知情的同仁后来得知也赶来加入。周庆云后来做了一件好事，将参加者所作诗文编成一本诗集《甲乙消寒集》，请七十七岁的名儒曾经任无锡知县的许子颂在书签里题了书名，还将所有参加消寒聚会的二十二位遗老全部列名，有江阴缪筱珊、安吉吴昌硕、铁岭杨钟义芷晴、阳湖刘语石（即刘炳照，字光珊，号语石）、阳湖恽毓龄季申、阳湖恽毓珂瑾叔、番禺潘飞声兰史、秀水陶葆廉拙存、乌程周庆云、乌程张均衡石铭、宁波章梫一山、丹徒戴启文壶翁、乌程刘承干翰怡、石门沈焜醉愚、泾县朱锟念陶、北通白曾然也诗、宝山施赞唐琴南、常熟潘蠖毅远、华阳洪尔振鹭汀、无锡汪煦符生、贵池刘世珩葱石、宝山钱衡璋礼南。

举办数期消寒聚会，刘承干和周庆云似乎还不满足，因为消寒聚

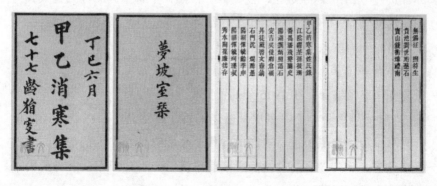

周庆云编《甲乙消寒集》

会毕竟受时间限制，要九天才办一期，其他的八天就空着了，于是他们又发起"淞社"聚会，以弥补消寒聚会之不足，让更多的遗老可以参加吟诗谈天。"淞社"成立于1913年，它没有受时间限制，后来周庆云又将参加者全部列名，编成《淞滨吟社集》，共有四十九位参加者题诗。主要人员有：

沈守廉，字絜斋，浙江海盐人，曾经担任惠潮嘉兵备道，诗人，1923年去世。钱溯耆（1844—1917），太仓人，字伊臣，一字听邠，1870年优贡，曾经官深州知州，其祖父为钱宝琛，为浙江布政使，湖南巡抚；其父亲钱鼎铭为举人，从宝琛治团练积功，擢道员、按察使、河南巡抚。潘飞声（1858—1934），字兰史，广东番禺人，光绪二十五年（1897）曾经在柏林大学汉文学教授，回国后加入南社，担任报社编辑，诗笔雄丽，1907年定居上海。朱锟，即朱砚陶，又称朱念陶，安徽泾县人，其祖父是盐商，父亲朱鸿度为道台，中国近代民办纺织厂创始人，其本人是举人，民国后定居上海，1925年病逝。章梫（1861—1949），名正耀，字立光，号一山，浙江三门县人，光绪三十年进士，翰林院检讨。刘世珩（1874—1926），字聚卿，安徽贵池人，光绪二十年举人，曾以道员指分湖北，授江苏候补道，清末藏书家、刻书家、文学家。孙德谦（1869—1935），字益庵，苏州人，年十八成诸生，与郑文焯、吴昌硕、朱祖谋等交游，历任东吴大学、大夏大学、交通大学教授。汪洵（1848—1915），字子渊，号渊若，阳湖人（今江苏常州），光绪十八年进士，授编修。汪煦，字符生，江苏无锡人，为湖州杨岘女婿（1855年举人，曾任江苏松江知府）。陆树藩即陆纯伯，是湖州皕宋楼主人陆心源之子。

还有一位参加者日本汉学家长尾甲雨山，是吴昌硕朋友，曾经担任商务印书馆编译，在1915年回了日本。

"淞社"聚会办了许多次，遗老们写了许多诗，那些诗篇经周庆云刻写以后，流传于世。遗老的后代至今能够见着先人的墨迹，自然倍感欣慰，比如"题刘君翰怡所藏翁覃溪学士手纂四库全书提要稿本二百四十册"，就是"淞社"非常有亮点的一次活动。

翁覃溪即翁方纲(1733—1818),字正三,一字忠叙,顺天大兴人(今北京大兴),乾隆十七年进士,授编修,官至内阁学士。乾隆三十八年,清廷开设四库全书馆,请翁方纲为《四库全书》纂修官。他参加编纂《四库全书》达二十多年,著录图书一千册。这部提要稿本就是研究之余的学术著作,保存了许多的原始资料,初为南海粤雅堂和贵池玉海堂所有,后被刘承干收购。

　　刘承干曾经在诗中感叹道:"日来世局如棋乱,黑白混淆那可说。怡情琴酒亦良图,冷我心肠成石铁。"又云,"但恨时运倾,世路泣分歧,却愿凭佛力,法雨注东垂。"对政局的失望,对前途的担忧,诗人们大多感觉迷惘,但是他们都已经年老体弱,只能够过一种不问世事、流连杯酒,从石墨里陶冶心情的休闲生活。

第二十五章　居孤岛寒士不忍孤

抗战全面爆发，苏州和南浔都被日本人占领。刘承干初始在苏州平门避难，闻日本人打到苏州，立即带了家眷躲到南浔。未曾想刘承干刚刚在南浔落脚，很快就传来日本人已经占领吴江、马上要进攻南浔的消息，情急之下，他马上着下人去雇船，先暂时躲到菱湖再说。菱湖有一个当铺万泰店是刘家所开，那边房子还蛮大，可以暂时居住。因为战事紧迫，农家的船不是被征用，就是被有钱人雇去当逃难工具，因此，船只颇难寻找。后仆人找到一条卖鱼的船，船老大初始有些为难，因为他才刚刚驾船到南浔，船内鱼鲜尚未脱手，现在要重新返回菱湖，这鱼怎么处理呢？无奈刘承干肯出高价，问其要多少钱肯去菱湖，渔夫说，你如果出三十元，我便与你去了，譬如我的鱼生意也不做了。刘承干不管三七二十一立即答应，让他先将鱼卸掉，不顾鱼腥味扑鼻，带了夫人和部分家什搬至菱湖。

菱湖万泰当铺的伙计在账房带领下出来跟老板打招呼，账房又将二楼最好的房间腾出来给刘承干和冯秀芳、刘世燆住。刘承干在菱湖当铺里将就了一个星期。此时菱湖镇上风声日紧，日本人已经攻到南浔，距离菱湖也就十几里地。刘承干躲在当铺里未敢出行半步，心想，这样下去总不是办法，就叫账房再去菱湖乡下找房子。当铺的一个司饰就是菱湖乡下人，当地情况非常熟悉，他便在距离菱湖五里地一个叫白富地的村子找了一个养蚕农户，农户有个二层楼房子，春时养蚕，余时则空，目前可以暂时居住。刘承干就跟冯秀芳还有儿子刘世爃搬至白富地居住。白富地的房子自然比不得城里的房子，时临冬季，城里取暖有火炉，而此地什么也没有，四面透风，众人带的衣服也不多，大家都冻得患了感冒，忐忑不安躲了半个月之后，刘承干和冯秀芳都感觉吃不消了。又叫账房王燮梅去乌镇等处打探，看去哪里躲避才安全。不久王燮梅带来消息，谓现在上海租界很安全，日本人对美国人、英国人不敢行动，不过现在湖州去上海的河道全部被日本人封锁，我们没有办法过去。几个人在房子里琢磨半天，愣是想不出办法。最后还是账房邵菊如自告奋勇说，我去杭州打探，是否可以从杭州出发转宁波到上海，因为菱湖距离杭州很近，冒险试一下，或许可以过去。邵菊如自愿担任向导，次日雇船去杭州探听消息。三日后，邵菊如归来，谓虽然路途遇到盘查，但是能够过去。还说，在杭州遇到章荣初，他正准备去上海避难，已经包了一节火车，叫刘老板赶快过来同去上海。

刘承干叫冯秀芳收拾行李，第二天雇船三条，随行十人，刘承干与冯秀芳、刘世爃及二位女佣一条船，王燮梅和邵菊如等几个仆人加行李两条船。一大早，冯秀芳早早起来，给众人烧饭，大家用过早餐即开船。船开至乌镇，有兵船过来盘查，将每一个人的衣物口袋全部翻遍，发现钱钞便搜刮而去。幸亏有些值钱之物放得比较隐蔽，未遭抢劫。匆忙到达杭州，找到章荣初。章已经包了一节火车，当即邀刘承干同车至宁波，然后便乘海轮到上海。

那时"淞沪会战"刚刚结束，上海沦陷，苏州河北岸已经是"日租界"，而位于苏州河南岸的尊德里因为属于英美租界，日本人还不敢跟英美翻脸，因此相对安全。租界就是孤岛，许多有钱人陆陆续续躲进了租界。刘承干搬至尊德里后，每一天都有来租房子的难民，那些有钱的商人、前朝遗老纷纷到租界避难。

1938年1月23日，是刘承干自菱湖避难后，绕道从杭州绍兴再至宁波到上海的第四十天。这一天，刘承干的府上来了两位客人，他们是冒鹤亭与夏剑丞，两位得悉刘承干从南浔回来，马上过来慰问，打听南浔藏书楼的情况怎么样，有没有遭到毁坏。刘承干告诉他们还好，这让他们放心了。冒鹤亭（1873—1959），即冒广生，江苏如皋人，因为生于广州而取名广生。光绪二十年举人，任刑部郎中和农工商部掌印郎中，为清末民初著名学者、诗人。十多年前，冒鹤亭在上海跟刘承干经常交往，后来冒鹤亭去了广东，一直在广州修通志，还兼了中山大学的老师，今年暑假才回到上海度假，没有想到才到沪上便遇到中日开战，之后便留在上海。冒鹤亭告诉刘承干，在广州他遇到胡汉民，胡汉民看到刘承干所刊刻的图书，说刘承干是风雅之人。刘承干听后很高兴，他也知道胡汉民的大名。夏剑丞即夏敬观（1875—1953），字剑丞，江西新建人，生于长沙，光绪举人，官提学使，入民国任浙江教育厅长，近代江西派词人。晚寓上海，擅书画，著有《忍古楼诗集》《忍古楼词话》等。

冒鹤亭和夏敬观常来刘承干处喝茶。一日，冒鹤亭说，现在文友同仁待在租界里，既担惊受怕又很无聊，不如我们大家抽空聚一聚，哪怕聚在一起谈谈天也好。于是三人便分别行动联络同仁，最后定于1938年4月26日中午在刘承干家聚会。那天先后来了冒鹤亭、夏剑丞、

冒鹤亭

夏敬观

林子有、程学川、叶柏皋、王君九、高云麓、沈淇泉、罗子敬，连刘承干一共十人，上桌时互相谦让，谁都不愿意坐首座，后来干脆随便乱坐。这天的厨师是夏剑丞家里带来的，菜价三十元，酒水六元。

饭桌上，刘承干瞅见沈淇泉着一件褪色的灰色长衫，袖口有一个破洞，看他年岁是桌上最长者，刘承干见其夹菜非常小心，生怕掉到桌上，便帮助夹了一块肉递给他。同桌文友说，学台是嘉兴名宿，刚刚从嘉兴过来。

刘承干道："辛亥前，小侄曾经和世伯一起喝过酒，当时还有湖州的沈砚传和沈醉愚，不知世伯是否记得？"

沈淇泉朝刘承干说："好像有过，我和锦藻兄是同年，甲午京城殿试，我们也曾经交往。"原来，沈淇泉参加己丑恩科乡试，膺乡荐，第二年春去京城会试，正在此时，因母亲突然病危回嘉兴，耽误了殿试，后守孝三年，又被恩准参加甲乙殿试，中二甲进士。

刘承干想，原来跟家父同年，我正好有一事相托，看他模样，似乎经济也不宽裕，便道："久闻老先生书法了得，小侄有烦老先生为家庙题匾，不知道老先生可否允许？"

罗子敬插话道："翰怡兄要找人题牌匾，找沈老就对了，他的书法可是一字难求。"

沈淇泉微微一笑："为锦藻兄家庙出力，理所当然，只是要让大家取笑了。在座的各位都是文坛高人，沈某只不过多吃几年闲饭而已。"

沈淇泉即沈卫，字友霍，号淇泉，浙江嘉兴人，系沈钧儒叔叔，光绪进士，翰林院编修，任甘肃主考、陕西学政。他生于1862年，不仅跟刘锦藻同年生，还是同年进士，满腹经纶，善诗文，工书法，在嘉兴很有威望。

罗子敬，即罗振常，浙江上虞人，为金石学家罗振玉季弟，近代学者，藏书家，工诗文古辞。

王君九，即王季烈，苏州人。曾经在伪满洲国任职，于1934年辞职。他往来于苏州、上海两地。

高云麓，即高振霄，字云麓（1877—1956），别署闲云，号顽头陀，浙江鄞县人，光绪三十年（1904）甲辰进士，翰林院编修，书法家。中华人民共和国成立后任上海市首批文史馆馆员。

程学川，即程宗伊，字学川，又字沅甫，浙江嘉兴海盐人，光绪甲辰年（1904）进士，称翰林院庶吉士，三年后考试任翰林院编修，又赴日本学法律，清亡后，他在江南做寓公，鬻书卖文为活。善书法，工诗。1942年病故。程学川和高云麓是同年进士。

林子有，即林葆恒，字子有，福建闽侯人，曾经驻菲律宾副领事，词人，曾经在天津、上海创建"沤社"。

席毕，大家闲聊一阵后散去。刘承干便留沈淇泉谈题匾的事情。"刘氏家庙"四个字，看似简单，但是牌匾很大，足有半个桌子那么大，书法也就不太好写。刘承干拿了八十元钱，说："这是预支的润笔费，原本应该多给一些，无奈眼下经济紧张，只好将就了。"沈淇泉坚决不收，推了半天，勉强收下。沈淇泉又道："不瞒世兄，我家眼下经济有些紧张，想跟世兄周转一下，我这里有两块汉白玉押给世兄，乞世兄借二百元。"说完，便从口袋内掏出两块白玉挂件，细致滑润，做工非常精致。刘承干拿在手上仔细观摩一阵，物件确实精美，可是眼下也不能够当饭吃，不是困难时期，沈老岂肯出让，只是自己目前也很困难。便道："即是老伯出让，小侄便从命了。"当即着账房拿了二百元给沈老，又写押据一张，将白玉挂件暂时收好。沈淇泉没有想到承干如此爽气，连连道谢，拿了钱款高高兴兴而去。

餐后第三天，闻悉长春许鲁山到了上海。许鲁山，即许汝棻，江苏丹徒人，光绪二十四年进士，1932年任满洲国文教部次长，1937年辞职。他比刘承干大十九岁。刘承干在三马路的蜀腴川菜馆设宴招待他。蜀腴川菜馆位于三马路、广西路小花园对面，此地有许多卖绣花女鞋的店铺，因此称"小花园"。同时约请一帮朋友参加，有许鲁山、钱名山、苏幼宰、沈淇泉、冒鹤亭、夏剑丞、罗子敬、王君九。这次聚会增加了钱名山和苏幼宰。钱名山（1875—1944），江苏常州人，光绪二十九年进士，翰林院编修，官刑部主事，为著名诗人。

当日聚餐，众人皆听许鲁山谈东北溥仪事。许鲁山说，日本人在溥仪身边安置了四名侍从武官，四人都为少将以上级别，他们日夜不离溥仪，我们跟溥仪谈工作，他们也待在旁边。他们是安插在溥仪身边的间谍。许鲁山又叹了一口气说，惭愧啊！我为了贪图一点蝇头小利，给日本人当了几年走狗，愧对列祖列宗！大家听后，都感叹不已。林子有说，不如我们明日再聚，大家再聊聊，地点就在我家好了。众人皆说，好呀，我们还想听听溥仪的近况。第二天，便在林子有家聚会，参加人员有王君九、许鲁山、钱名山、瞿良士和瞿旭初父子、冒鹤亭、夏剑丞、苏幼宰、严伯玉。严伯玉是严复的儿子，曾经赴英国伦敦求学，回国后以"精通洋务"受到清廷重视，曾任广东电政监督，驻法国参赞。日本攻占上海，日伪政权要其出任伪财政部部长，严伯玉宁死不就。此外增加了常熟的瞿良士和瞿旭初，他们父子俩是常熟藏书家"铁琴铜剑楼"后代。

几次聚会后，遗老们都感觉总让刘承干掏钱过意不去，谈妥了一个定期轮流值会的办法。1938 年 5 月 26 日，他们即以全新的办法开始聚会。那天晚上他们还是在老地方——三马路的蜀腴川菜馆，参加人员有许鲁山、冒鹤亭、罗子敬、沈淇泉、刘承干，林子有因为另有应酬，坐一会先走了，夏剑丞因病没有参加。轮流值会，就是自助餐，餐费由每一个人自己出。

1938 年 7 月 18 日，至四马路上的山景园应冒鹤亭之招，每一个人出两元钱，有喻志韶、叶柏皋、沈淇泉、夏剑丞、严载如、冒鹤亭、刘承干等。严载如（1897—1992），上海人，民国时期著名诗人。"山景园餐馆"是一个常熟人所开，位于四马路广西路口，三开间门面，一百二十张桌子，招牌菜有"叫花鸡""出骨刀鱼球""鲫鱼""松树蕈"等。

从南浔和江苏海门陆续有人过来沪上。一日，账房程伯厚从安徽休宁过来，他自去年回安徽已经半年多，上月从休宁出发回沪，因至上海的交通全部中断，便改道从金华转温州，然后从温州乘海轮到上海，路上耗时一个月。每一天都提心吊胆，沿途还遇到军队抢劫。王苍民从海门归来，谈起海门几家店铺，和济典、通济典、安济典、裕

上海胶州路 450 号刘承干故居

大典均遭到抢劫，有的房子被烧，有个别职员被枪杀。刘承干闻之心痛不已。

尊德里是石库门老房子，条件差。其时租界里已经流行高档别墅，刘承干去过几次静安寺路，发现那边已经建造了许多高档别墅，因此就萌发了搬迁的念头。静安寺路以西有一条愚园路，原先并没有划归租界的版图，可是英美工部局扩充地盘越界筑路，在愚园路上建了许多住宅，当时有西童女校，有静安寺救火会等。许多华人发现租界里的房子升值空间大，也对洋人越界筑路采取默许的态度，因此愚园路那一带就成了事实上的租界。在尊德里住了半年之后，刘承干看中了愚园路的一处别墅，于 1938 年 7 月 3 日，跟冯秀芳还有账房邵菊如等搬至愚园路 34 号别墅。

刘承干搬了新家，一帮遗老文友得悉后，一起过来为刘承干庆贺，有冒鹤亭、叶柏皋、喻志韶、林子有、沈淇泉、夏剑丞、严载如、罗子敬等。

1938 年 9 月 9 日，集餐在功德林，参加人员有叶柏皋、沈淇泉、夏剑丞、严载如、程学川。

9 月 17 日，刘承干宴客，聚会人员有张豫泉、高颖生、林子有、喻志韶、沈淇泉、冒鹤亭、夏剑丞、罗子敬、严载如。

从最初九人，发展至十五人，不断有新人员加入，有黄静渊、陈蒙庵、吴养臣、陈子康、姚虞琴、葛荫梧、钱自严等。

喻长霖，字志韶（1857—1940），黄岩人，光绪二十一年（1895）榜眼，翰林院编修，曾任两浙师范学堂监督，光绪三十三年赴日本考察，次年五月归，宣统元年任实录馆纂修。孙传芳盘踞浙江，三次请其出山，喻以不事二君辞谢，晚年在上海鬻文为生。喻志韶是一个非常有性格之人，他吃过刘承干的宴请，便于 1938 年 10 月 23 日中午，在四马路的会宾楼请客，邀请刘承干、张豫泉、叶柏皋、高颖生、沈淇泉、林朗溪（即林灏深，福建闽侯人，光绪二十一年进士）、黄霭农、孙筹成（孙福基、清末秀才，嘉兴人）等遗老文友。

严载如即严昌堉，字载如，号畸盦，上海人，诗人，家本富商，因累遭兵火，竟至赤贫，民国时期与朱大可同为"鸣诗社"诗友。

黄静渊，名宏度，江苏宿迁人，提督黄以霖之子。

吴养臣（1858—1938 年后），即吴兆元，字养臣，江苏丹徒人，清四川候补道，当年参加时已经八十四岁。

陈蒙庵即陈运彰，原名陈彰（1905—1955），字君漠，一字蒙庵，原籍广东潮阳，生于上海，早年跟况周颐学词，为入室弟子。历任上海通志馆特约采访，潮州修志局委员，上海圣约翰大学教授。工诗词，擅书法。

姚虞琴（1867—1961），名景瀛，字虞琴，仁和亭趾人（今属余杭），自幼习画，早年习科举未第，曾在湖北水泥厂、造币厂工作二十五年，后任湖南银行汉口分行襄理。1916 年到上海公茂盐栈当协理，与画家陈夔龙、程十发、吴昌硕交往甚密。日寇侵沪，姚虞琴蓄须深居，卖画度日，有人请其出主杭县维持会，遭其严词拒绝。中华人民共和国成立后任上海文史馆馆员。

葛荫梧，即葛昌楣（1886—1964），字咏莪，号荫梧，浙江平湖人，前清优贡生，历任民政部七品京官，学部郎中，创办平湖稚川学校兼校长，后来沪继承祖产米行，经营米行商业。南社社友，诗人，藏书家，书画家，和刘承干有姻亲关系。中华人民共和国成立后为上海文史馆馆员。

钱自严（1870—1969），名崇威，字自严、慈严，江苏吴江人，光绪三十年进士，次年东渡日本学法律，1910 年回国，曾任翰林院编修。1912 年任江苏省高等检察所检察长，后染病辞职，居沪上卖文为生。中华人民共和国成立后任江苏文史馆馆长。

聚餐值会，坚持三年多时间。初始，费用还很便宜，每一个人只需二元即可，七八个人，十几块钱就可以吃一餐。后来物价飞涨，餐费贵了，经常聚餐大家便感觉吃不消。

1941 年年底，日本人终于向美国佬开战了，住在租界里的美国人迫不及待纷纷撤退，一时间轮船票稀缺，经常看见英国人、美国人将自己名下的房产匆匆抛售。每一天都听见日本飞机轰隆隆在头顶上飞过，震得玻璃窗嘎嘎地响，遗老文友渐渐老矣，大家都担惊受怕，有几个老朋友还相继过世，因此聚餐活动也渐渐稀少。

第二十六章　析产业承干大分家

尊德里房产是祖上留下来的，如今被迫要分给几个子女，不分不行。刘承干一共有七个儿子，如今六个已经成婚，还都在吃老子的，他们没有自立能力，这样下去会坐吃山空。1947年阳历元旦，刘承干请族里长辈邱寅叔、三叔父刘梯青，还有几个兄弟作公证人，将尊德里房产分作十二股，拈阄分房，分给六个儿子和两位夫人。最小的儿子没有列入名单，因为他还未成家，将他的财产暂时保管。刘承干给自己及老七留了四份。

1946年年底，刘承干的家庭经济已经全面崩溃，欠外债达两亿法币。两个亿，听起来非常可怕，究其原因，日寇侵入中国，刘承干的典铺全部遭劫，生意被迫关闭，这是主要原因。苏北、海门那边的垦牧公司，由于张謇、张孝若父子先后去世，新上任的领导不像过去张謇父子好说话，当地的职员对南浔这边派去的董事、职员采取排挤态度，以至刘承干派去的许多账房、管理人员都要求辞职。刘承干找不到合适的人员可以胜任通海公司领导，最后不得已而出售通海垦牧公司田产。后继乏人，子女不会经营，刘承干自己也不善于开拓，经营业务主要依赖底下的账房，而账房也不甚得力。再加上国民党政府滥发货币，造成物价飞涨，货币贬值，存在银行里的钞票没有几天就变成一堆废纸。家庭人员众多，儿子陆续成婚，开支庞大。

抗战时期，上海通行法币，1937年全国法币共计十四亿元。日寇入侵中国，为了剥削中国老百姓滥发货币，到日本投降时，法币已经发行五千亿，至 1948 年法币发行达六百六十万亿元，结果导致物价飞涨。抗战前，刘承干吃一顿西餐只花三块钱，到 1947 年 3 月，他到"凯司令"吃西餐，一客西餐已经涨到三万元，涨了一万倍。物价飞涨，必然银子缩水，得利的是日寇和国民政府。刘承干的尊德里房租，租金赶不上涨价的费用，收来的房租不够付水电费、税收费，想要加房租，客户又不同意，需要反复商量几个月。

1946 年 12 月 7 日，刘承干第五子刘世炎结婚，婚礼在青年会举办，招待客人吃西餐，其规模排场已经远不及当年刘世炽结婚那般奢华。

为了维持开支，刘承干将部分尊德里房产出售，这是刘承干留给自己的那"四股"房产。1947 年，他将尊德里 70 号、72 号房产出售，得二十八根金条。1948 年，他将 54 号、56 号房产出售，得二十三根金条。3 月 5 日，又将 68 号房产出售，得金条十一根。那时物价飞涨，房产交易全部使用金条。

除了尊德里，剩下的只有藏书楼。南浔藏书楼要雇人管理，也需要开支。那天，图书管理人员施韵秋和张仲翱到上海汇报工作。自从周子美去上海圣约翰大学任教以后，南浔藏书楼就只剩下他们二人。施韵秋和张仲翱都是海门人，是由通海垦牧公司员工推荐而来，现在已经工作许多年了。他们谈起藏书楼近况，书楼基本还好。刘承干便让施韵秋留在上海帮忙，承担文秘的工作，让张一人回南浔。

抗战前夕，刘承干就有意出售图书，先将售书寄托在满铁图书馆，之后希望破灭。抗战期间，秩序混乱，无人购书。直到抗战胜利后，他获悉国民党政府要采购图书，立即多方打听。

刘承干找到上海徐森玉家，发现他家里全部堆满了书籍，几乎没有落脚之处。原来徐森玉正在上海为重庆中央图书馆采购图书，政府出资。他又找蒋蔚堂（蒋复璁，1926 年北京图书馆建成时为该馆编纂，后任中央图书馆首任馆长），时蒋蔚堂正生病住在上海中美医院。他隔三差五赶去医院探望，一边问候，一边向他打听购书的事情。

蒋蔚堂说："阁下想将书籍卖给暨南大学？"

刘承干说："我有此想法，听说浙江大学没有经费，还望蒋兄鼎力帮助。"

蒋蔚堂说："刚才徐森玉来过，他说浙人之书理应归浙人，你的书还是应该出售给浙江大学。最近教育部也给上海来电话，陈果夫也是此意，刘兄就不要再坚持了。"

刘承干说："那只能这样了，还望蒋兄帮助促成。"

蒋蔚堂说："我已经通知浙江大学派人过来接洽，到时请阁下将书目交伊。"

嘉业堂藏书出售事连陈果夫和朱家骅都知晓了。当时，上海的暨南大学和杭州的浙江大学，都看中了刘承干的藏书。刘承干经过打探，暨南大学有经费，而浙江大学缺少经费，于是他预备出售给暨南大学。可是如今教育部拍板了，"浙人之书要归浙人"，那就只能出售给浙江大学了，只要经费不落空就行。

但是浙江大学购书计划并没有兑现。1948 年，解放战争已经进入决胜阶段，国民政府已经开始撤退，哪里还有闲心去购什么图书呢！

沪上有钱人家纷纷往美国、台湾、香港找出路，最有钱的去美国，次一等的去台湾和香港，再次一等的则去广州、昆明。刘承干因为经济窘迫，无可奈何。11 月 28 日，刘承干的三个儿子一起出发去台湾，老大和老二是去台湾考察，看是否值得永久居留，老四刘世焯带了夫人和一男一女两个仆人，还带了许多行李，准备作长期居住的打算。老大和老二在台湾待了一个星期之后返回上海，对刘承干说，老四夫妇不打算回来了，准备在台湾长期住，要这边再汇些钱过去，说要在台湾找工作。刘承干知道老四出手一向阔绰，从不考虑家里的经济，临走时，瞒着刘承干从账房拿去三万多元，现在到台湾还没有半个月，钱已经花完，又要跟家里伸手，刘承干越想越不舒服。后来刘世焯来信说已经在台湾找到工作，在物质调节委员会充业务员，刘承干闻悉后总算得到点安慰。

刘世焯夫妇走的时候，留下一个儿子在上海，到台湾后，老婆又生了一个。之后，他们夫妇经常思念留在上海的儿子，每一次来信都盼望爸爸妈妈早日将孩子送去台湾。冯秀芳对刘世焞特别关注，她自己没有生育，将刘世焞收为嗣子。嗣子对儿子的无尽思念让冯秀芳感动，她一定要帮这个忙。可是当时托人带孩子去台湾很难，第一是找熟人，第二是飞机票尤其难买。为此，冯秀芳四处托人找关系，刘承干晚年都和冯秀芳待在一起，经常应酬也带着她，比如钱里千夫人等，时常往来。最后冯秀芳终于花两根金条弄到一张飞机票，将孩子送到台湾。

每一年的冬至，刘承干都组织族人在上海举行遥祭活动，现在经济困难，连冬至祭日也不办了。接着，他和冯秀芳一起居住的胶州路450号房子也卖了，那幢房子是花了五十五根金条买下的。又搬至梵黄渡路（今为万航渡路）静园住宅居住。中华人民共和国成立初期，又将静园房子卖了，搬到尊德里老房子住。

第二十七章　大军来其势如破竹

　　1947 年，解放战争进入进攻阶段，我人民解放军从战略防御转入战略进攻。

　　上海为文明繁华之地，尚处在灯红酒绿之中，似乎和战争搭不上边，许多有钱人家和达官贵人并没有意识到战争即将来临。1948 年元旦刚过，大儒章一山陪着溥心畬和他十一岁儿子溥毓岐来到刘承干家。溥心畬即爱新觉罗·溥儒，是清朝大臣恭亲王的孙子。刘承干不敢怠慢，招待级别还很高，三天两头地邀请一批文人相陪，有李拔可、严载如、金息侯、高云麓和高式熊父子、陈子康，还给溥心畬的儿子送见面钿。1948 年农历二月初三，上海百乐门举办一场豪华的婚礼，婚礼的主角是南浔丝商张秉三之女张毓贞和浙江嵊县富商王晓籁第五子。那天场面隆重，沪上名流云集，刘承干当然也应邀出席。张秉三是张静江的侄子，媒人便是陈蔼士。婚礼之后，音乐声起，男女相搂，翩翩起舞。这些参加婚礼的文人雅士，他们都希望早日结束战争，当然他们中许多人对共产党并不了解，他们甚至对国民党还存在幻想。

　　就拿张秉三来说，他曾经留学日本，和蒋介石是同学，因此他和蒋认识很早，张家在奉化开盐栈，聘用蒋介石父亲担任经理。张秉三还在国民党政府内担任官职，但是他对共产党有好感，中华人民共和国成立后任上海文史馆馆员。

再如王晓籁，他在 1907 年即从事商业活动，开办缫丝厂，一直是上海商会的负责人。他也曾经在国民党政府内担任过职务，但是他不反对共产党，中华人民共和国成立初期，王晓籁逃到香港，1950 年又回到祖国，还受到毛主席接见，之后担任上海政协委员。

王晓籁为儿子办婚礼才半年时间，解放军即发动三大战役，如同狂风扫落叶一般攻破国民党的防线，而当时那些参加婚礼的达官贵人谁会想到呢！

1949 年 3 月 24 日，刘承干因昨晚一整夜未睡着，凌晨五点起来吃了三片安眠药，勉强睡着，直到下午四点起床，吃过一碗粥后读报。报上说，国民党政府已经搬至广州，南京城里大乱，房屋烧毁，仓库被劫，公用设施全部炸毁，就为了不给共产党留下。刘承干丢弃报纸，骂道："焦土政策，苦了老百姓啊！"刘承干一直以来都对民国政府持反对态度，如今的实践证明，国民党确实不靠谱，完全腐败透顶。

有些事令刘承干想不明白。前不久，他的老朋友庞莱臣过世了，在入殓之时，刘承干发现他居然着道士的衣服，这是刘承干万万没有想到的。曾几何时，刘承干还跟他说起，我们过世以后应该穿什么衣服，当时庞莱臣说得慷慨激昂，我们是清朝的人，自然要穿朝廷的冠服。可是他的话才说过没有几天，居然穿道服。那天刘承干去参加庞莱臣的入殓仪式，老朋友很多，他们都亲眼看见了这一幕。

庞莱臣跟刘承干交情几十年，他是皇上特赐的举人，加四品京堂，庞莱臣的葬礼自然不能够马虎。为了他的葬礼办得隆重庄严，刘承干跑前跑后，去请张元济题字，请王君九和钱自严担任襄题，请许经农和杨翰西担任襄侍。他一家一家跑，跟他们敲定。跑到杨翰西家，杨说，自己是判过刑的人，不配给庞莱臣担任襄侍。原来杨翰西因为当汉奸被判刑。刘承干原来没有考虑这许多，而杨翰西却说，我如果担任襄侍的话，恐怕对庞莱臣不忠，他九泉之下会怎么想？如此，刘承干只好放弃，另请施伯彝代替他。

再说陈曾寿，他是光绪二十九年进士，曾经官至都察院广东监察御史。民国后，以遗老自居，后又参与张勋复辟。溥仪到东北，他也跟去，当了满洲国的"执政秘书"，后因为跟日本人发生矛盾而辞职。1947年，他来到上海和二弟陈曾则住一起，以写字画画为生。陈曾寿过世，刘承干去吊唁，看见他入殓穿着僧服，非常奇怪。陈曾寿跟随溥仪十余年，他对溥仪如此忠心，为什么到死没有穿冠服呢？刘承干就问了在场的陈曾则。陈曾则说，冠服早就预备了，只是这次从长春过来，匆匆忙忙忘记带过来，现在再去购买，也没有财力了，而且兄长信佛已经二十余年，穿僧服也蛮好。

时代变了，变得太快！

物价还在飞涨。去年购一张日报只需一角六分，现在已经涨至二万四千元，版面也小了一半，刘承干决定不看报纸了。立夏节到了，按例要称人，刘承干称了一下比去年轻了七斤，如夫人冯秀芳轻了二十斤，仆人们也各有减轻。大家都变得憔悴不堪。

书记员杨鉴资过来对刘承干说，从家里来一次需要车费二十万元，还是坐三等车，费用太贵了。刘承干叫他暂时不要过来了，车费太贵，无法承受。杨鉴资由李拔可介绍已经去商务印书馆上班了，到刘承干处是做兼职的，后来也去台湾了。

上午，刘承干去看望高云麓，问起目前的形势。高云麓说："蒋介石还在上海指挥呢，是在复兴岛的一艘军舰上，他不肯放弃上海。"刘承干回道："不肯放弃？他能够坚持多久？"高说："是啊，杭州、苏州、南京全部都没有了，上海能够守得住？"刘承干说："昨天接到通知，每一部汽车要征税一亿元，三轮车、黄包车全部都要征，我只好不用车了。"高说："政府要征车派用场，我们的车子都被征用了。"

5月17日，政府又出布告，每一辆汽车要征特捐税，限定五天内交齐，如果不交，汽车就没收充公。医生何鹤鸣过来找刘承干借钱交税，可是刘承干实在没有钱帮助他。

1949年5月28日，街上锣鼓喧天，许多人在欢呼游行，欢迎解放军。上海解放了，满街上都在欢呼庆祝，刘承干躲在窗户上静静地观望。他知道，一个新时代已经来临，他既然没有办法逃跑，去香港或者去台湾，那就只好面对了。他一个老头，一个本分的人，也没有什么可担惊受怕的。

年近八十岁的账房先生邵菊如过来辞职。他当年经堂叔刘安仁介绍，跟随刘承干已经二十四年，现在老了，要回到湖州乡下去。二十四年的宾主友情，让刘承干难以割舍。照理刘承干会给他一大笔养老金的，可是如今的刘承干已经捉襟见肘，只好给他十二块银元，支付三个月的工资，每一个月工资付二成。现在市面上都是支付二成工资，他也参照这个标准。晚上，账房王燮梅对刘承干说，十二元实在太少了。刘承干犹豫再三，又拿出四块银元给邵充作路费。邵菊如知道东家目前非常困难，坚决不收。

没有钱了，生活发生困难，刘承干连珍藏多年的字画也卖了。他拿出珍藏许久的扬州八怪之一罗两峰（1733—1799）《小西涯册页》，叫刘世炽拿去出售，刘世炽说，已经找到买家了。

报上刊载北京开政治协商会，张元济和周孝怀居然也在出席之列，刘承干不相信，他打电话到张元济家去询问，那边明确告诉他，张元济确实去北京开会了。张元济是清朝进士，翰林院庶吉士，刘承干跟他是老朋友了。那天，张元济来给刘世燡主持婚礼的场面，还就在眼前呢，共产党究竟有何魔力，让张元济他们变化如此之快！

1949年10月23日，刘承干得悉张元济从北京开会回来了，连忙过去会晤，探听北京的消息。张元济跟他说，我和毛泽东吃了两次饭，周孝怀也在一起，共产党果然有不同之处，吃饭是非常平常的中菜，饭也是自己盛的，连毛泽东这样高级别的干部都是自

张元济

己盛饭，跟平常人一样。刘承干听后非常吃惊，像毛泽东这样级别的领导，那就是皇帝呀，怎么还自己盛饭吃？再说，吃饭最起码总有西餐吧，他现在招待客人都是西餐，西餐最简便。看来共产党简朴是确确实实的。张元济还说，我和周孝怀向毛泽东说了，江浙人民负担过重，在一边的陈毅解释说："江浙一直是财富之地，如今北方还很艰苦，既要负担税收还有负担征兵。"毛泽东又说："等到部队往南边去，情况就会好一些。"

　　阳台上一盆昙花居然开了两朵花。昙花是孙德水夫人送来的，她已经去了台湾。鲜艳的昙花颇吸引人，刘承干对着昙花道："多么美丽的昙花，花期虽短，也足堪炫耀一阵。"

第二十八章　明大义书楼捐国家

刘承干的书籍被张叔平勾结汪伪政权抢去，抗战结束才归还。经过清点，发现大部分书籍弄得凌乱不堪，有的书皮破损，有的沾满灰土，还有的票签也搞乱了，必须重新写过。搬来搬去，还令刘承干花费无数心血，低三下四托了无数人情关系。

张叔平这个骗子，实在可恶。日本人投降后，张叔平旧习未改，继续坑蒙拐骗，在1947年9月因为诈骗被浦东金菊生起诉，经过地方法院开庭宣判，判刑八个月。

书籍发还了，刘承干觉得有合适的价位还是出售为好，因为现在已经今非昔比，经济负担很重。

他仔细回忆这几年的书籍账目，有几笔书籍出售，记得蛮清楚。一次是抗战前的1936年，他将四十四册《永乐大典》残本出售给满铁图书馆。一次是1937年4月，南京中央研究院历史语言研究所购买《明实录》，计四明庐氏抱经楼所藏、江阴李应升所校、有跋语者十部，共三百零八册。另明抄本三部，共计一百五十七册，售价一万元，由施韵秋一手经办。还有一次特别巨大是1941年4月，郑振铎代表文献保存同志会，以二十五万收购嘉业堂明刊本一千二百余种。

当时正值抗战时期，暨南大学校长何炳松和私立光华大学校长张寿镛以及其他的学术界老师给重庆教育部写信，说上海有许多的珍贵古籍散落，如不及时抢救，有可能落入异邦，当时负责中英庚款董事会的董事长是朱家骅，他现在的职位是国民党中央委员会秘书长，分管中英庚款董事会，他得知后决定收购图书，同意用中英庚款董事会里的一百万元作购书款。朱家骅拍了板，教育部部长陈立夫也表示同意。

1940年12月，徐森玉先生抵达上海。徐森玉，名鸿宝，时任故宫博物院古物馆长，受中央图书馆委托来上海收购古籍图书。徐森玉是版本目录专家，对古籍图书的真伪和价值很有研究。

徐森玉到上海首先找郑振铎，然后又会见张寿镛和何炳松。郑振铎（1898—1958）字西谛，福建长乐人，1898年生于浙江永嘉，他是"五四"学生运动的领袖人物，曾经和瞿秋白一起创办《新社会》杂志，主编《小说月报》《文学旬刊》，1935年任暨南大学教授、文学院院长。中华人民共和国成立后，任中国科学院考古研究所所长、文化部副部长、全国政协委员，1958年因飞机失事殉职。何炳松（1890—1946），浙江金华人，1916年美国普林斯顿大学硕士毕业，商务印书馆百科全书委员会历史部主任，著名的历史学家和教育家，1935年任国立暨南大学校长。张寿镛（1875—1945），浙江宁波人，1903年中举，光华大学（现华东师范大学）校长。

徐森玉

郑振铎

徐森玉他们先选中合肥李氏的古籍十余种，其中明刊本《径山藏》两千两百册，又收购张元济的宋本书《荀子》。嘉业堂藏书丰富，当时有许多人都盯上了嘉业堂，以前刘承干去过东北，跟满铁图书馆谈过出售意向，这种情况让徐森玉和郑振铎非常焦急，担心图书会被日本人收购去。1941年4月5日，郑振铎致张寿镛信中说：

> 刘书迄今未有确耗，殊为着急！见到韵秋时，请便中嘱其来敝寓一谈。主人颇懦弱寡断，颇疑有人从中作梗。（此人疑是袁某。）我辈不能不着力进行也！先生以为如何？我拟抽暇去访他一次，面谈一切，或先致他一函。此事如功败垂成，实太说不过去也！

1941年4月8日郑振铎又致张寿镛信说：

> 韵秋昨来谈，说书主已有决定，拟先售明刊本一部分，或先售宋、元、明刊本部分亦可。其批校本，抄本，稿本部分拟暂行保存。又清刊本亦拟保留完整，不欲拆售。此与原议虽大有出入，但敝意，为急于成交计，不妨允之，单购其明刊本部分。（共一千二百余部。）余皆暂行放弃，待后再谈。……此事须立即决定。不知先生何时有暇？可否约柏丞、森玉二先生一谈，以便有所决定？明日下午二时或三时，在敝寓一晤，如何？

信中"韵秋"即指嘉业堂藏书楼的管理员施韵秋，他是代表刘承干谈售书意向的。徐森玉1940年12月17日到达上海，至1941年7月24日离开，在沪待了半年多，依赖文献保存同志会全体朋友的努力，以及他丰富的鉴定知识，完成了图书收购工作。

图书收购后，徐森玉他们又面临运输问题，去重庆的道路都被日寇封锁，所有物资都无法运输。徐森玉肩负运输大队长的任务，以香港为中转站，把上海小组收购的图书先装运到香港，挑一些精品空运至重庆，剩余的保存在香港，看时局稳定再转运重庆，或运往美国寄存。

抗战结束，国民党政府接管上海，刘承干又欲将藏书楼剩余书籍出售给政府，再次去找徐森玉，徐森玉也答应帮忙。但是国民党政府财政紧迫，无资金收购图书，当时国共两党斗争正激烈，国民党政府也没有空闲时间管图书的事情。这样一拖就搁置下来了。

中华人民共和国成立后，刘承干因为昆山和青浦的土地需要征收累进税，感觉负担很重。他闻悉江苏瞿氏铁琴铜剑藏书楼图书经过郑振铎介绍赠送国家图书馆，因此获得累进税减免三年的待遇。刘承干便也有此想法，因为青浦、昆山的土地税，还有政府所征收的公粮一再增加，非常急迫。他也曾经找郑振铎和徐森玉帮忙，希望将嘉业堂藏书楼全部捐给国家，以换取减免税收的优待。1950 年至 1951 年上半年，刘承干先后找过徐森玉、张元济、李印泉、张葱玉，以及华东文化部文物处蒋大沂，并且将藏书楼书目送给他们过目。1951 年 6 月 9 日，刘承干找到老朋友张元济（张是清末进士，中国最杰出的出版家，1902 年担任商务印书馆编译所所长、经理、董事长，中华人民共和国成立时受到毛主席接见，担任上海文史馆馆长），希望政府能够收购他的图书。张元济跟他说："听说政府财政非常困难，不过，如果政府要没收的话，可以据理力争，毕竟图书是私人物品，私人物品理当保护。郑西谛刚刚来过我这里，伊现在去宁波了，说去整理天一阁的图书，等他回来，我再跟他好好谈谈。"

由于国家经费紧缺，收购方案最终未能成功。

1951 年 7 月，中央文化部发了文件下来，《刘氏嘉业堂藏书，不应没收，应即责成浙江图书馆会同嘉兴图书馆接收代管》：

华东文化部：

你部五月二十四日化物字第 1031 号呈，为转呈浙江省文教厅报告处理刘氏嘉业堂藏书的意见，请核示。兹核复如次：根据土地改革法第二章第二条的规定及刘少奇副主席一九五〇年六月十四日《关于土地改革问题的报告》第四项最后一节的补充解释说："各地名胜古迹、历史文物，如无人管理而又需要派人管理者，当地人民政府必须注意派人管理，不使破坏。"因此，刘氏藏书不应予以没收，应即由浙江图书馆会同嘉兴图书馆接收代管。代管后再相机发动其捐献。

1951 年 7 月 12 日，杭州浙江图书馆派毛春翔、朱某，嘉兴图书馆派吴藕汀、沈启文、工友二人，一共六人来到南浔嘉业堂藏书楼，代管和清理图书工作随即开始。工作人员晚上住宿在藏书楼。此项工作由浙江省图书馆推广部主任刘子亚和嘉兴图书馆副馆长汪大铁负责。在清理工程中，刘子亚和毛春翔曾经来上海找刘承干，谈藏书楼整理情况，因为他们发现有部分书籍缺少首册。刘承干因为自己身体有病没有参与接待，由书记员沈刚甫接待。刘子亚说，藏书楼里的善本图书每一种都缺少首本和尾本，问刘承干是否还有其他地方藏书，缺少首尾，清理工作没有办法继续。刘承干即通知长子刘世炽过来。经过刘世炽回忆，抗战前夕，施韵秋曾经转移部分图书至南浔西街 203 号老宅。应刘子亚的要求，刘承干叫刘世炽写了书面证明交给刘子亚带回。刘子亚等回南浔后，即去老宅阁楼上仔细寻找，在老宅三楼上找到了麻袋百余只，里面装了部分图书，内有善本首尾。

形势发展很快，刘承干明白收购工作已不可能，也开始醒悟了。1951 年年底，刘承干来到长辈邱寅叔母舅家。邱寅叔是刘承干嗣母的弟弟，即刘安澜夫人邱夫人之弟，刘承干一向对这位娘舅非常尊敬，有什么重要事情都跟他咨询，藏书楼要捐献国家自然也要听取他的意见。刘承干对邱寅叔说："日前，浙江图书馆夏定域来信劝我将藏书楼书籍捐给国家，因为目前国家经费非常紧缺，收购肯定不行。我还在犹豫呢。"邱寅叔说："你还犹豫什么？还是早日捐献吧，政府没有钱，怎么办，你保管图书也没有能力，还是捐献国家为好。"经邱寅叔一点拨，刘承干毅然决定捐献。

1951 年 11 月 19 日，刘承干致信浙江省图书馆，明确将嘉业堂藏书楼与四周空地，并且藏书书板，连同各项设备一并捐献给该馆。唯一要求，留在南浔求恕斋的书箱，以及自印书、石印、铅印说部，以及碑拓字画之类，提出仍归本人领回。

之后，南浔嘉业堂藏书楼书籍被浙江图书馆陆续运走，而剩下的留在上海的少部分书籍则被刘承干陆续出售。从 1952 年起，陆陆续续卖给复旦大学图书馆、北京大学、来薰阁书店等。

1952 年 9 月 23 日，《方略十种》计一千四百五十三册，出售来薰阁，得人民币六百七十万元，系为北京大学购买。中华人民共和国成立初期，通货膨胀，六百七十万相当于后来六百七十元。

1952 年 11 月 28 日，《续藏经》一部七百五十二册，商务印书馆影印本，以三百四十万元人民币出售给来薰阁。

1953 年 1 月 14 日，《四库提要辩证》等八种，以一百万元出售给来薰阁。

1953 年 7 月 10 日，出售来薰阁钞本五十八种，三百九十五册；刻本三十八种，二百六十九册，共计人民币一千一百十五万元。

1953 年 12 月 2 日，售来薰阁《四部丛刊》初编、续编、三编共计三千一百二十二册，计人民币八百五十万元。

1954 年 6 月 26 日，由复旦大学王欣夫介绍，出售给复旦大学图书馆《御制诗文集》二十二种，《清代诗文集》七百二十二种，共计四千九百十七册，计价一千五百五十万元。当日由崔叔荣负责检点，复旦大学王欣夫陪同图书馆馆长潘世兹过来检点。潘世兹为刘承干故友潘明训之子。

1954 年 9 月 4 日，钞本六十八种共四百九十册，出售给复旦大学。

1955 年 12 月 1 日，《清实录》《国史》两钞本，以四千六百元（自 1955 年 3 月 1 日起，实行新币，原先一万元抵现在一元）出售给复旦大学图书馆。先由崔叔荣去老闸区税务所核准免税，开免税证。

1958 年 8 月 14 日，北京书店葛鸿年由刘世炽介绍过来买书。刘承干将《永乐大典》三十七册售去，每册四十元，计一千四百八十元。又明版昭代典二十册，一百元。

中华人民共和国成立初期，刘承干经济困难，这些图书出售多多少少改善了他的生活。

第二十九章　筹钱款交税急如火

　　中华人民共和国成立初期，国家进行土地税改，拥有土地者必须交累进税、交公粮，公粮由佃户负责交，再跟东家算。刘家因为拥有大量土地而首当其冲。1950年，青浦、昆山、南浔等地的农会干部带着佃农来上海找刘承干，为交累进税事。南浔农会干部要求刘承干保证南浔土地完成累进税，保证交一半公粮不向佃农收租，如果做到了，就可以免除清算，否则就要将他带去南浔清算。为了不被清算，刘承干只得答应。1950年2月1日，青浦累进税也来催缴，正庄、附庄未分之田，共计需交粮一百六十石。1950年3月2日，湖州晟舍新罗乡潘吉人等三人持农业税通知书过来，通知单内开田一百零九亩五分一厘，稻谷三万一千一百十七斤，要刘承干承担累进税。三人在上海吃住皆由刘承干负责，直到完成税款走人。

　　除了土地累进税，上海房产税也非常急迫。1951年3月15日，税务局工作人员找到刘承干家，去年上半年的地税未交，限三月底之内全部交齐，不能拖延，如能在最短时间内付清正税，则滞纳金可以商量。刘承干尊德里住宅有一百多个单元，有一百三十多家承租户，政府的税收早就在催了。

　　过了两天，税务局又派三个同志过来，分别代表静安寺税务分局和市税务总局，刘承干这边由刘世炎负责接洽，跟他们讨价还价，之后老大刘世炽也赶来加入讨论，商量正税的缴款日期，直到中午仍未谈成。三名税务人员出去午膳，午饭后一时许他们又来。刘家提出滞纳金全免，税务方面不允，说最少须加二十天滞纳金，按照每天四十万算，二十天须要交八百万，不能够再少。双方不让步，天色晚了还未谈妥，三名税务人员又商量，最后说滞纳金可以全免，但是要求刘家写一保证书，写明上年既免滞纳金，今年绝不欠税。刘家乃写一纸保证书，又开了一张正税支票，金额四千零六十四万四千四百元，交与税务员带走。

1951年4月11日，税务局张、胡二人为去年下期未交之尊德里地税两千三百四十五万零七百元过来收税。世炽和世炎权衡良久。计滞纳金一百多天，须三千万。经过双方反复商量，最后谈定连正税和滞纳金共计交三千万，其中包含滞纳金六百万，月底付清。1951年4月14日，税务局给予回音，准交三千万元税。

中华人民共和国成立初期，国家对收税抓得很紧，当时国家财政非常紧张，各项建设都在筹划中，再加上美国对朝鲜开战，中国派志愿军入朝参战，还要省出钱来供应前线。大多数老百姓连饭都没有吃，刘承干却三天两头会客聚餐，家里还有仆人伺候，不跟你征税跟谁去征税呢？当然，刘家会认为财产是自己挣来的，对抗美援朝艰苦情况不一定全部了解，因此税务局人员上门收税，他们总是拖拖拉拉，能够拖就拖一拖，能够少交就少交。

刘承干有一个堂妹，是三叔刘梯青的女儿，嫁给了海盐开酱园店的徐绚章。徐家是海盐大户人家，祖上有个徐用仪，曾任兵部尚书，是个名臣，晚清时因为主和，得罪了慈禧，被斩杀。徐家在民国初期便在上海开酱园店。1949年后，政府向其征税，因为是大地主，将其管押，酱园店的员工则起来造反，将店内生意全部把持，将徐的权力全部架空。徐家三妹走投无路找刘承干帮忙，刘承干的处境相比徐家好一些，手中还有一点余钱，刘承干便出手相帮。

那天是1952年春节过后没几天，刘承干见徐氏三妹久未过来走动，便到徐家酱园店去探望，见着三妹后，见其容颜憔悴，一副愁眉苦脸模样。三妹见了堂兄，没有说上几句话，就抽抽噎噎哭了起来。

原来，徐家的周浦酱园店经理已经被管押，她夫君徐绗章则卧病在床，住在小妾家里，检举信有六十六封。他为了完成税款，带病去酱园店支钱，可是酱园店根本无钱可支。她恳求堂兄将前日支付的五百万楠木寿器款，暂时还给她，以充税款。原来刘承干曾经帮她买过一只楠木棺材，是预备三妹后事用的，前几天三妹刚刚差人送来五百万。既然三妹现在如此困难，刘承干只好答应还她钱。

过了半月，徐绗章的如夫人突然赶过来，对刘承干和冯秀芳说，所得税原本可以限至阳历月底交，现在政府要提前，恳请他无论如何予以援手。刘承干顾念戚谊，只得暂借五百万元，晚间由秀芳送去。

晚上十点钟，徐绗章如夫人突然又过来，非常急迫地说，所得税原来是一亿六千万，现在加至贰亿一千万，又加滞纳金一千余万，明日必须交齐，现在尚少四百万，急如星火，如果不交就拿人。徐绗章卧病在床，家里首饰等值钱之物已经变卖一空，求再帮忙。冯秀芳没有办法，只好答应再设法借给一百万。

1949 年新年刚刚过去，刘承干的两位老友接连过世。一位是老友章一山即章梫，浙江三门县人，光绪三十年登进士。章和刘承干相识三十多年，曾经为刘承干推荐古籍，又担任刘承干图书校勘，还一起唱和吟诗。章跟刘承干父亲刘锦藻年纪相仿，这样一位德高望重的老朋友过世了，令刘承干悲痛。章梫过世才半个月，南浔丝商庞莱臣也走了。庞家跟刘家戚谊已经几十年，庞莱臣办过缫丝厂，开办龙章造纸厂，他邀请同乡参股，自己担任总经理，对业务兢兢业业，在同乡中颇有威望。庞莱臣还是收藏大家，经常邀集刘承干欣赏古画古书。那是一段多么值得回味的光阴啊！

章一山走的时候，非常可怜，送殡者寥寥无几，老友只有金息侯、黄蔼农、陈子康以及刘承干。

庞莱臣的葬礼比较隆重，为了给老友送葬，刘承干忙前忙后，出了不少力。

第三十章　集同庚再续亲友情

新社会以摧枯拉朽之势荡涤着一切旧的习惯势力和思想观念。刘承干小心翼翼，迈着缓慢的脚步紧随其后，他深怕自己落伍，被社会主义新生事物抛弃。1952 年，他夫人钱德璋离世，原先预备的"凤冠霞帔"不敢使用，而临时去服装店购买长衣长裤给钱德璋作寿衣，凤冠被搁置旁边。昔日珍藏的四瓶鼻烟，瓶上有美女图案，约二十两，是恭亲王赠与他的，一直舍不得使用，现在也拿去换钱了。鼻烟原是稀罕之物，从意大利进口，供宫廷内亲王大臣享用，后来才慢慢地普及到普通官宦和有钱人家。它无须点火，只须拈一小撮至鼻腔内，即可享受烟瘾。

他经常往张元济、周孝怀、徐森玉、黄涵之处串门，他们是文史馆的筹备人员，属于政府部门人员，可以按月支薪，而又无需每一天去上班。他非常热心帮助推荐其余朋友。他去拜访周孝怀，递上曹叔彦、许经农、朱庶侯的名条，请其说项。周孝怀说，现在文史馆是周而复负责，他和张元济、黄涵之、徐森玉、江翊云五人可以提名，提名后还要由上级派人调查再评议。刘承干去找张元济，也为推荐朋友加入文史馆事。张元济以为他自己想加入，便说："你想参加吗？我可以帮助你推荐，但是能不能批很难说。"刘承干说："我的条件不具备，算了。"张说："你有房产，吃亏了。"张元济很清楚刘承干资产无数，显然不具备加入文史馆条件。

葛荫梧

中华人民共和国成立初期，共产党对于旧知识分子采取团结的政策，这是巩固政权的需要，是国家经济建设、文化建设需要。毛泽东主席在1949年3月2日党的七届二中全会上指出："我们必须把党外大多数民主人士看成和自己的干部一样，同他们诚恳地坦白地商量和解决那些必须商量和解决的问题，给他们工作做，使他们在工作岗位上有职有权，使他们在工作上做出成绩来。"（《毛泽东选集》第四卷第1437页）当时许多落魄文人处于经济困难时期，希望得到一份体面的工作，由此政府陆续将许多旧知识分子吸收为文史馆馆员，或者特约顾问等。他们有了工作，得到社会尊重，各项权利都会得到保障。那段时间，葛荫梧经常来跟刘承干借钱，蹭饭蹭酒，生活窘迫，非常狼狈。有一次，他饥饿难忍找到刘承干，刘承干翻遍了全身口袋，只找到三元七角，全部给了他。葛荫梧跟他说，张元济不肯帮他提名，请刘承干一定帮忙。刘承干便去找徐森玉、黄涵之，请他们帮助葛荫梧提名。他去拜访时为江苏省文史馆馆员的钱自严。钱自严跟刘承干说，江苏文史馆已经聘请唐蔚芝、蒋竹庄和他为委员，唐、蒋每一个月工资一百三十万，他的工资是一百万，工作是顾问，比较轻松，不需要每一天上班。刘承干便拜托钱自严，想办法帮助曹叔彦、刘翰臣、朱庶侯三人提名也成为文史馆馆员，并且将三人的履历交给钱自严。

苏州曹元弼，号叔彦（1867—1953），为著名学者、藏书家，他和刘锦藻同年进士，清廷时曾任翰林院编修。辛亥革命后，闭门谢客，不与外人接触。刘承干一向敬佩其人品。1951年年底，刘承干得悉曹叔彦生活贫困，子女也不眷顾他，即设法援助。他找到严载如和朱象甫，三人合计每一个月凑齐六十万给曹叔彦，以维持其基本生活。后来严载如和朱象甫感觉到生活有压力，无钱再援助，刘承干便又想别的办法。1952年12月，他卖掉部分书籍，从书款中赠曹叔彦一百万。他得悉政府成立文史馆，馆员有一份收入，而且不需要每天去上班，即想方设法推荐曹叔彦加入。之后，经过钱自严等朋友提名，曹被吸收为文史馆馆员，可惜半年后即病故。

刘承干如此热心为朋友推荐工作，毋庸置疑是为了帮助困难的朋友；另一方面，他也希望跟政府部门加强联系，希望跟共产党搞好关系。1953年3月7日，葛荫梧和吴东迈（吴昌硕子）接到了上海市统战委员会的邀请函，陈毅市长请他们吃饭，他们异常兴奋，当时共有六十位老知识分子接到邀请，后来都成为上海文史馆馆员。

1952年，先后有好几个老朋友过世。9月李拔可过世，11月沈田莘过世，12月李佩秋过世，1953年1月严孟繁、于子昂过世。老友离世，他赶去吊唁，面对着旧凋零，他感觉孤单。但是朋友没有忘记他。

1952年农历年底，有个武进人庄通百过来访问刘承干。他是盛宣怀的内侄，清末秀才，光绪三十年去日本弘文院留学，曾经任苏州东吴大学、省立第二女子师范教员，招商局秘书，1949年后任上海文史馆馆员。庄对刘承干说，邀请你参加壬午同庚小集，定于正月初六首次聚会，地点定在九江路的百乐饭店。刘承干欣然同意。这次聚会活动由缪镛楼（如皋人，银行秘书）发起，1953年2月19日首次，参加者为刘承干、王伯揆、缪镛楼、桂末辛、毛子坚、庄通百共六人。

缪镛楼，1881年生，为缪荃孙族人，诗人，江苏如皋人。跟缪荃孙过往甚密，还协助缪荃孙收罗古籍，帮助收罗同乡族人中有名望者之遗文。

王伯揆（1880—1958），江苏无锡人，为前清秀才，同盟会会员，日本士官学校骑兵科毕业，辛亥革命元老，参加过广州黄花岗起义，曾任南京临时大总统府咨议处处长，南京临时政府警备司令部司令。后退出军界，回沪办《神州日报》，任社长、上海《晶报》总经理，擅书法。中华人民共和国成立后任上海文史馆员。

毛子坚（1882—1958后），上海人，别名经畴，前清贡生，曾经任上海南市救火联合会会长，上海市政厅中区区长，邑庙区副区长，积极参加当地公共事务，在仕绅阶层中享有盛誉。喜好艺术，早年和李叔同交往，任职中国书画研究会、海上题襟馆书画会，与吴湖帆有姻亲之谊。中华人民共和国成立后任上海文史馆馆员。

桂末辛，别名铸西，湖北蕲春人，前清举人，京师大学堂毕业，曾经任湖北都督府顾问，夏口、巨县、上虞、孝丰、缙云等县知事。中华人民共和国建立后为上海文史馆馆员。

参加人员均是文人，菜各归各点，之后发展为吃茶点，类似今天的喝茶聊天。每一个月举办一次，定在每个月的10号。举办几期以后，参加人员有所增加，后来加入者有李仲乾、姜佐禹、杨千里、陈协恭、马子章、潘敦庵等。

杨千里（1880—1958），即杨天骥，号千里，江苏吴县人，为费孝通舅舅。光绪二十八年壬寅科优贡，家学渊源，擅长书法，历任龙门师范学堂、中国公学、复旦公学教员，行政院交通部秘书，教育部视学，无锡、吴江县长。1912年农历三月，杨千里跟刘承干一起做慈善事业，当时苏州苦儿院在他们支持下成立，马相伯担任院长，刘承干担任名誉院长，杨粹卿和杨千里担任院监院董。1949年后，杨千里经柳亚子介绍加入民革，任上海华东文物管理委员会特约顾问。

李仲乾（1881—1956），即李健，字子健，别名仲乾，江西临川人，两江优级师范学堂选科毕业，前清内阁中书，南京初级师范、江苏第一女子师范、镇江第六中学、中国公学教师，暨南大学、上海大学、法政大学教授，上海美专教授，擅长书法。上海文史馆馆员。

潘树声即潘敦安，又称潘敦庵（1881—1959），江苏如皋人，就读于通州民立师范学校，因为品学兼优，为校长张謇赏识，将其留校。先后任教于北京女子师范学校、北京美术学校、北京师范学校，留学日本。后任职国民党实业部秘书、上海中央银行。

陈协恭，名寅，字研因，江苏武进人，曾任浙江平湖、江山、云和三县知事，1912年与陆费逵、戴克敦、沈知方共同创办中华书局。

姜佐禹，曾经担任刘承干书记员。

　　壬午同庚小集一直坚持至 1957 年 10 月，聚会地点有梅陇镇酒家、南京路沈大成点心店、荣华楼、淮海中路家餐室、五芳斋、南京西路廖九记酒家等。

第三十一章　留书香斯人已寂寞

1952年3月，与刘承干交谊四十多年的老朋友王君九过世了。刘承干悲痛万分，他致信给王君九的儿子王悦秋表示哀悼，并且送上奠敬十万元。

他还力所能及地帮助朋友，得悉苏州曹叔彦生活困难，即和兄弟刘培余商量送去钱款。老朋友张元济病重，他数次去看望。张元济卧病在床，跟他说商务印书馆的事情，现在印书馆已经和中华书局联营，不久要归国营。张元济还拿出他祖上流传下来的银质"鹿鸣宴杯"赠送给他。冒鹤亭过八十岁生日，他也没有忘记赶去祝贺。1952年8月10日，刘承干原配夫人钱德璋过世，刘承干在报上两次刊登讣告。8月13日殡仪馆大殓，摆素斋六桌，来客有姚虞琴、叶浦荪、陈子康、李平斋、赵国屏以及众多亲友。27日，又在新闸路住宅内举办神回接煞活动，有钱堂延夫妇、钱昇如夫妇、徐晓霞夫人、孙景扬夫人、高质人夫人、姚心泉夫人、李平斋夫人、徐懋斋夫妇、朱衡石夫妇、邢复三夫人、周寿甫夫人、徐欣木夫人等。

看得出来，刘承干不愿意被新时代所抛弃，他在利用一切资源进行社交活动。

钱德璋过世后，身边夫人只剩下冯秀芳一人。其时，冯秀芳经常生病，先后请许多医生看过，但是一直没有见好，后来竟发展到痰中带血，身体虚弱几乎不能行走。那时刘承干已经换过了几处房子，最后因为经济困难，又搬回尊德里的石库门老房子居住。夫人冯秀芳因为生病则居住在新闸路房子，也是非常狭小。有一天，派出所工作人员到冯秀芳住处查户口，正遇到刘承干过来探望。派出所工作人员问冯秀芳，这个男人是谁？冯秀芳回答，是我丈夫。派出所说，既是丈夫，为何不住一起？冯秀芳说，我目前生病，恐怕会传染，所以暂住此地。对于冯秀芳，刘承干认为她对自己照顾最多，几个夫人就数她对自己最关心，因此冯秀芳病重期间，刘承干经常过去探望，冯秀芳则往往催促刘承干早一点回去。

1956 年 8 月 21 日，普选工作队来到尊德里老宅，告诉刘承干，他已经"摘帽"，让他去领选民证。此后他的行动更加自由。1957 年 7 月 27 日，正是炎热夏季，他带着当时的书记员封耐公，以及仆人广宽、女仆周春梅至无锡太湖鼋头渚等风景名胜游玩，时间达半个月。

1957 年 11 月 10 日，周孝怀丁酉副榜六十年纪念，邀集朋友二十人聚会，实际到者十六人，有八十五岁的蒋竹庄，有徐森玉，按照年龄排序刘承干列第八。周孝怀，名善培，字孝怀，浙江诸暨人，1875 年生，其父曾经任四川营山县知县，1899 年赴日本考察学校、警校、实业等，在日本居四月。1901 年带队赴日本留学。1902 年后任川南经纬学堂学监，警察传习所总办。1903 年，岑春煊任两广总督，周孝怀随到广东，任副总文案兼广东将弁学堂监督，后以道员身份回川候补。在川期间，担任过商务局、劝工局总办；又任省劝业道总办，统筹农工商矿事业。国民党政府时期，他潜心治学，不问政事。中华人民共和国成立后，任民生公司董事长、上海文史馆馆员、全国政协委员。周孝怀跟刘承干认识很早，抗日战争时期，溥仪四十岁诞辰，沪上一帮遗老聚会祝贺，刘承干和周孝怀都应邀参加。东陵墓被盗，刘承干和周孝怀一起商讨对策。

1957 年 11 月 26 日，张静江的族侄张秉三过七十岁生日，邀请其在凯司令吃西餐。

1958 年 4 月 30 日，暮春时节，他带了冯秀芳还有仆人广宽雇汽车到龙华公园看花。其时龙华公园杜鹃花开得特别艳丽，刘承干故地重游触景伤情，不由得想起四十年前，他跟随其父刘锦藻来此公园，那日台州的章一山和僧寺同为老乡，因而一起设宴邀请沪上遗老，一共摆素菜八桌，陈筱石还带着儿子、孙子同往。如今，寺庙尚在重修，僧人已经换过，而沪上遗老已大多过世。沧桑巨变，令人感叹。

日子渐渐地舒坦起来，他已经适应了新社会的生活，适应了新时代许多新的思想观念。他感觉纳闷的便是嘉业堂藏书楼捐给浙江图书馆后，一直没有说法，他要求将自己刊印的书籍、还有石印、铅印说部归还他，也一直没有答复。几次写信询问，答复都说已经呈上去，却迟迟未见回复。于是，1958年5月18日，刘承干决定去杭州游玩，顺便去浙江图书馆找张宗祥馆长询问。他带着夫人冯秀芳，仆人广宽、周春梅，还有张一峰夫人，乘火车至杭州，住在西湖边的旅馆里。那时他三叔刘梯青已经过世，三庶叔母闻悉刘承干过来，热情邀请他到家里吃饭，刘承干无法推脱，勉强赴会。他们一起看越剧《碧玉簪》，游览西湖三潭印月。刘承干来到西泠印社图书馆，找馆长张阆声（即张宗祥，字阆声，海宁硖石人，光绪二十八年举人，光绪三十三年应聘至浙江高等学堂任教，中华人民共和国成立后任西泠印社社长、浙江图书馆馆长），未遇着。工作人员告诉他，馆长只在上午偶尔过来，他便打听馆长的家庭地址，然后找上门去。第二天，他来到杭州隆兴里六号张阆声馆长家里，寒暄一阵后，他便进入主题："我的藏书楼事情究竟怎么回事？为什么我要求归还的书籍不同意归还呢？"张阆声告诉他事情原委："组织上去过湖州调查，因为你是地主，按照政策所有之物要没收。"原来如此！

刘承干心痛，流下了几行老泪，无声无息离开了张馆长家。

三年经济困难时期，他依靠微薄的房租收入度日，还将沪上留存的书籍出售。有《永乐大典》37册，有明版书等，价钱还可观。朋友有困难，他依然给予帮助。书记员沈刚甫病重，经济困难，他兄弟沈家榕过来求援，他给了五十元。移居苏州的吴兴人许博明穷困潦倒，曾经被送去劳动改造三年，出狱后到上海找他，他也没有嫌弃，给他三十元。平湖葛荫梧是诗人，又是姻亲，经常三番五次找他蹭酒喝，他也来者不拒，每一次总三元五元地给。对于葛荫梧的狼狈不堪，他很同情。那段时间，沪上物资缺乏，副食品供应非常紧缺，女佣买菜经常买不齐。而刘承干因为经济尚富余，还可以经常去饭店餐馆吃饭。1959 年至 1960 年期间，他和冯秀芳经常去的饭店有新亚饭店、维多利亚饭店、国际饭店、江西路莫有财饭店、梅陇镇酒家等。有时他们见家里没有什么可以吃的，就去饭店吃。当时去饭店里吃饭，点菜都有限制，不可以多点，鱼肉菜肴只能点一种。尽管如此，饭店里还是常常爆满，座无虚席。可见当时的上海滩有钱人家还不少。

1962 年，刘承干将最后一位书记员也辞退了。《藏书楼始末》《嘉业老人八十自叙》都已经完成，出自原来的书记员瞿兑之手笔，又经过其反复修改。在这篇三千余字的《嘉业老人八十自叙》中，他感叹道："余生丁浇季，与世不偶，而踾天蹐地，留命桑田，忽忽已年臻八十矣。回首自少而壮而老，心事寒灰，一切如梦幻泡影……"

他预计自己将不久于人世，为了给子孙留下印记，所以才找人帮助写下这篇洋洋洒洒的《八十自叙》。他在文中回顾自己四岁时，因为先考虞衡府君（刘安澜）弃养，未有子嗣，"余以本生考学士府君冢子，例为之后，即依先姚邱太夫人以居。先姚无子而有子，亦悲亦慰。"他回顾数次为皇室进贡，因而得到溥仪累次赏赐，先后得到"钦若嘉业"

晚年刘承干

"抗心希古""圭章令望"等牌匾，又赏二品顶戴，晋头品顶戴。他谆谆告诫儿辈"以立品为重，谓有品无学，尚不失为乡党自好者，反是则所学适以济其恶"。

八十年的历史，在人类历史发展中只是非常短暂的一瞬，对他而言就像做了一场梦。回顾八十年历史，他经历了几个时代，从清朝、民国、汪伪政权、新中国，几经跌宕，而他觉得最有意义的莫过于建立藏书楼，这是他无愧于人生无愧于家族的大手笔。现在他已经没有太多的嗜好和需求，偶尔也继续写日记，那只是简单的记一下流水账："某日，某人过来。"且不是每一天都记。因为他的手臂已经颤抖，笔管已经拿捏不牢，字体也已经歪歪扭扭。

1963 年 2 月，八十二岁老人刘承干走完了他的一生。尊德里老宅从此变得特别宁静。一个戴眼镜的老头走了，也带走了这里的许多书卷气，很少再有文人过来喝茶聊天、谈画论诗。

刘承干八十岁时与子孙合影

他活得平淡，走得寂寞。当初他曾经送过许多老朋友，每一次都是虔诚无比，讲究礼数，而轮到他自己的时候，却是送者寥寥，因为大部分老朋友都已经离去，而年轻人似乎对他并不了解。他平静地躺在棺木里，脸上稍带一点忧郁，或许他还在惦记倾注毕生心血收藏的那几十万册图书，还有花费数十万元建成的藏书楼。它们虽然有了一个理想的归宿，但总归属于被没收的财物。几十年的心血，仅仅得到这样一句话："地主财物，理应没收。"

1978年12月，党的十一届三中全会在北京召开，邓小平同志再次出来主持党中央工作，一切拨乱反正。饱受"运动"折磨遭遇数次抄家的刘承干遗孀冯秀芳感觉机会来了，她要替刘承干讨一个说法，她向国家文物局提出申请报告："……关于嘉业堂藏书楼，我要求按文物保护和管理有关规定，并作为生活资料对我酌情落实政策。"此后，她多次给中央和浙江省领导写信，要求落实政策。她反映的问题很快得到上级领导重视。1980年1月，浙江省文物管理委员会和浙江省图书馆派领导来上海找冯秀芳谈话。1980年3月12日，浙江省文物管理委员会向浙江省委副书记、省长薛驹提交《关于"嘉业堂藏书楼"情况的调查报告》（浙文管［80］12号），提出三点处理意见：一、嘉业堂的捐献与接收均符合党和国家的政策，不宜再另作处理。二、至于当时刘未同意捐献的自印书、复本、说部等书，应继续动员冯秀芳捐献国家，对于此项捐献，可发给奖状，并酌量发给奖金。三、直接与冯秀芳本人谈妥。

1981年5月20日，浙江图书馆派人到上海找冯秀芳，发给冯秀芳捐献自印书、复本、说部等书的证书和奖金，并且发给冯秀芳留作纪念的嘉业堂自印书八十册。

1981年6月的某天午后，嘉业堂藏书楼原主人冯秀芳回到南浔探亲，她在亲人和管理人员陪伴下步入嘉业堂藏书楼。那天，夏日的夕阳映照在藏书楼的金字匾额上，闪耀着迷人的光彩，几只和平鸽扑棱着翅膀朝天空飞去。冯秀芳抚摸着那些年代久远而变色的淡红色杉木书柜，仰望着屋檐下的金色御赐牌匾，还有廊柱上饱含岁月沉淀的楹联，突然，她前面出现了一个人影：他正在那里埋头查阅古籍，他是那么专心致志，心无旁骛。没有错，那是他夫君刘承干。冯秀芳眼眶湿润了，她揉了一把眼睛，却没有看见夫君，难道是她的幻觉，还是夫君的神灵出现了？她顿时朝天大呼道："老爷，你看见了吗，是你刚才来过了？现在的藏书楼，依然完好无损，现在将要列入国家文保单位，它将世世代代地被保护着，让我们的子子孙孙永远能够观瞻，受到教育。你是否感到欣慰？"

九泉之下的刘承干，冥冥之中一定瞑目安息了！

2022 年 8 月定稿
于湖州都市家园

参考资料

1. 刘承干《求恕斋日记》，国家图书馆出版社，2016 年

2. 项文惠《嘉业堂主刘承干》，浙江人民出版社，2005 年

3. 童立德、宋路霞《南浔小莲庄刘家》，浙江摄影出版社，2004 年

4. 周子美、刘锦藻等《南浔人物珍稀年谱》，浙江摄影出版社，2018 年

5. 周庆云编《壬癸消寒集》《甲乙消寒集》《淞滨吟社甲乙集》，上海图书馆藏

6. 沈文泉《湖州名人志》，杭州出版社，2006 年

7. 董惠民、史玉华、李章程《浙江丝绸名商巨子南浔"四象"》，中国社会科学出版社，2008 年

8. 应长兴、李性忠主编《嘉业堂志》，国家图书馆出版社，2008 年

9. 王巍立编《周庆云》，浙江人民出版社，2009 年

10. 陆士虎《江南豪门》，文汇出版社，2008 年

11.《求恕斋友朋手札》《历史文献》，上海图书馆藏

12. 叶笑雪《徐森玉年谱》手稿，中华书局，2015 年

13. 陆剑《南浔金家》，浙江人民出版社，2006 年